Wise Man's Grandchild

16

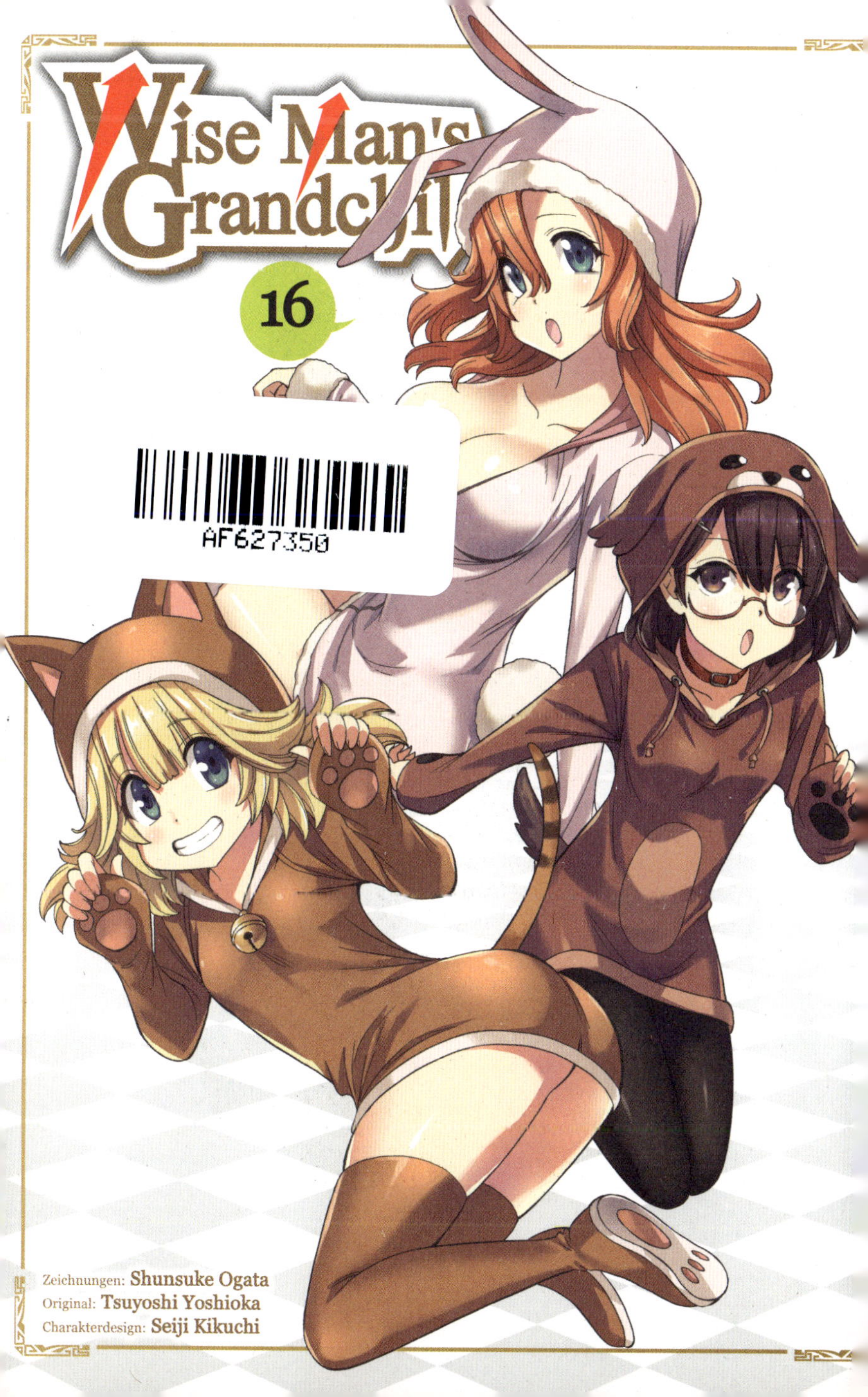

Zeichnungen: Shunsuke Ogata
Original: Tsuyoshi Yoshioka
Charakterdesign: Seiji Kikuchi

INHALT

Kapitel 54

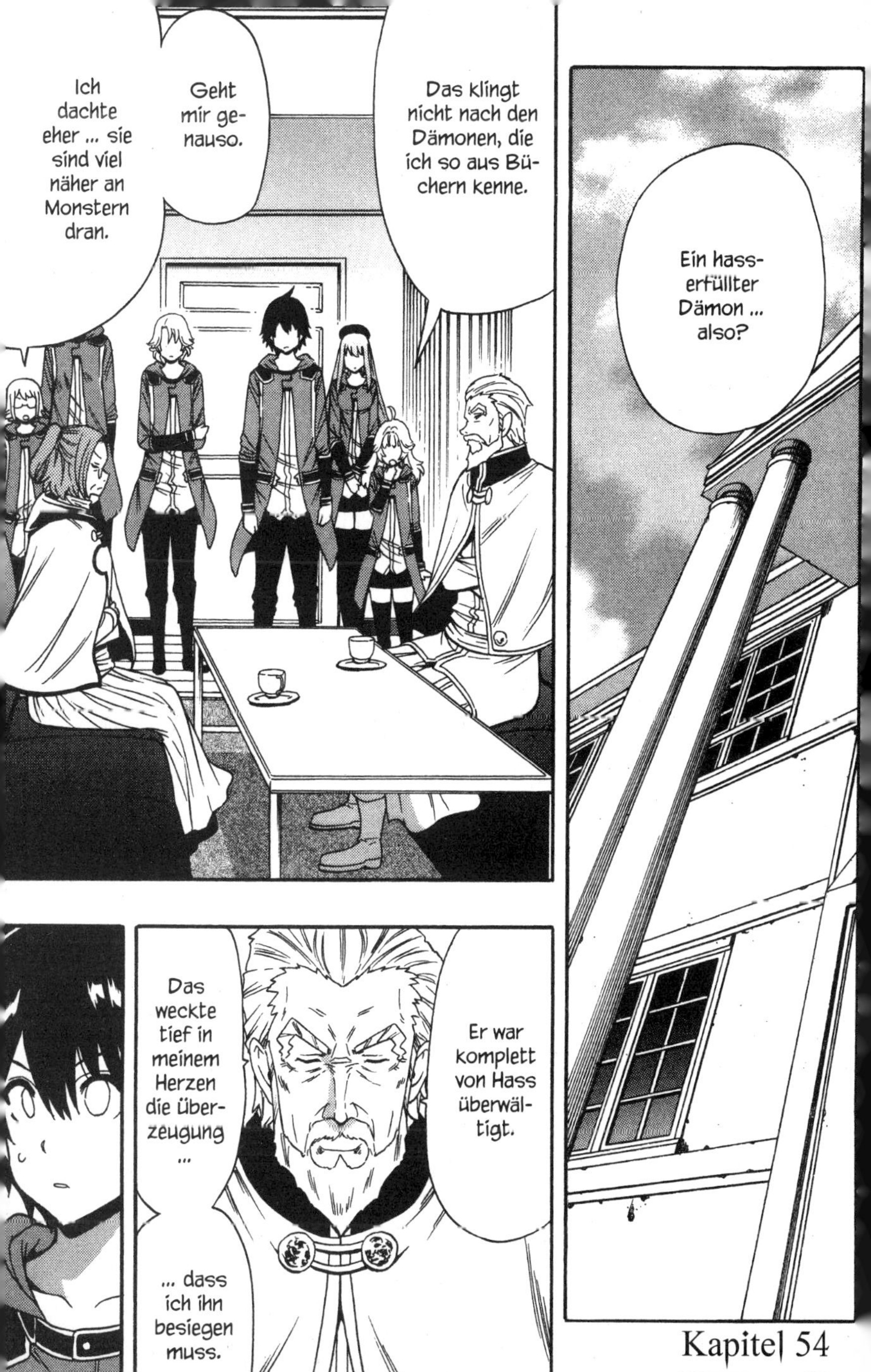

Ein hasserfüllter Dämon ... also?
Das klingt nicht nach den Dämonen, die ich so aus Büchern kenne.
Geht mir genauso.
Ich dachte eher ... sie sind viel näher an Monstern dran.
Er war komplett von Hass überwältigt.
Das weckte tief in meinem Herzen die überzeugung ...
... dass ich ihn besiegen muss.

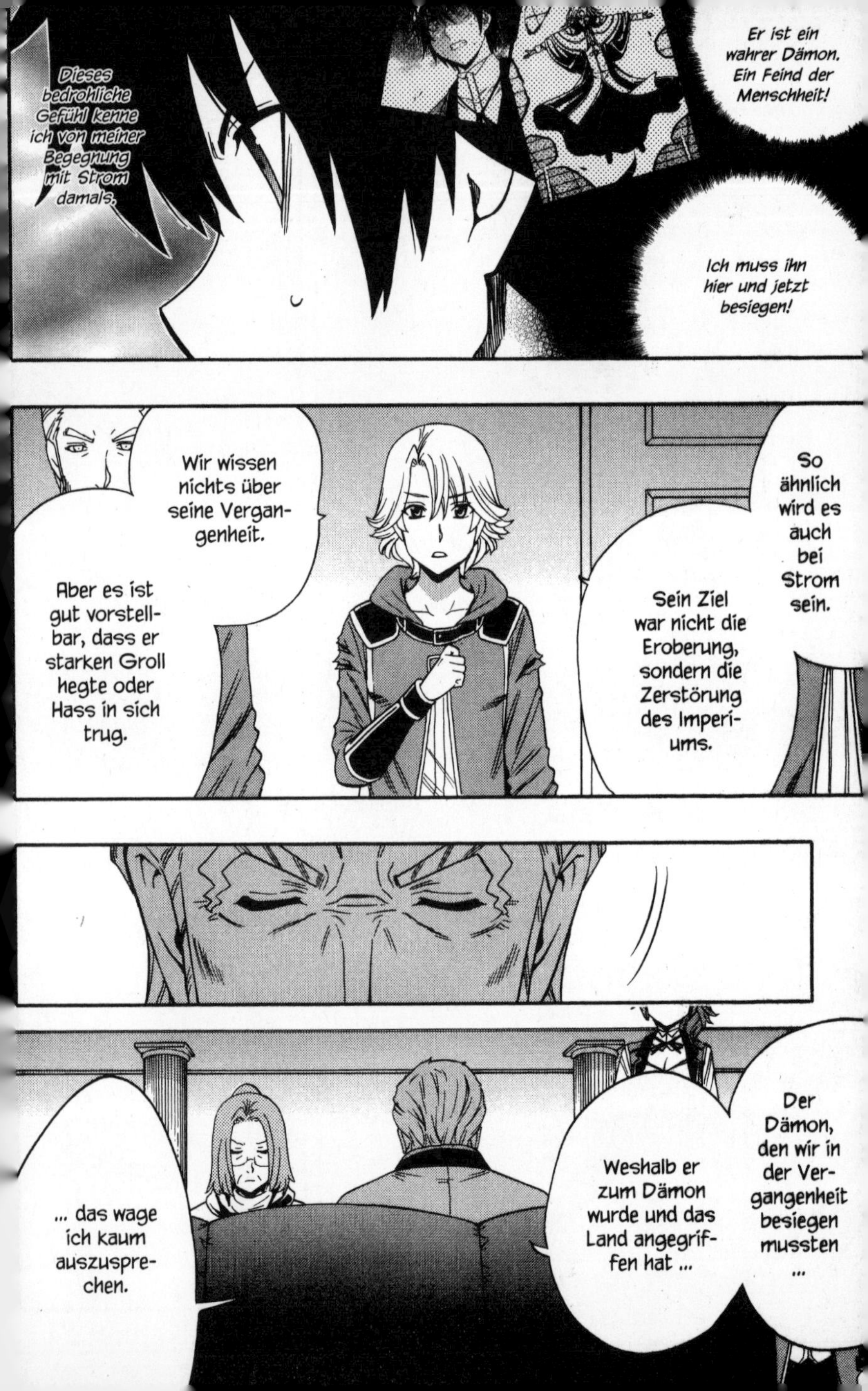
Er ist ein wahrer Dämon. Ein Feind der Menschheit!
Ich muss ihn hier und jetzt besiegen!
Dieses bedrohliche Gefühl kenne ich von meiner Begegnung mit Strom damals.
So ähnlich wird es auch bei Strom sein.
Sein Ziel war nicht die Eroberung, sondern die Zerstörung des Imperiums.
Wir wissen nichts über seine Vergangenheit.
Aber es ist gut vorstellbar, dass er starken Groll hegte oder Hass in sich trug.
Der Dämon, den wir in der Vergangenheit besiegen mussten ...
Weshalb er zum Dämon wurde und das Land angegriffen hat ...
... das wage ich kaum auszusprechen.

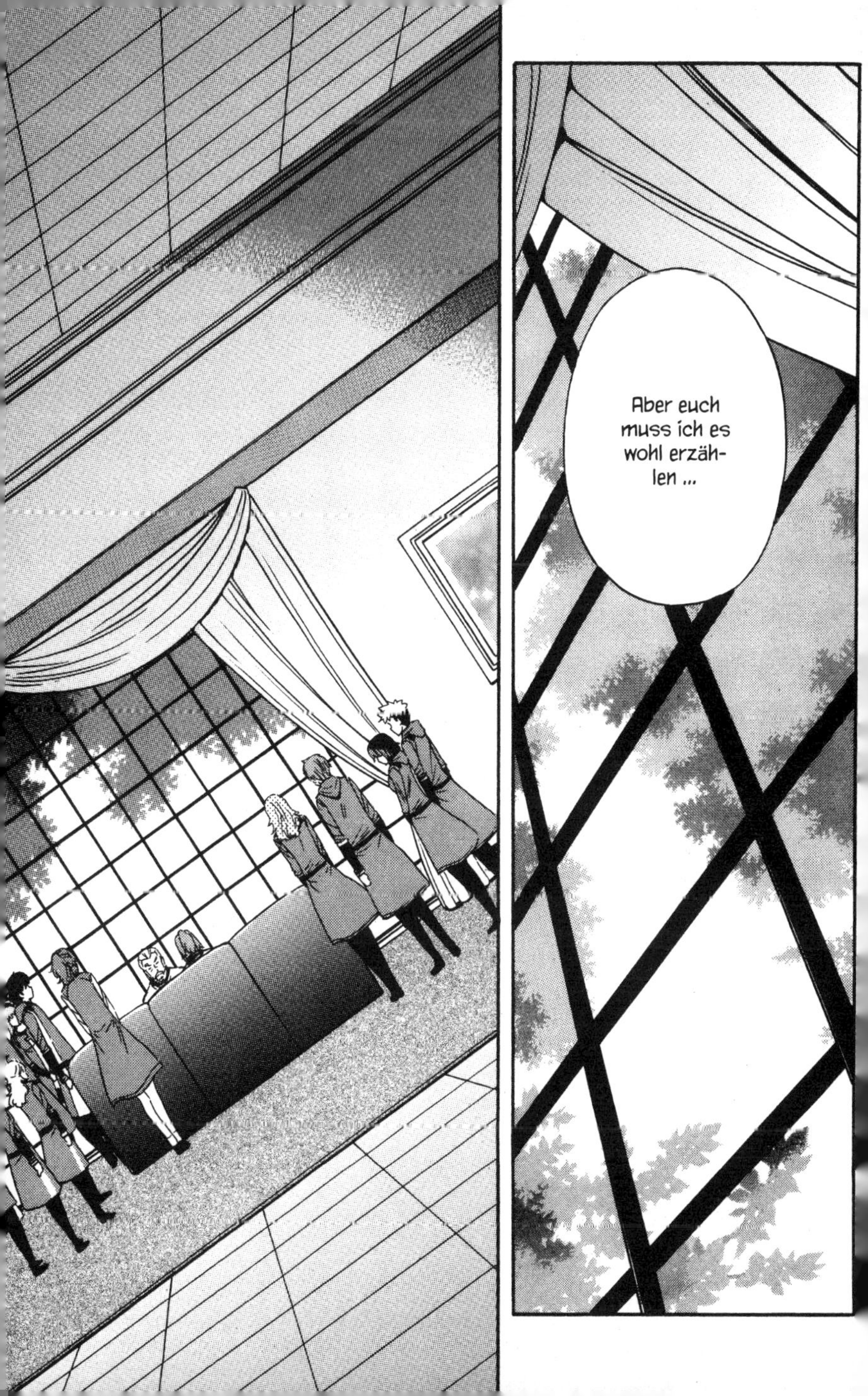
Aber euch muss ich es wohl erzählen ...

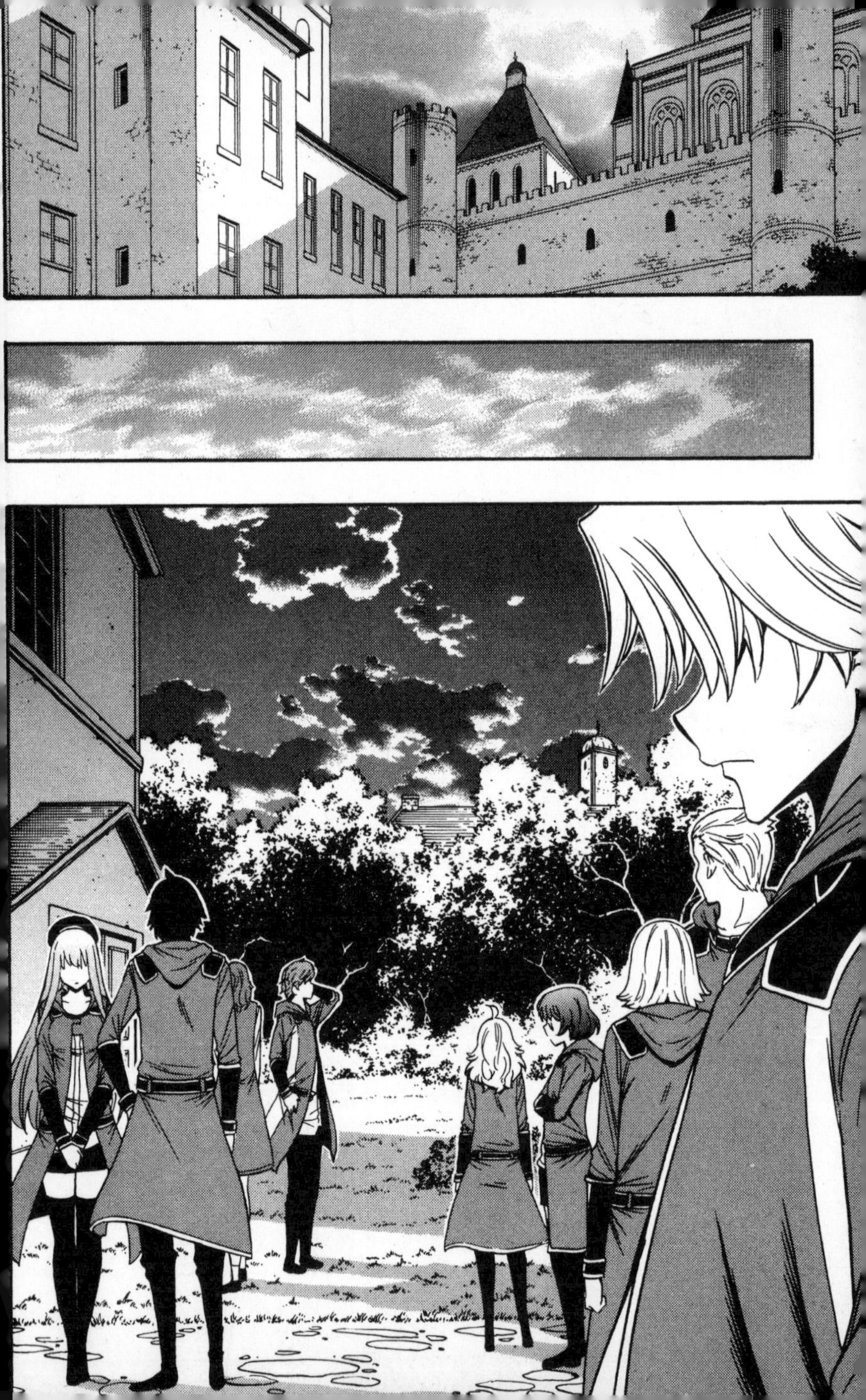

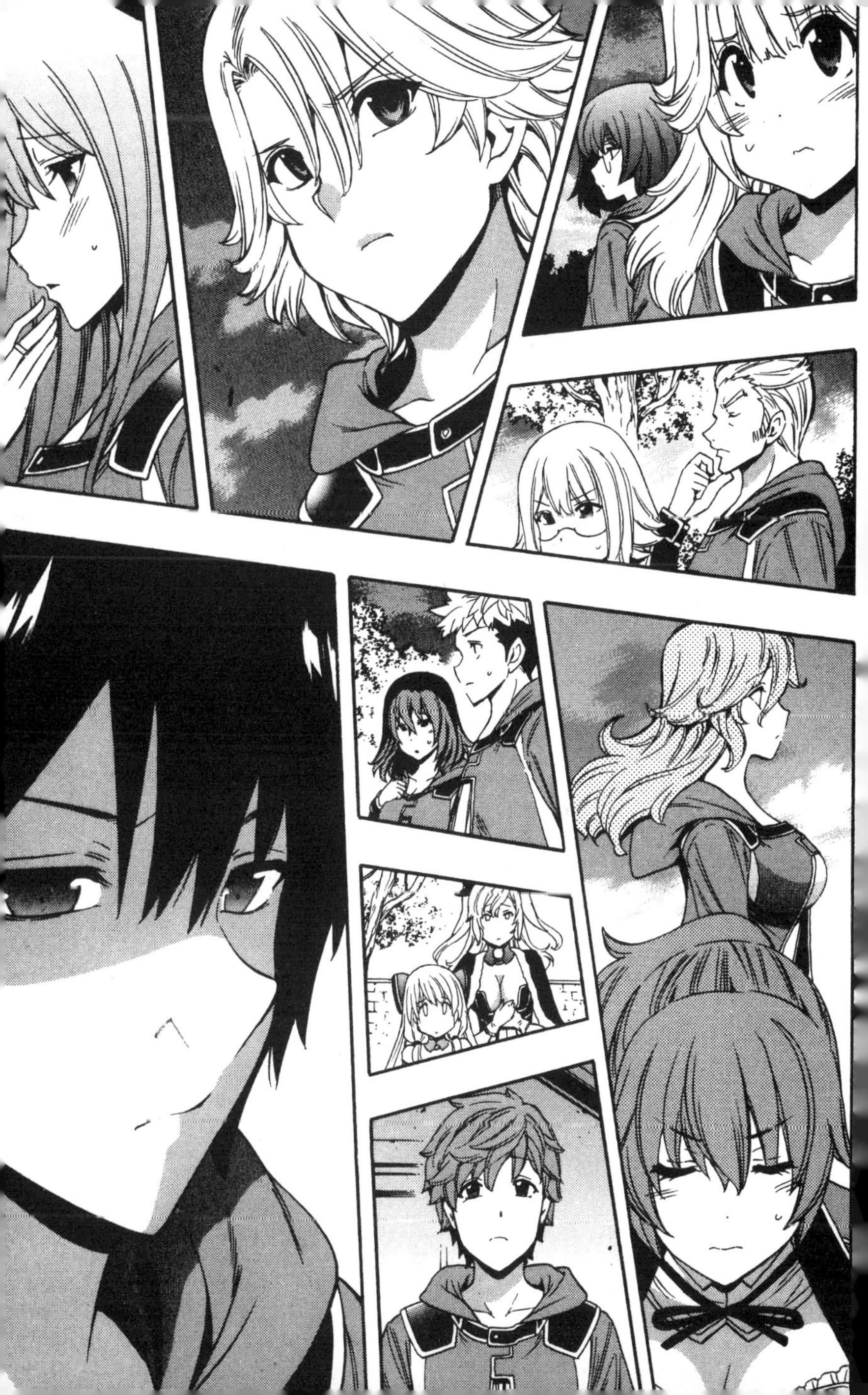

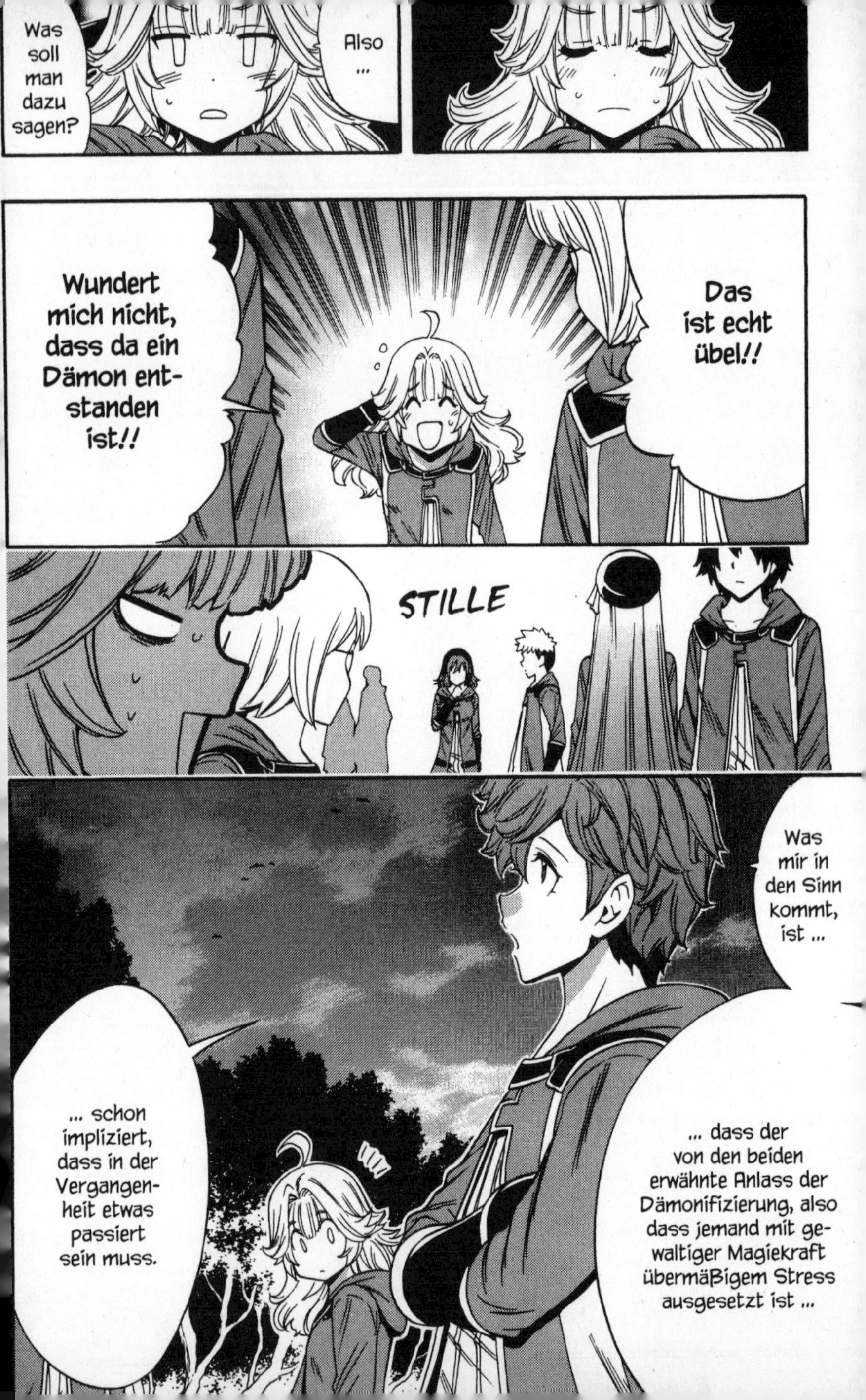

Also ...
Was soll man dazu sagen?
Das ist echt übel!!
Wundert mich nicht, dass da ein Dämon entstanden ist!!
STILLE
Was mir in den Sinn kommt, ist ...
... dass der von den beiden erwähnte Anlass der Dämonifizierung, also dass jemand mit gewaltiger Magiekraft übermäßigem Stress ausgesetzt ist ...
... schon impliziert, dass in der Vergangenheit etwas passiert sein muss.

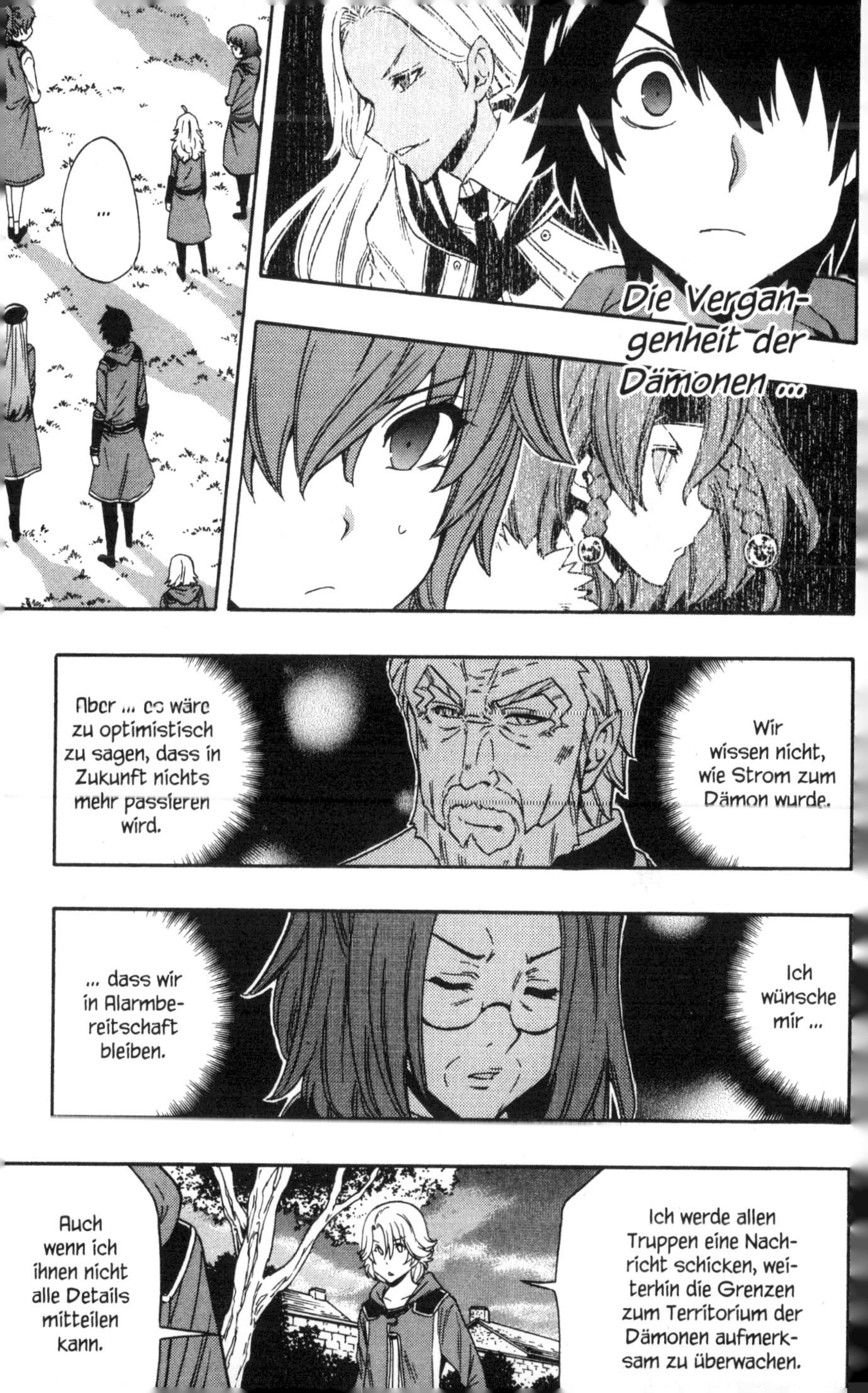

Die Vergangenheit der Dämonen ...
...
Wir wissen nicht, wie Strom zum Dämon wurde.
Aber ... es wäre zu optimistisch zu sagen, dass in Zukunft nichts mehr passieren wird.
Ich wünsche mir ...
... dass wir in Alarmbereitschaft bleiben.
Ich werde allen Truppen eine Nachricht schicken, weiterhin die Grenzen zum Territorium der Dämonen aufmerksam zu überwachen.
Auch wenn ich ihnen nicht alle Details mitteilen kann.

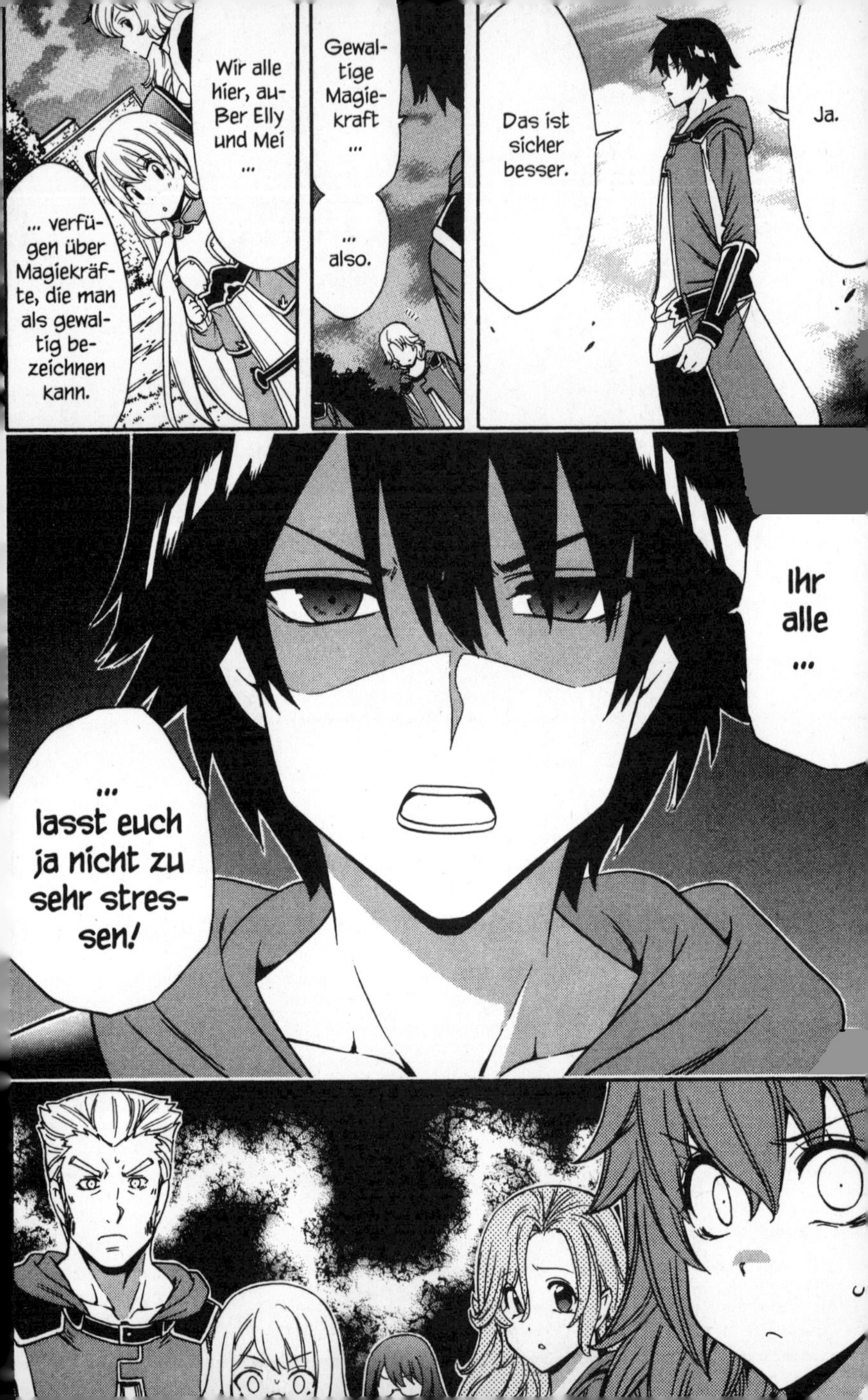
Ja.
Das ist sicher besser.
Gewaltige Magiekraft …
… also.
Wir alle hier, außer Elly und Mei …
… verfügen über Magiekräfte, die man als gewaltig bezeichnen kann.
Ihr alle …
… lasst euch ja nicht zu sehr stressen!

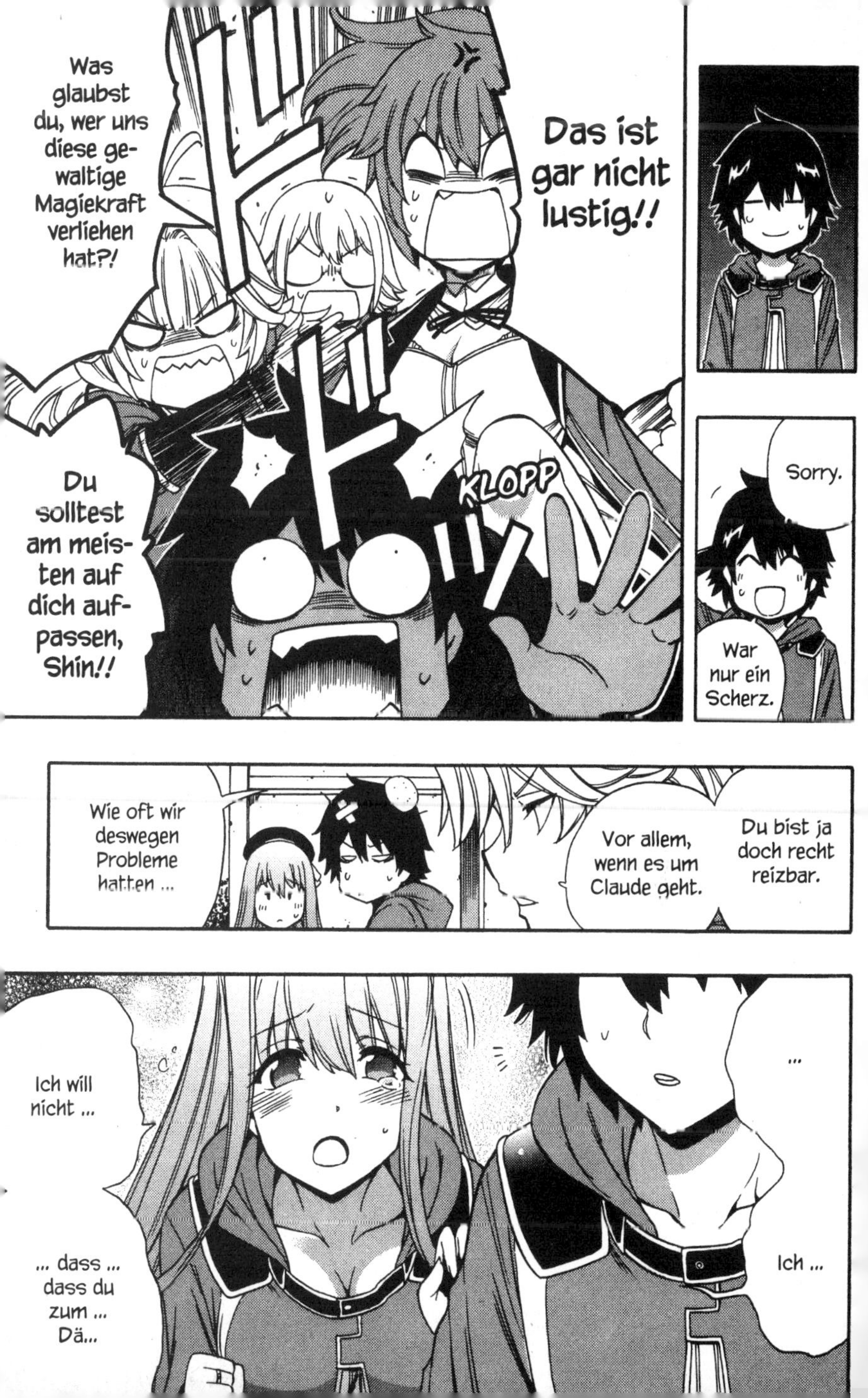

Sorry.
War nur ein Scherz.
Das ist gar nicht lustig!!
Was glaubst du, wer uns diese gewaltige Magiekraft verliehen hat?!
KLOPP
Du solltest am meisten auf dich aufpassen, Shin!!
Du bist ja doch recht reizbar.
Vor allem, wenn es um Claude geht.
Wie oft wir deswegen Probleme hatten ...
...
Ich ...
Ich will nicht ...
... dass ... dass du zum ... Dä...

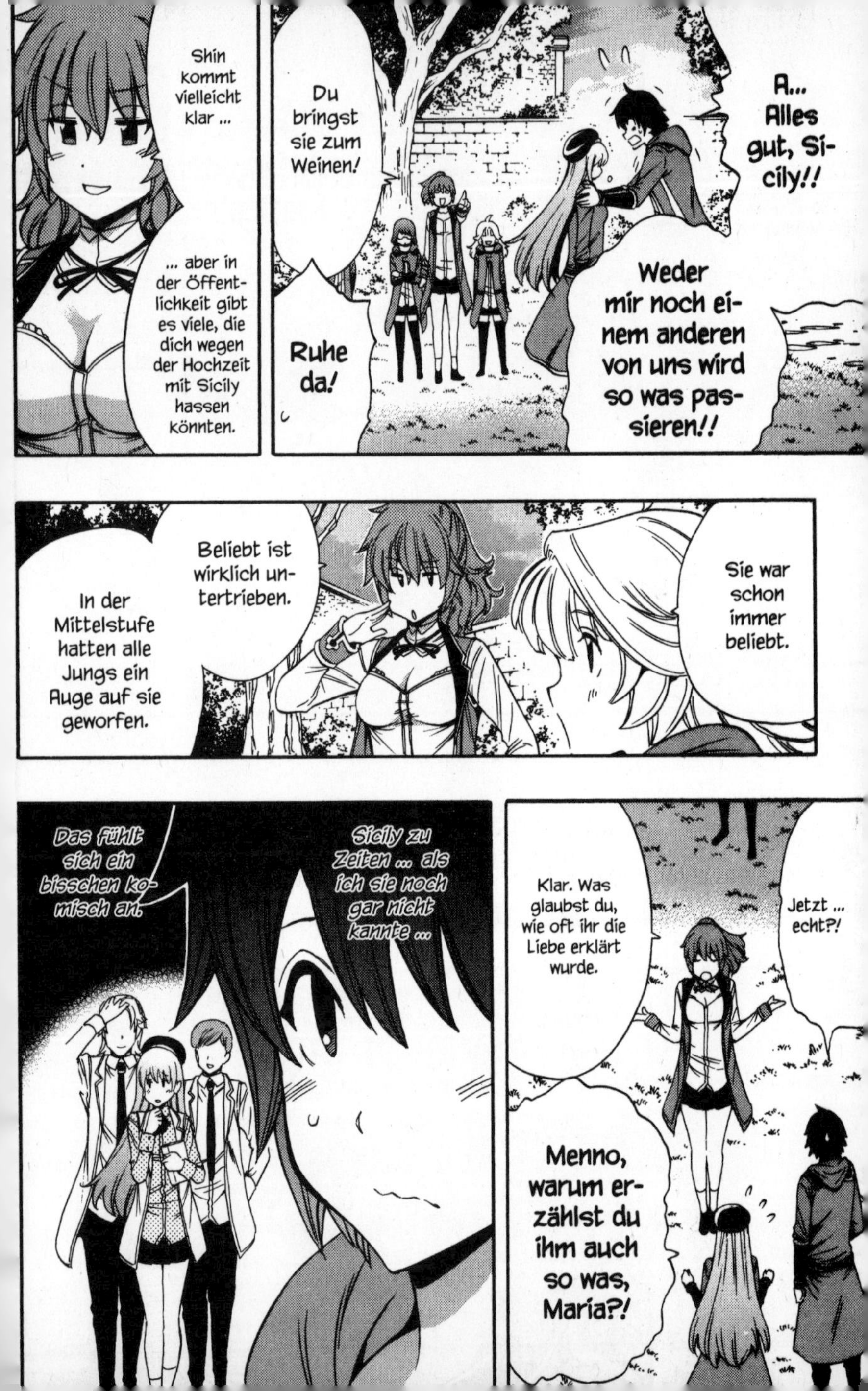
A... Alles gut, Sicily!!
Weder mir noch einem anderen von uns wird so was passieren!!
Du bringst sie zum Weinen!
Ruhe da!
Shin kommt vielleicht klar ...
... aber in der Öffentlichkeit gibt es viele, die dich wegen der Hochzeit mit Sicily hassen könnten.
Sie war schon immer beliebt.
Beliebt ist wirklich untertrieben.
In der Mittelstufe hatten alle Jungs ein Auge auf sie geworfen.
Jetzt ... echt?!
Klar. Was glaubst du, wie oft ihr die Liebe erklärt wurde.
Menno, warum erzählst du ihm auch so was, Maria?!
Sicily zu Zeiten ... als ich sie noch gar nicht kannte ...
Das fühlt sich ein bisschen komisch an.

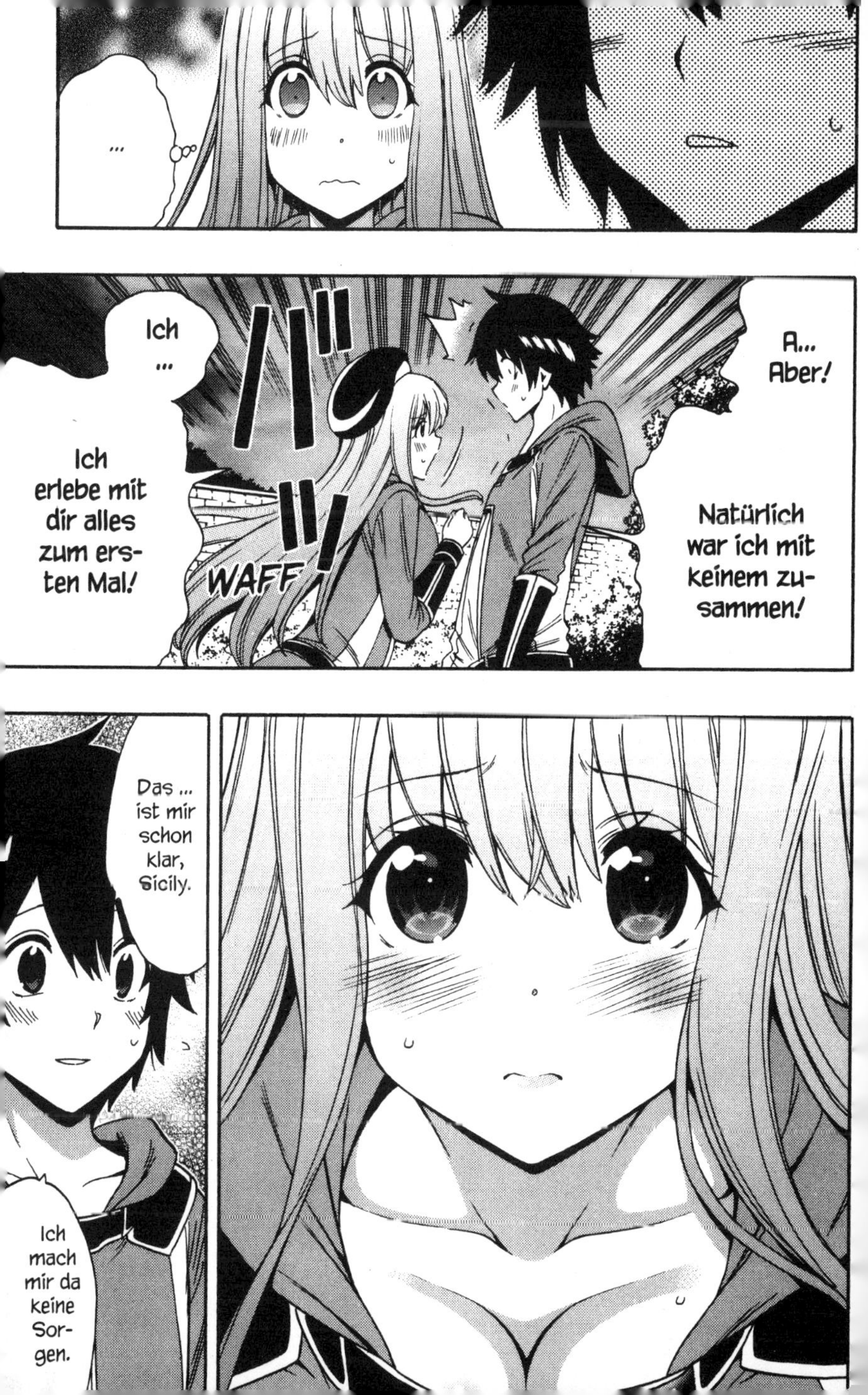
...
A... Aber!
Natürlich war ich mit keinem zusammen!
Ich ...
Ich erlebe mit dir alles zum ersten Mal!
WAFF
Das ... ist mir schon klar, Sicily.
Ich mach mir da keine Sorgen.

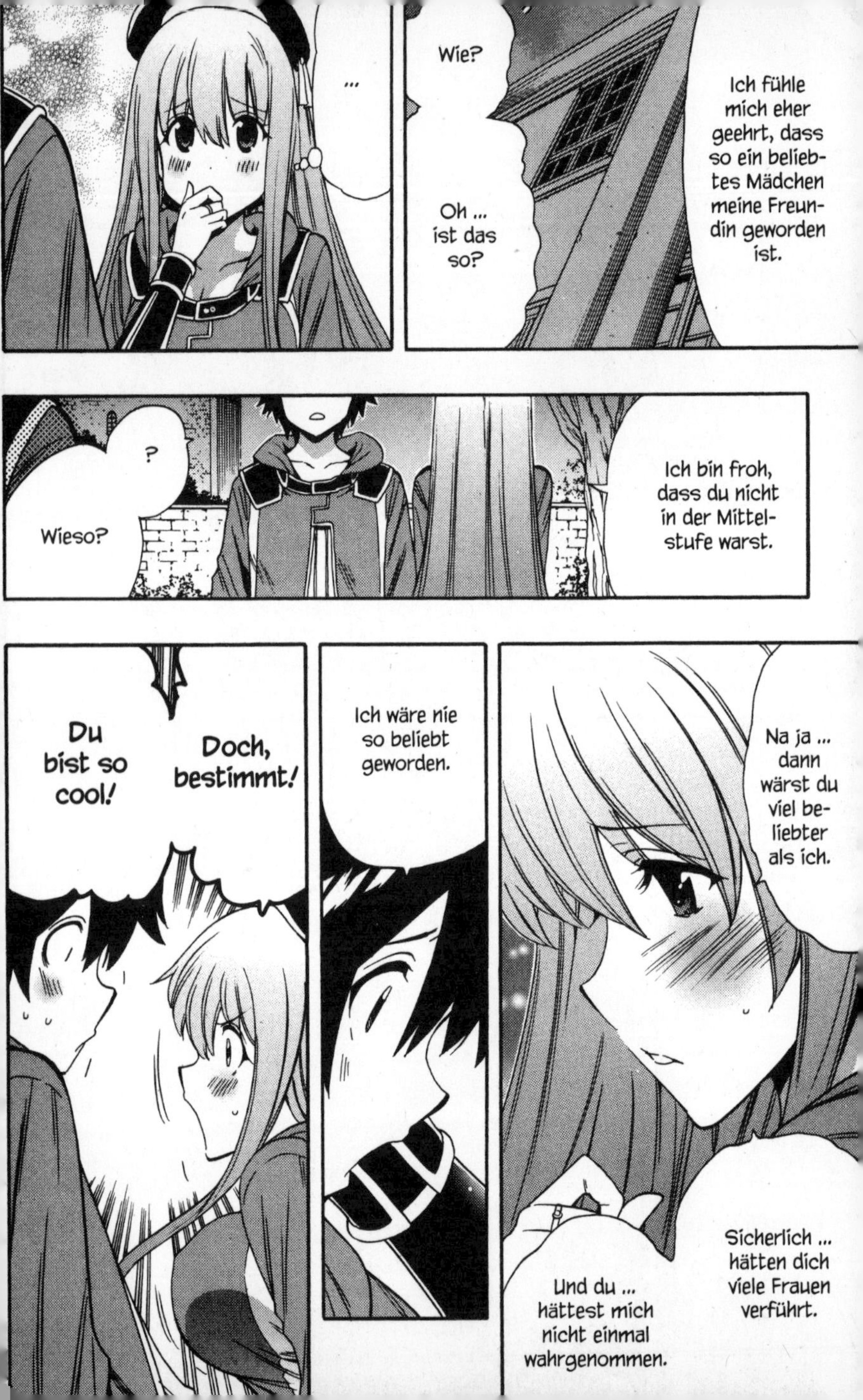
Ich fühle mich eher geehrt, dass so ein beliebtes Mädchen meine Freundin geworden ist.
Wie?
Oh ... ist das so?
...
Ich bin froh, dass du nicht in der Mittelstufe warst.
?
Wieso?
Na ja ... dann wärst du viel beliebter als ich.
Sicherlich ... hätten dich viele Frauen verführt.
Und du ... hättest mich nicht einmal wahrgenommen.
Ich wäre nie so beliebt geworden.
Doch, bestimmt!
Du bist so cool!

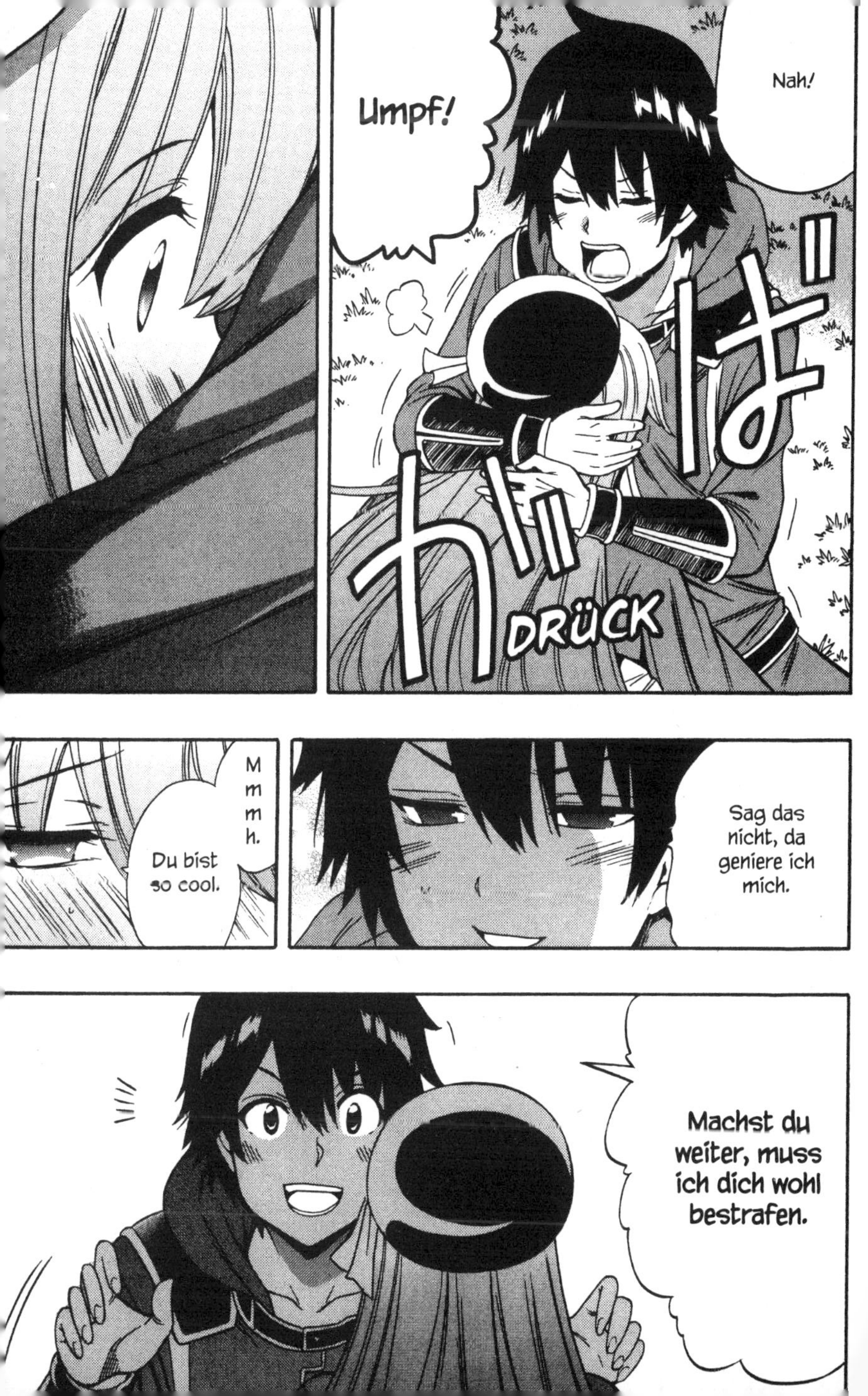
Nah!
Umpf!
DRÜCK
Sag das nicht, da geniere ich mich.
Mmmh.
Du bist so cool.
Machst du weiter, muss ich dich wohl bestrafen.

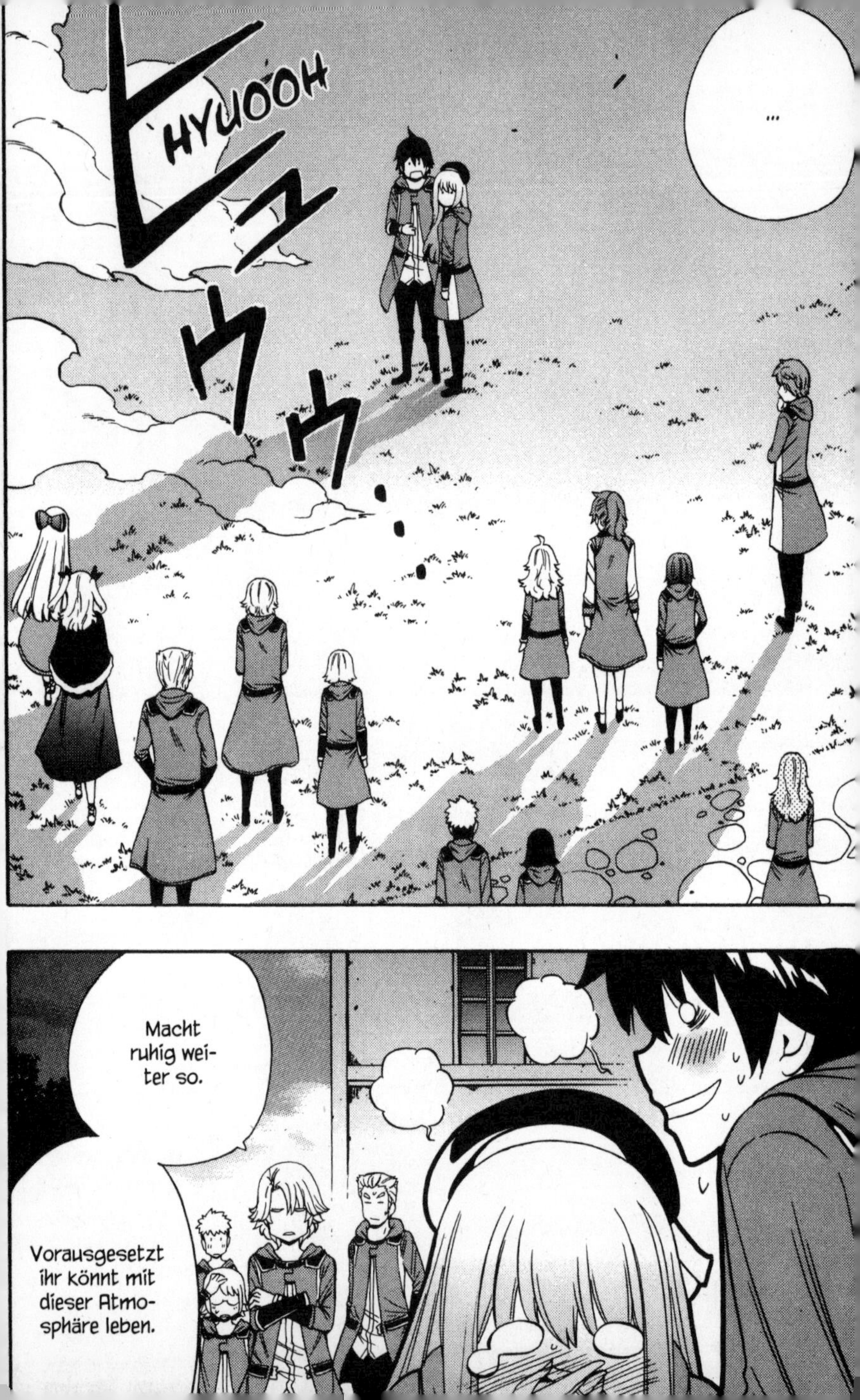

…
HYUOOH
Macht ruhig wei- ter so.
Vorausgesetzt ihr könnt mit dieser Atmo- sphäre leben.

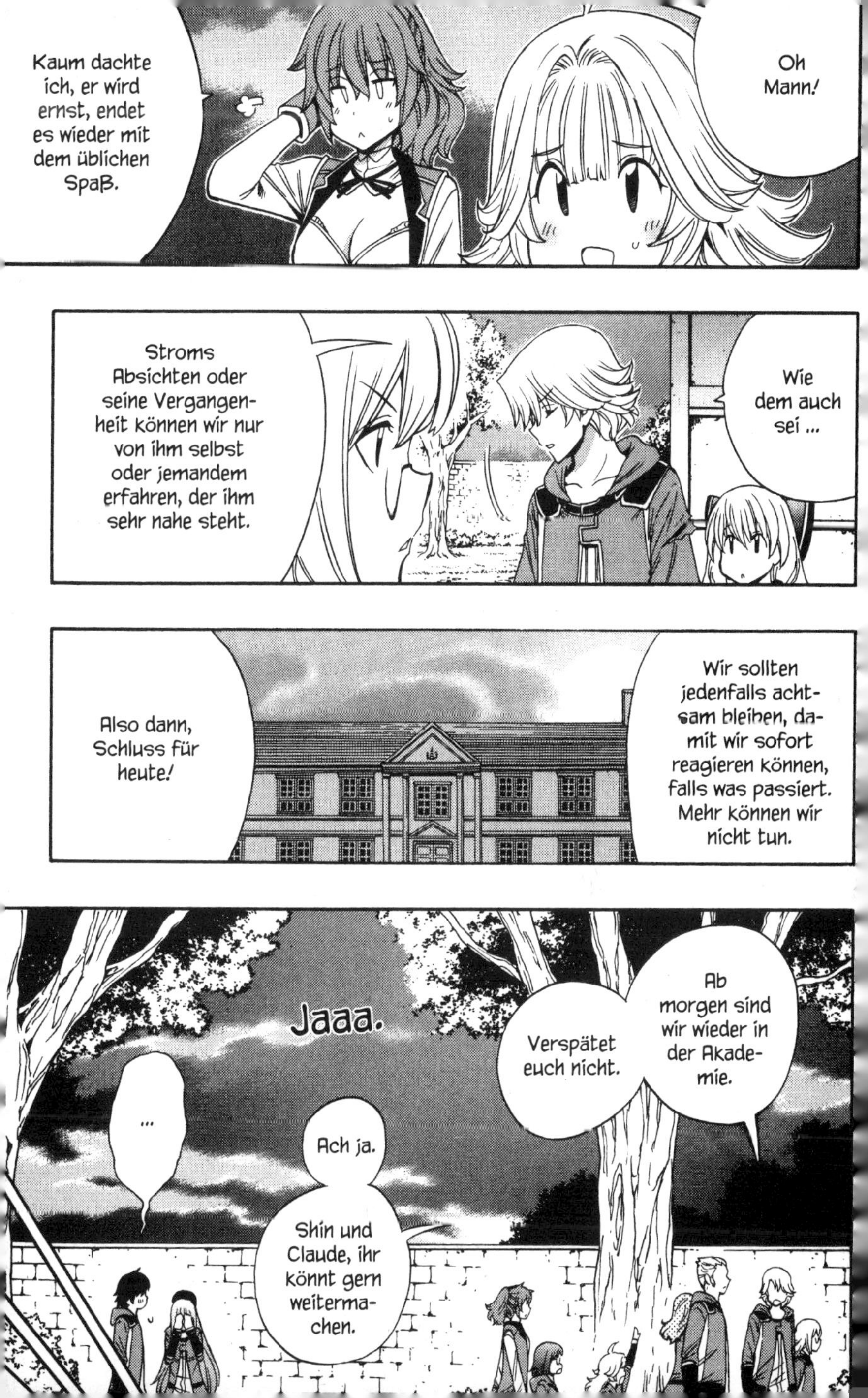
Oh Mann!
Kaum dachte ich, er wird ernst, endet es wieder mit dem üblichen Spaß.
Wie dem auch sei ...
Stroms Absichten oder seine Vergangenheit können wir nur von ihm selbst oder jemandem erfahren, der ihm sehr nahe steht.
Wir sollten jedenfalls achtsam bleiben, damit wir sofort reagieren können, falls was passiert. Mehr können wir nicht tun.
Also dann, Schluss für heute!
Ab morgen sind wir wieder in der Akademie.
Verspätet euch nicht.
Jaaa.
Ach ja.
Shin und Claude, ihr könnt gern weitermachen.
...

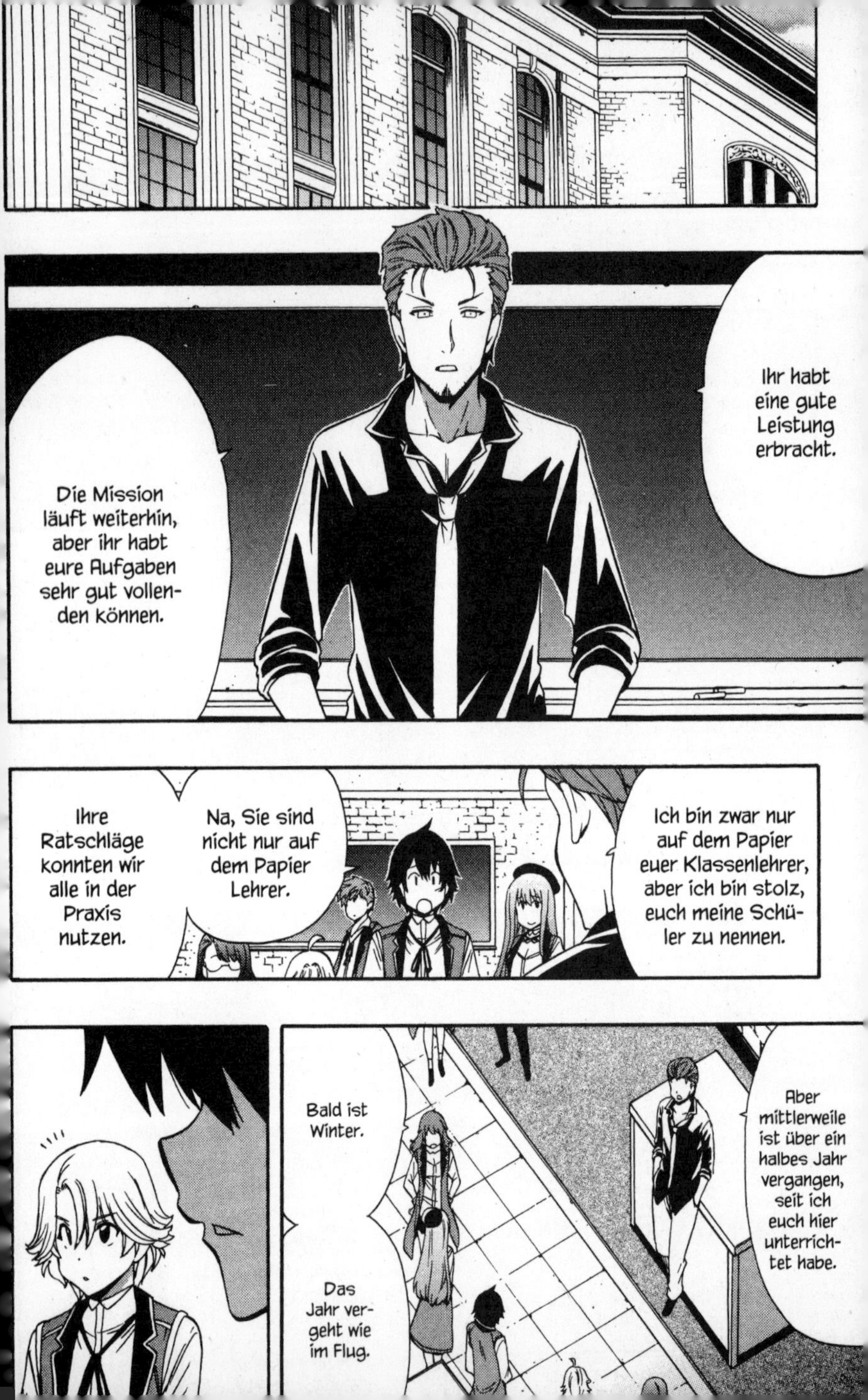
Ihr habt eine gute Leistung erbracht.
Die Mission läuft weiterhin, aber ihr habt eure Aufgaben sehr gut vollenden können.
Ich bin zwar nur auf dem Papier euer Klassenlehrer, aber ich bin stolz, euch meine Schüler zu nennen.
Na, Sie sind nicht nur auf dem Papier Lehrer.
Ihre Ratschläge konnten wir alle in der Praxis nutzen.
Aber mittlerweile ist über ein halbes Jahr vergangen, seit ich euch hier unterrichtet habe.
Bald ist Winter.
Das Jahr vergeht wie im Flug.

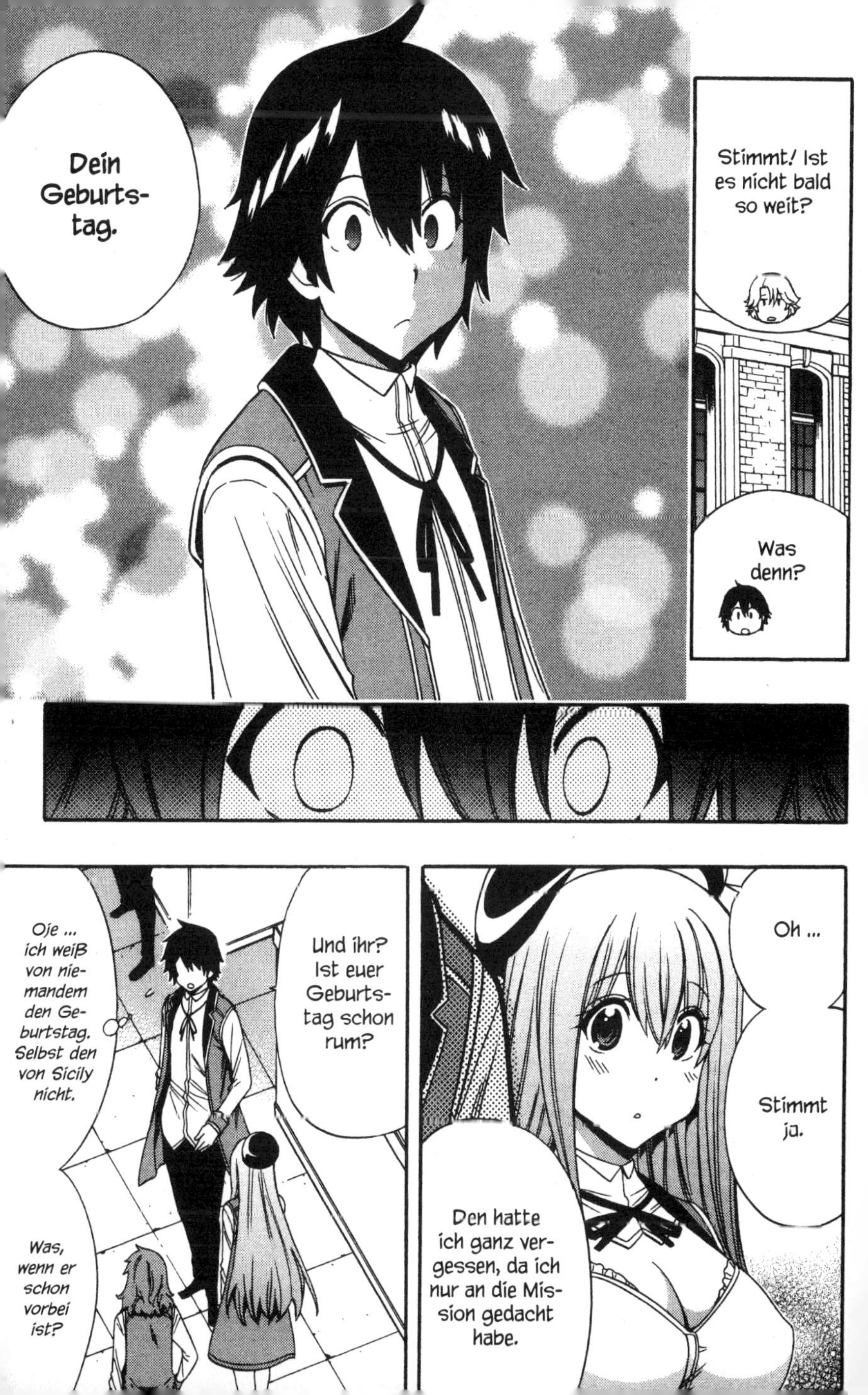
Stimmt! Ist es nicht bald so weit?
Was denn?
Dein Geburtstag.
Oh ...
Stimmt ja.
Den hatte ich ganz vergessen, da ich nur an die Mission gedacht habe.
Und ihr? Ist euer Geburtstag schon rum?
Oje ... ich weiß von niemandem den Geburtstag. Selbst den von Sicily nicht.
Was, wenn er schon vorbei ist?

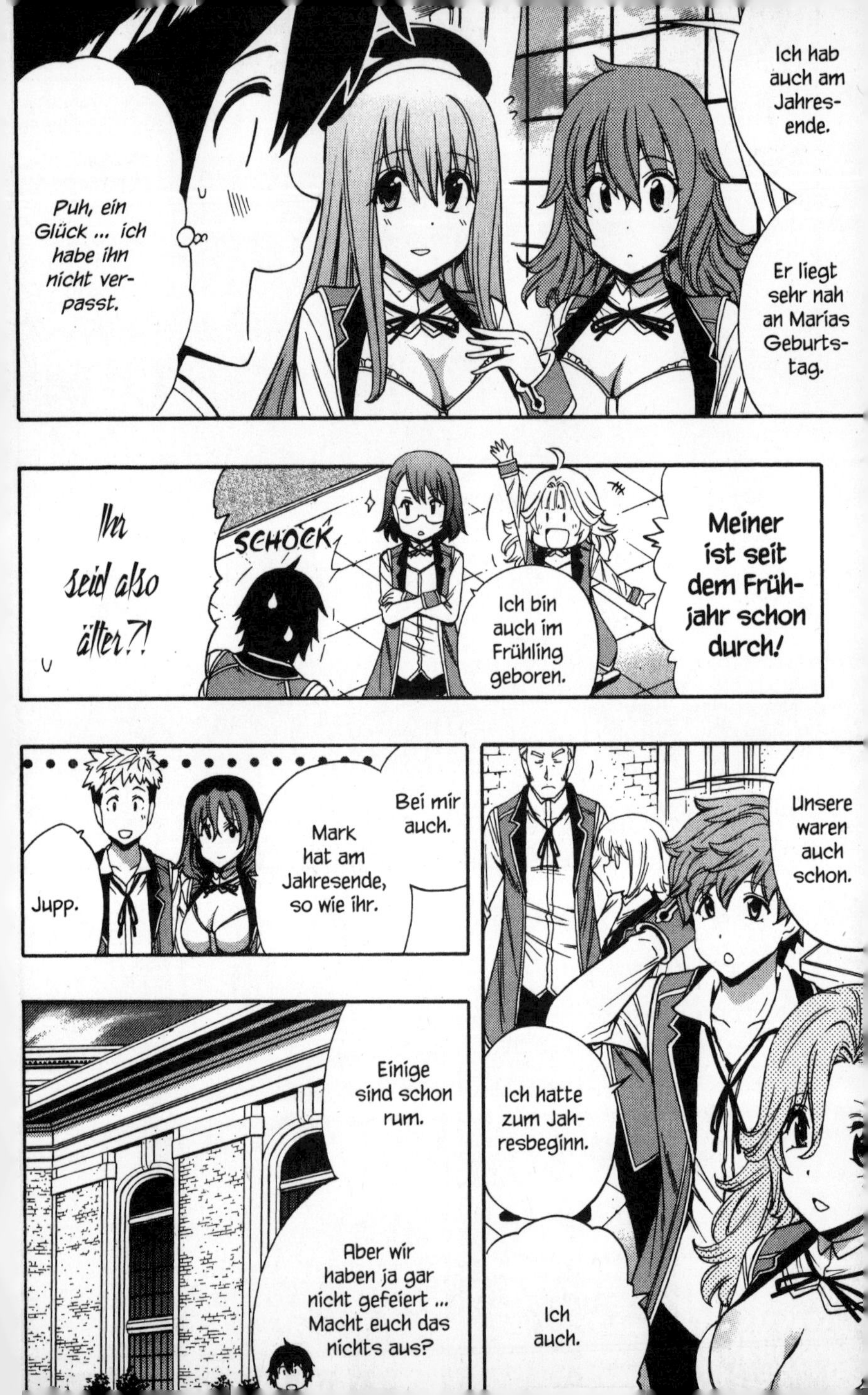
Ich hab auch am Jahresende.
Er liegt sehr nah an Marias Geburtstag.
Puh, ein Glück ... ich habe ihn nicht verpasst.
Meiner ist seit dem Frühjahr schon durch!
Ich bin auch im Frühling geboren.
SCHOCK
Ihr seid also älter?!
Unsere waren auch schon.
Bei mir auch.
Mark hat am Jahresende, so wie ihr.
Jupp.
Ich hatte zum Jahresbeginn.
Ich auch.
Einige sind schon rum.
Aber wir haben ja gar nicht gefeiert ... Macht euch das nichts aus?

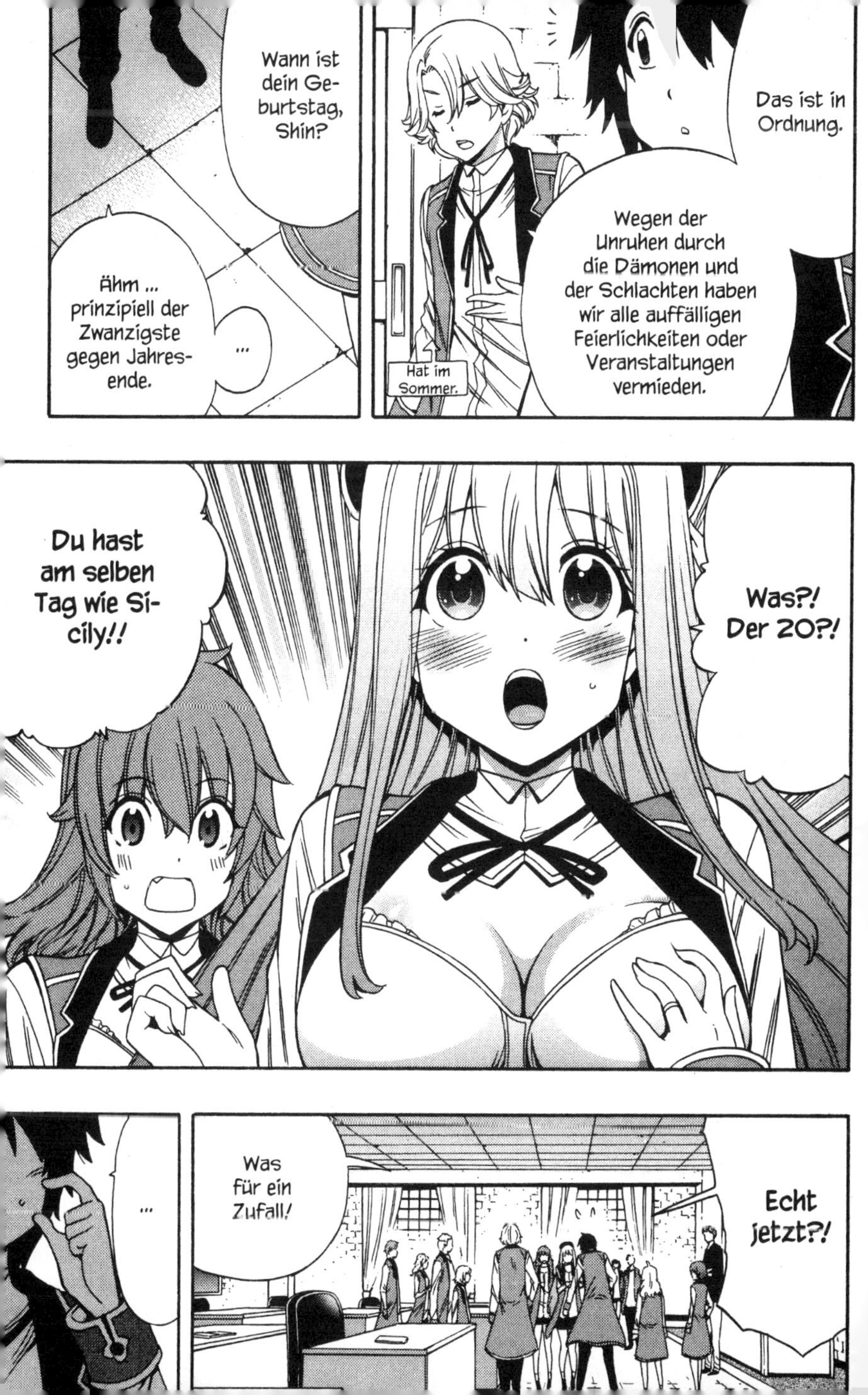
Das ist in Ordnung.
Wegen der Unruhen durch die Dämonen und der Schlachten haben wir alle auffälligen Feierlichkeiten oder Veranstaltungen vermieden.
Hat im Sommer.
Wann ist dein Geburtstag, Shin?
Ähm ... prinzipiell der Zwanzigste gegen Jahresende.
...
Was?! Der 20?!
Du hast am selben Tag wie Sicily!!
Echt jetzt?!
Was für ein Zufall!
...

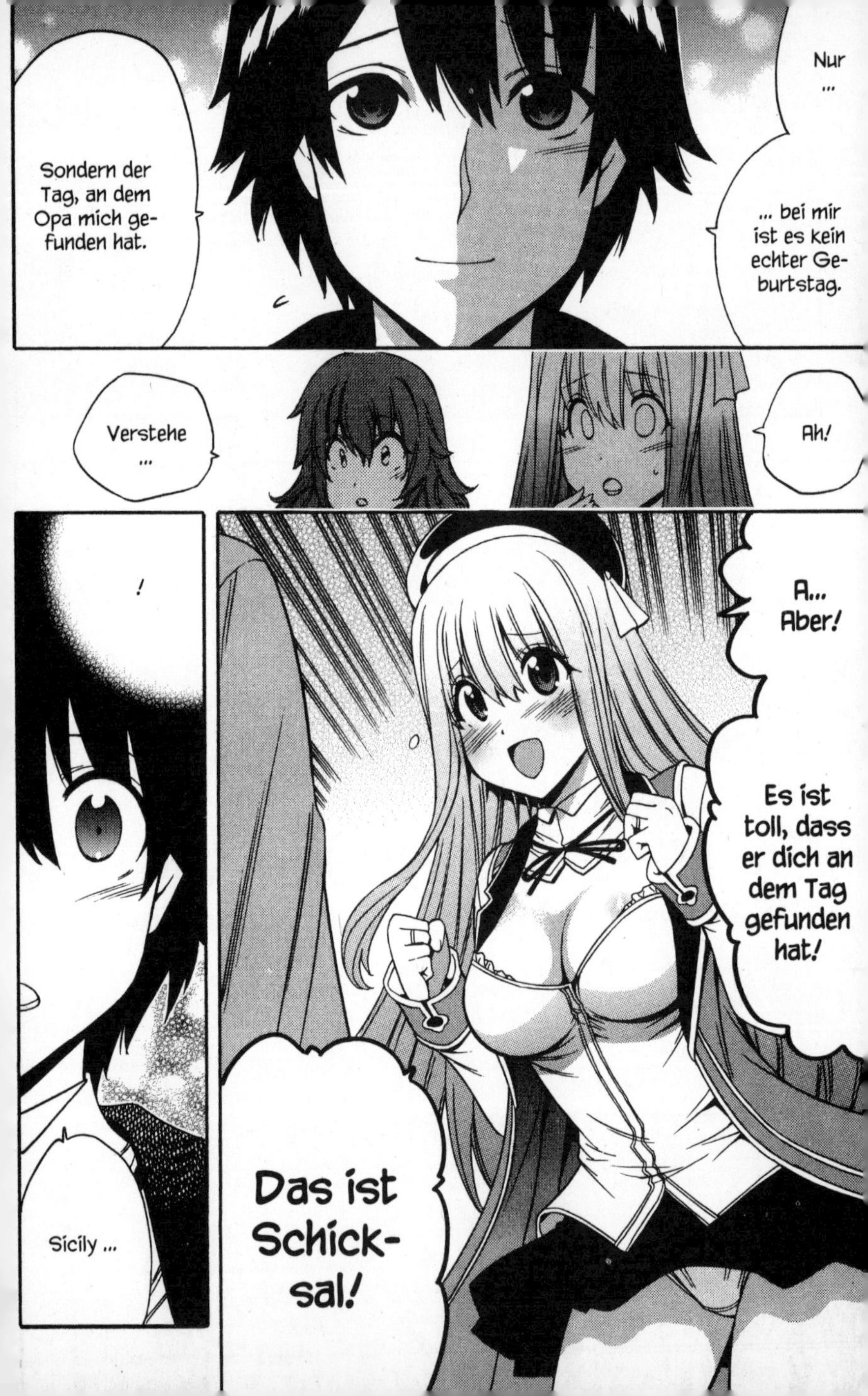
Nur ...
... bei mir ist es kein echter Geburtstag.
Sondern der Tag, an dem Opa mich gefunden hat.
Ah!
Verstehe ...
A... Aber!
Es ist toll, dass er dich an dem Tag gefunden hat!
Das ist Schicksal!
!
Sicily ...

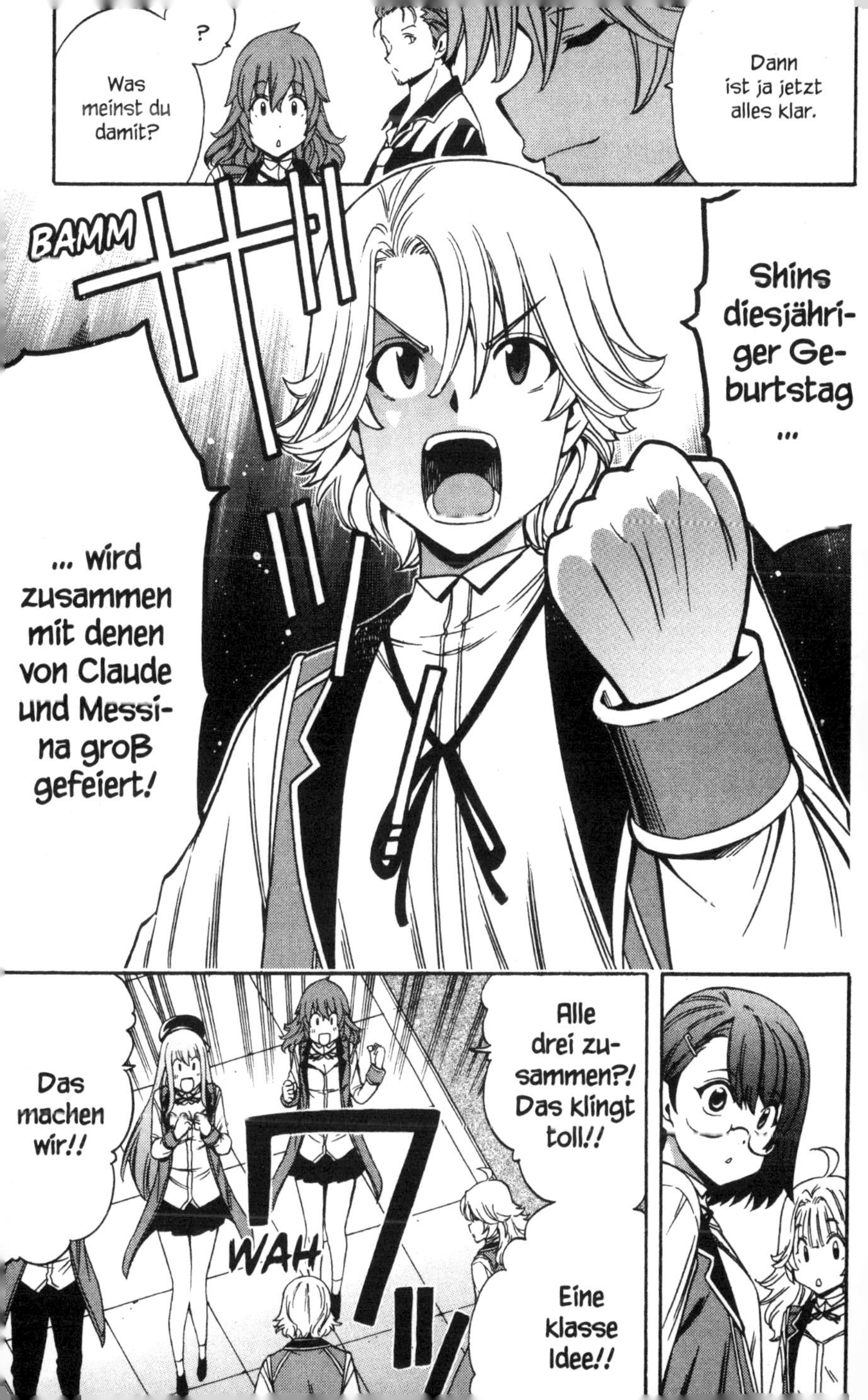

Dann ist ja jetzt alles klar.
?
Was meinst du damit?
BAMM
Shins diesjähriger Geburtstag ...
... wird zusammen mit denen von Claude und Messina groß gefeiert!
Alle drei zusammen?! Das klingt toll!!
Das machen wir!!
WAH
Eine klasse Idee!!

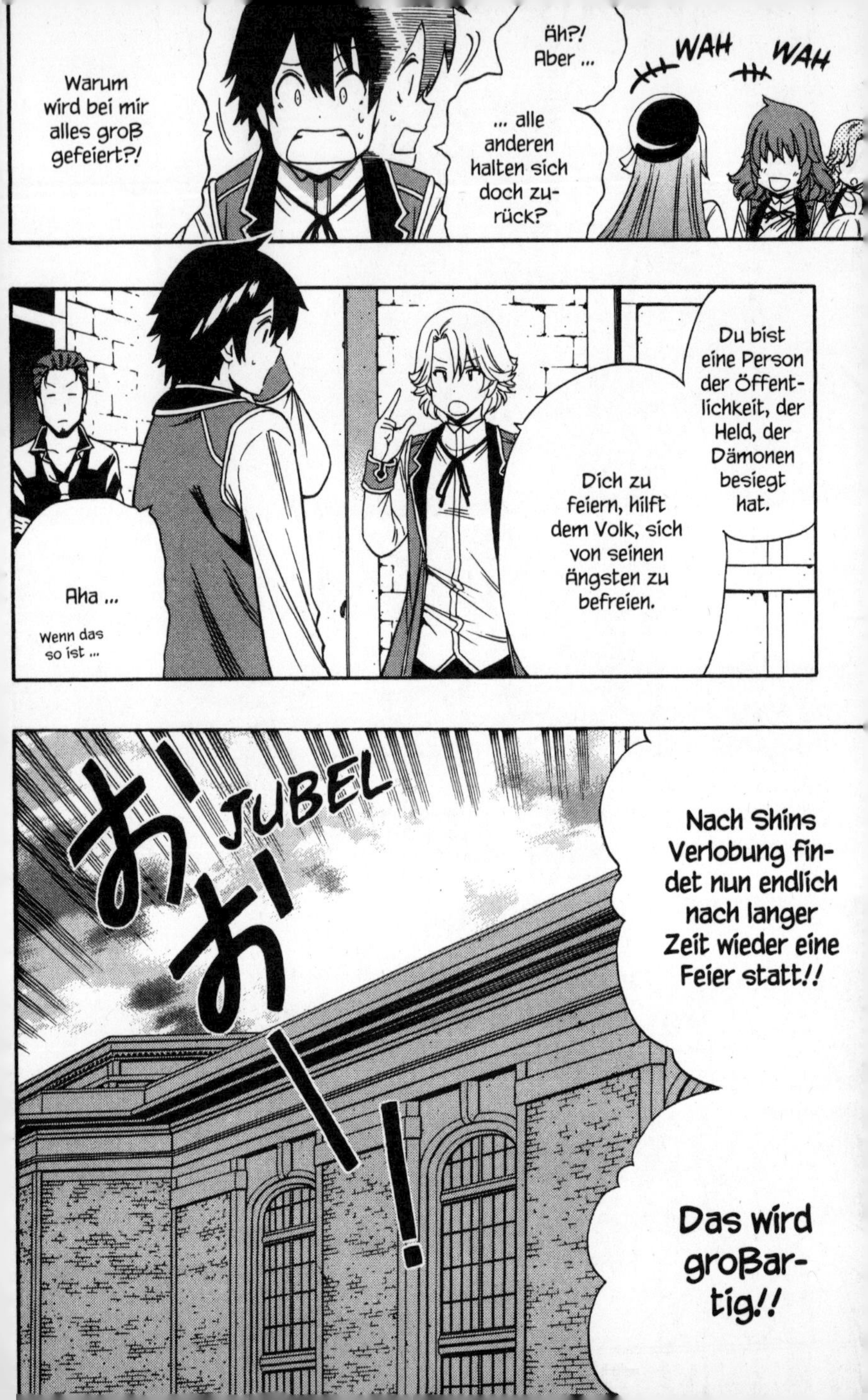
Warum wird bei mir alles groß gefeiert?!
Äh?! Aber ...
... alle anderen halten sich doch zurück?
WAH
WAH
Du bist eine Person der Öffentlichkeit, der Held, der Dämonen besiegt hat.
Dich zu feiern, hilft dem Volk, sich von seinen Ängsten zu befreien.
Aha ...
Wenn das so ist ...
Nach Shins Verlobung findet nun endlich nach langer Zeit wieder eine Feier statt!!
Das wird großartig!!
JUBEL
おおー!

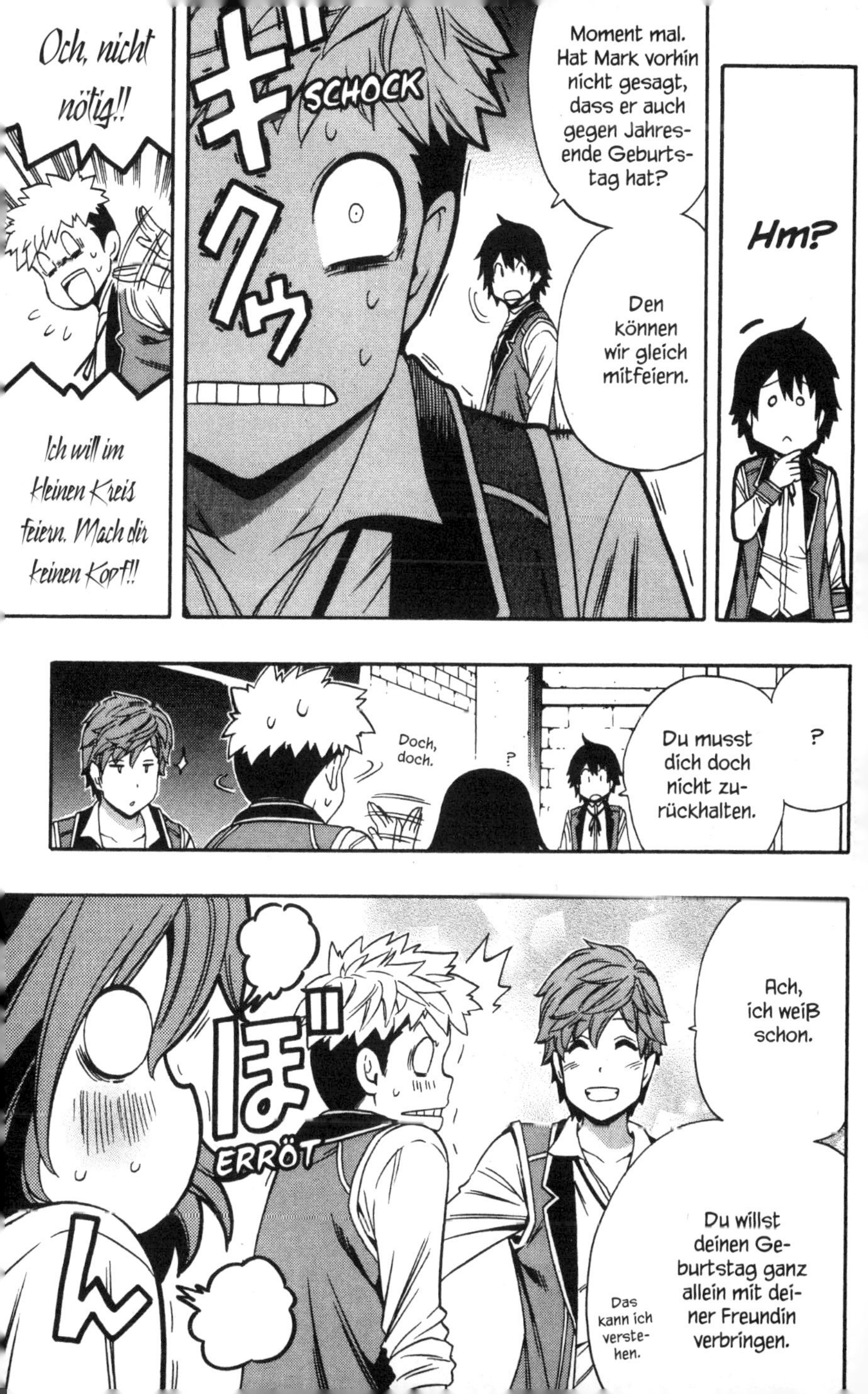
Hm?
Moment mal. Hat Mark vorhin nicht gesagt, dass er auch gegen Jahres-ende Geburts-tag hat?
Den können wir gleich mitfeiern.
SCHOCK
Och, nicht nötig!!
Ich will im kleinen Kreis feiern. Mach dir keinen Kopf!!
?
Du musst dich doch nicht zu-rückhalten.
?
Doch, doch.
Ach, ich weiß schon.
Du willst deinen Ge-burtstag ganz allein mit dei-ner Freundin verbringen.
Das kann ich verste-hen.
ERRÖT

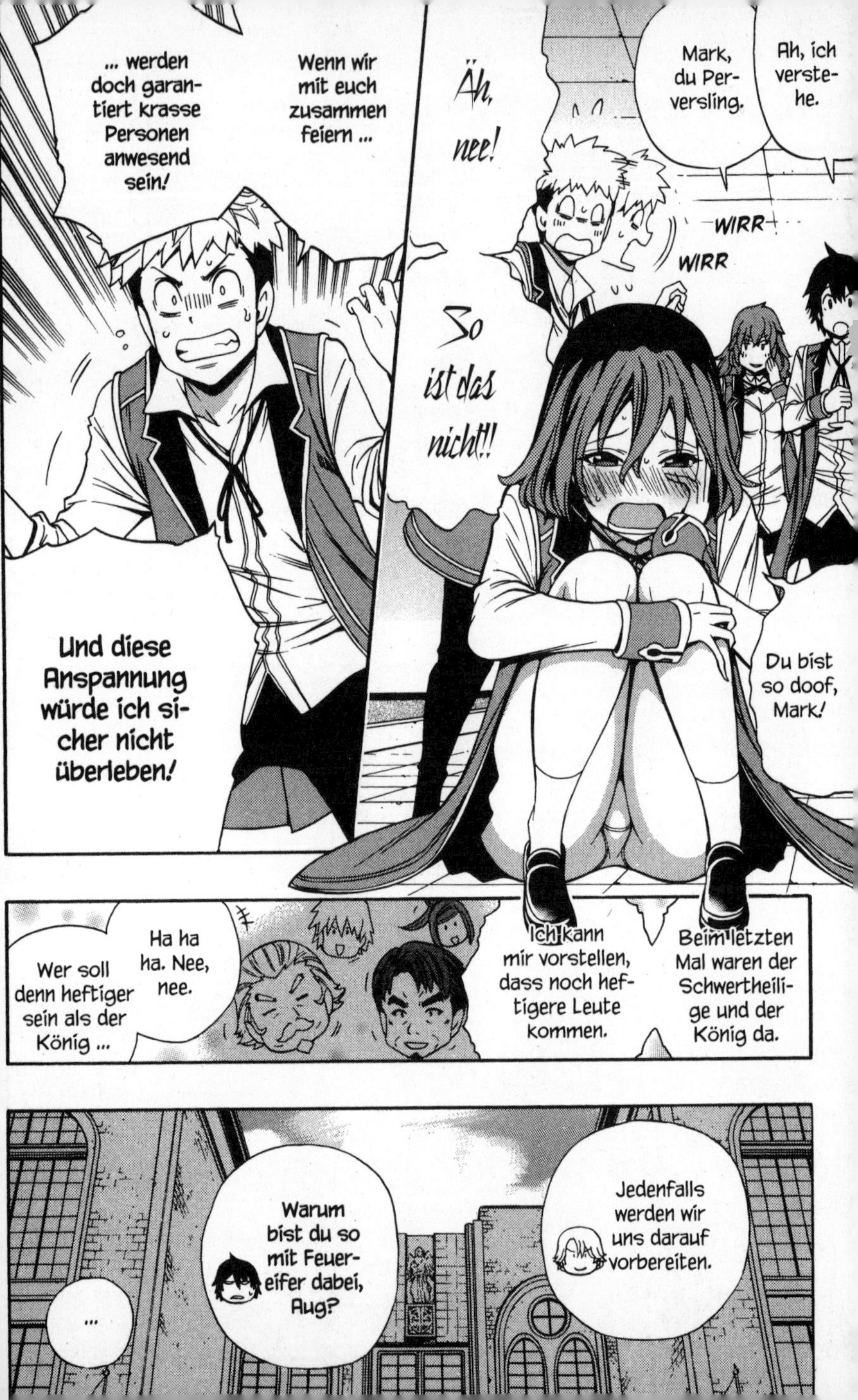
Ah, ich verste-he.
Mark, du Per-versling.
Äh, nee!
WIRR
WIRR
So ist das nicht!!
Du bist so doof, Mark!
Wenn wir mit euch zusammen feiern ...
... werden doch garan-tiert krasse Personen anwesend sein!
Und diese Anspannung würde ich si-cher nicht überleben!
Beim letzten Mal waren der Schwertheili-ge und der König da.
Ich kann mir vorstellen, dass noch hef-tigere Leute kommen.
Ha ha ha. Nee, nee.
Wer soll denn heftiger sein als der König ...
Jedenfalls werden wir uns darauf vorbereiten.
Warum bist du so mit Feuer-eifer dabei, Aug?
...

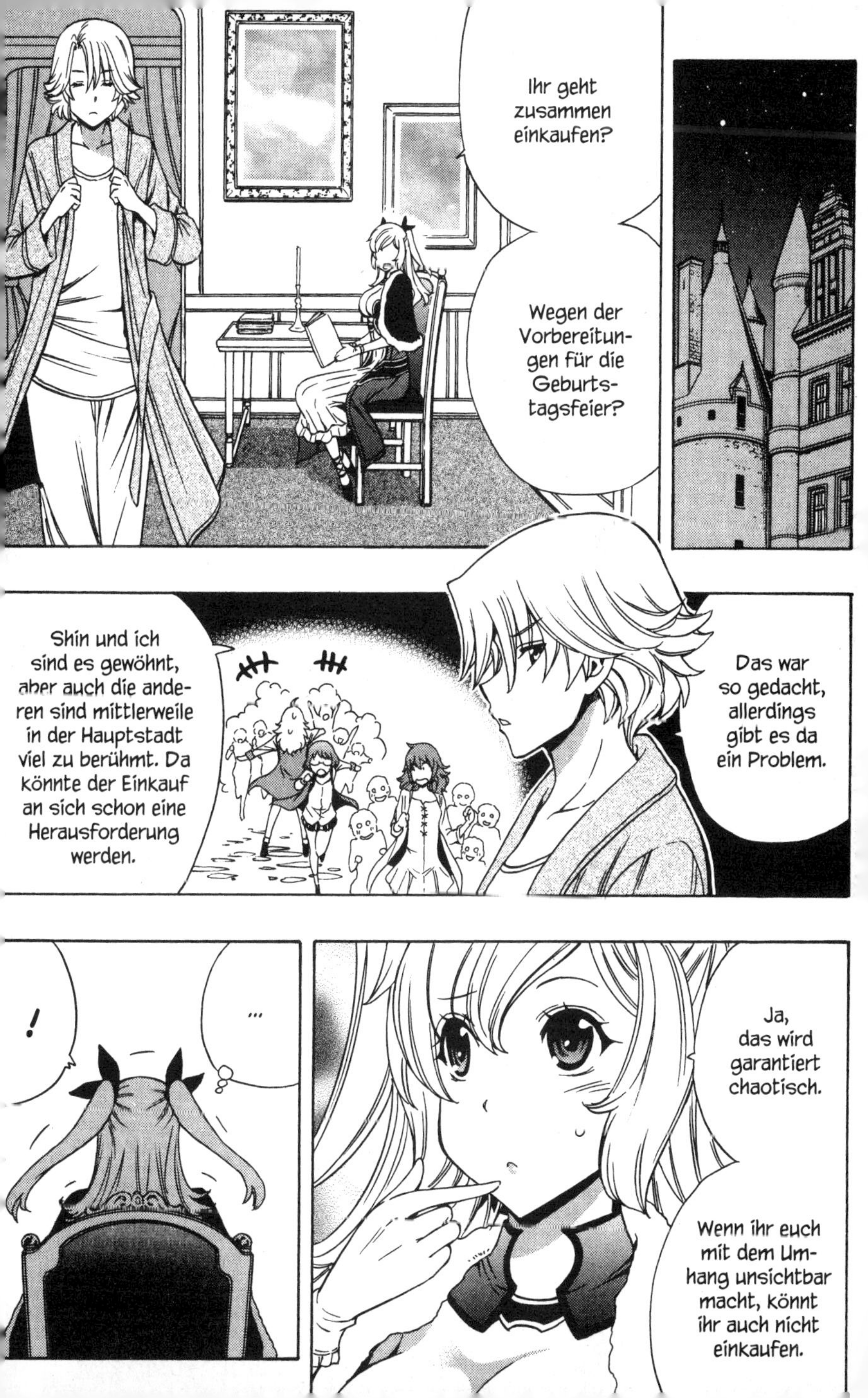

Ihr geht zusammen einkaufen?
Wegen der Vorbereitungen für die Geburtstagsfeier?
Das war so gedacht, allerdings gibt es da ein Problem.
Shin und ich sind es gewöhnt, aber auch die anderen sind mittlerweile in der Hauptstadt viel zu berühmt. Da könnte der Einkauf an sich schon eine Herausforderung werden.
Ja, das wird garantiert chaotisch.
Wenn ihr euch mit dem Umhang unsichtbar macht, könnt ihr auch nicht einkaufen.
...
!

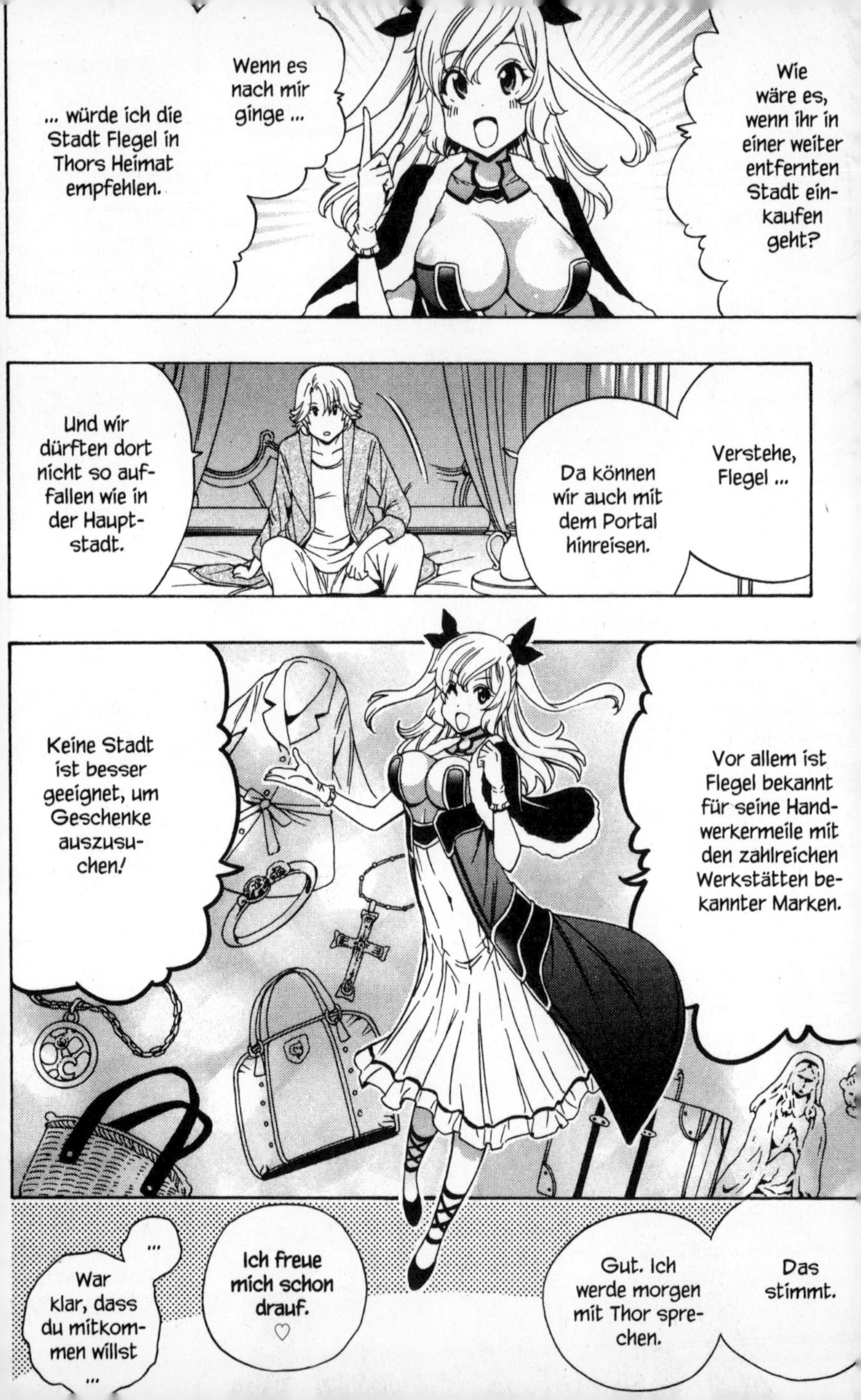
Wie wäre es, wenn ihr in einer weiter entfernten Stadt einkaufen geht?
Wenn es nach mir ginge ...
... würde ich die Stadt Flegel in Thors Heimat empfehlen.
Verstehe, Flegel ...
Da können wir auch mit dem Portal hinreisen.
Und wir dürften dort nicht so auffallen wie in der Hauptstadt.
Vor allem ist Flegel bekannt für seine Handwerkermeile mit den zahlreichen Werkstätten bekannter Marken.
Keine Stadt ist besser geeignet, um Geschenke auszusuchen!
Das stimmt.
Gut. Ich werde morgen mit Thor sprechen.
Ich freue mich schon drauf. ♡
... War klar, dass du mitkommen willst ...

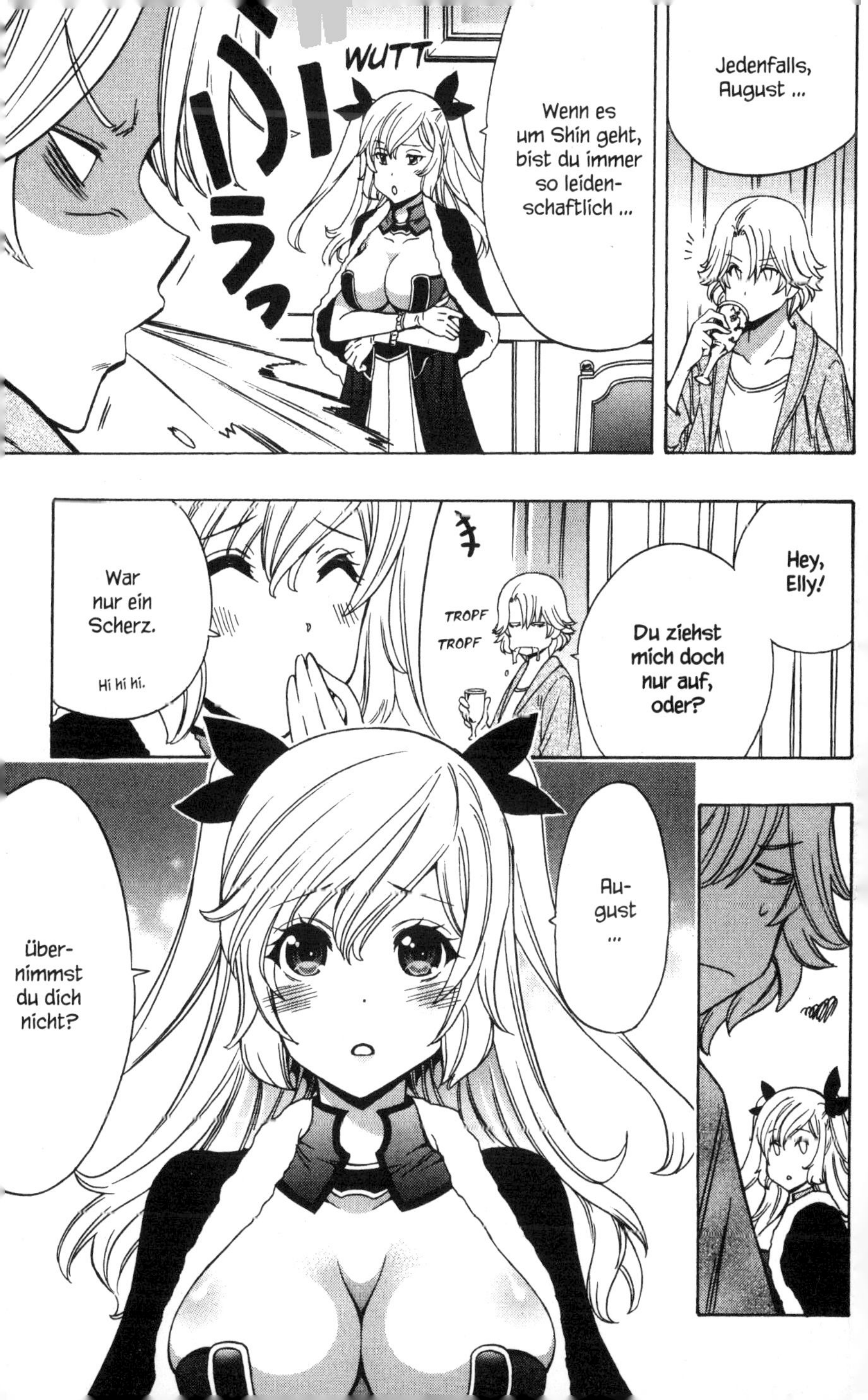
Jedenfalls, August ...
Wenn es um Shin geht, bist du immer so leidenschaftlich ...
WUTT
Hey, Elly!
Du ziehst mich doch nur auf, oder?
TROPF
TROPF
War nur ein Scherz.
Hi hi hi.
Au-gust ...
Über-nimmst du dich nicht?

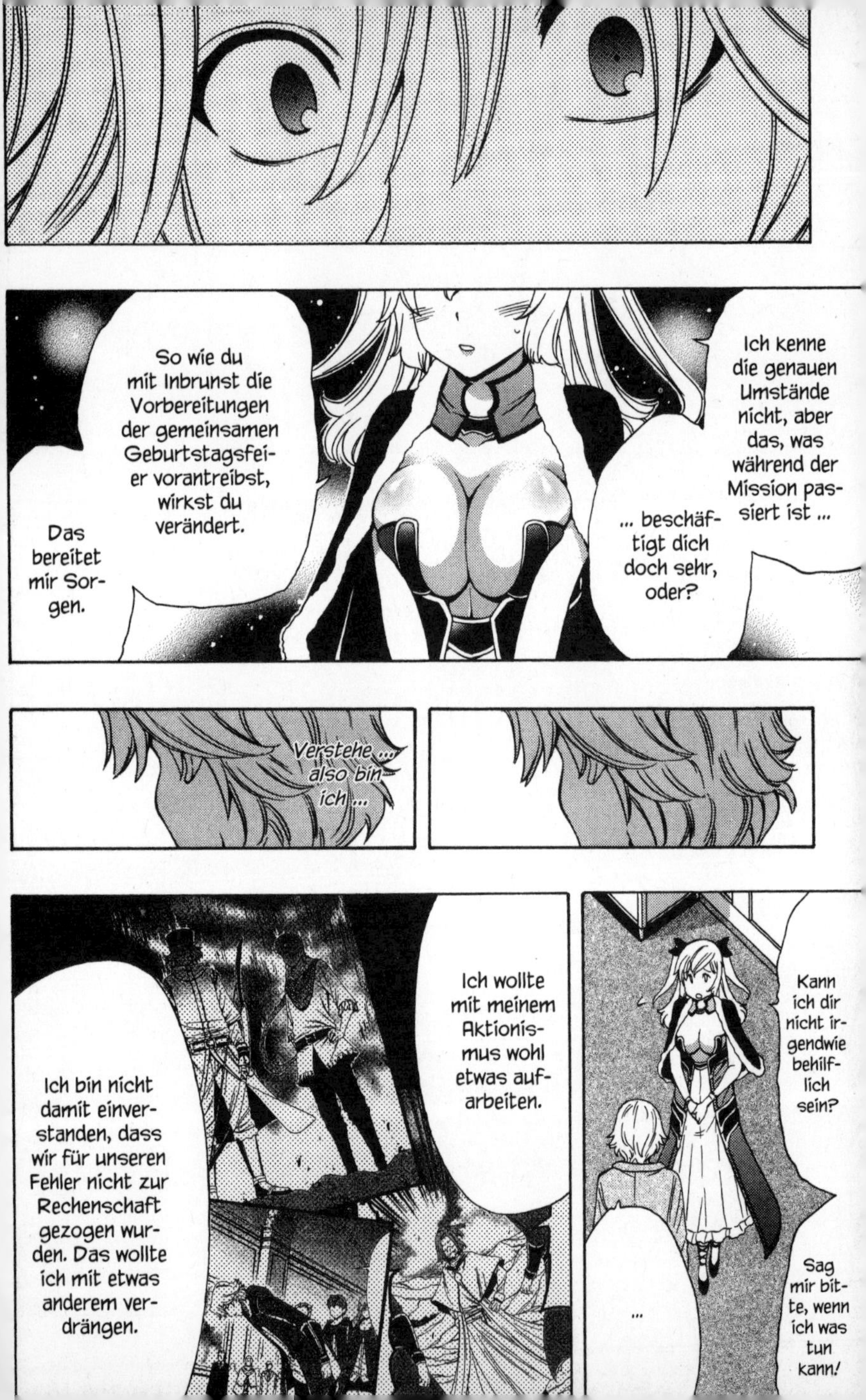
Ich kenne die genauen Umstände nicht, aber das, was während der Mission passiert ist ...
... beschäftigt dich doch sehr, oder?
So wie du mit Inbrunst die Vorbereitungen der gemeinsamen Geburtstagsfeier vorantreibst, wirkst du verändert.
Das bereitet mir Sorgen.
Verstehe ... also bin ich ...
Kann ich dir nicht irgendwie behilflich sein?
Sag mir bitte, wenn ich was tun kann!
...
Ich wollte mit meinem Aktionismus wohl etwas aufarbeiten.
Ich bin nicht damit einverstanden, dass wir für unseren Fehler nicht zur Rechenschaft gezogen wurden. Das wollte ich mit etwas anderem verdrängen.

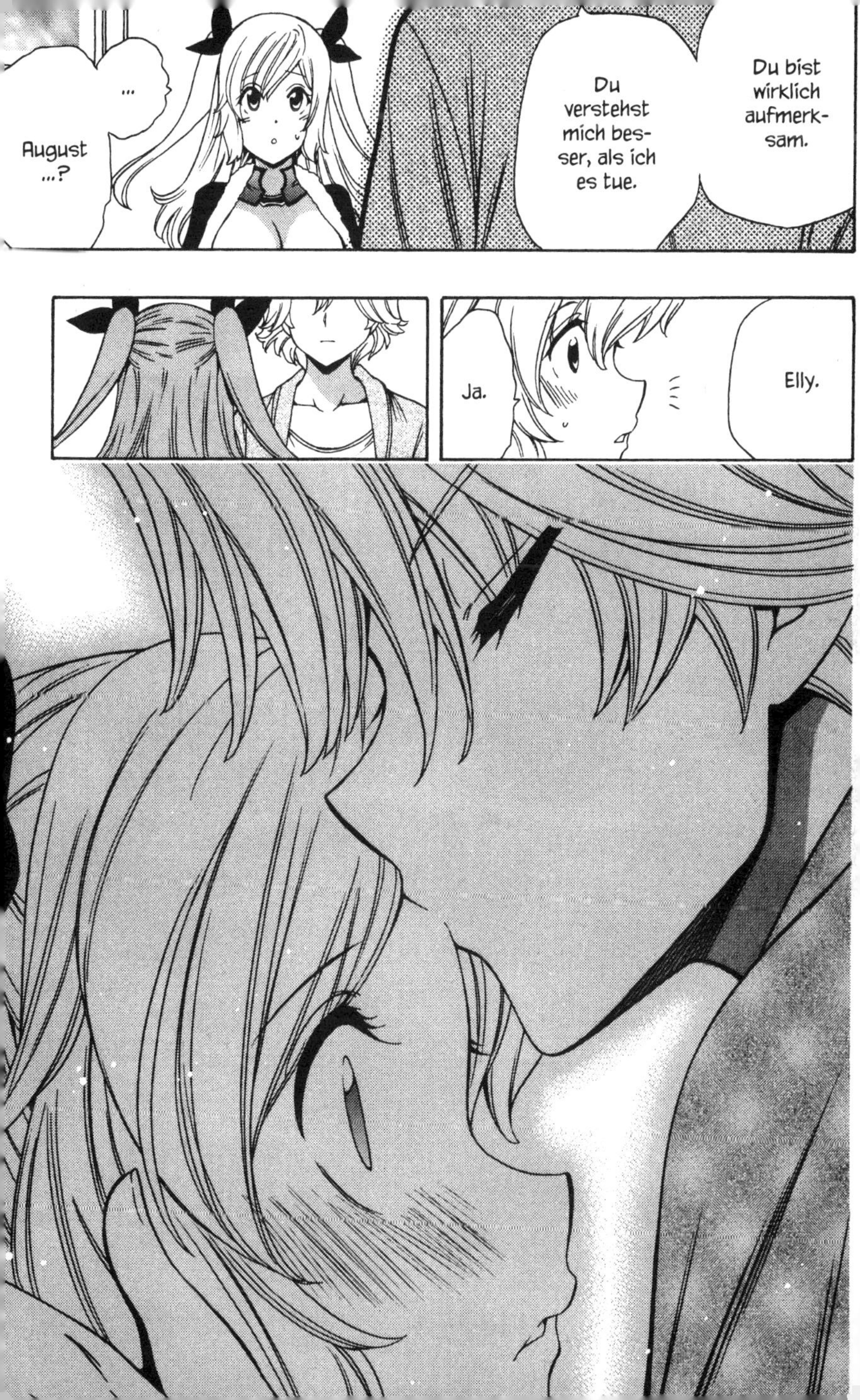
Du bist wirklich aufmerksam.
Du verstehst mich besser, als ich es tue.
...
August ...?
Elly.
Ja.

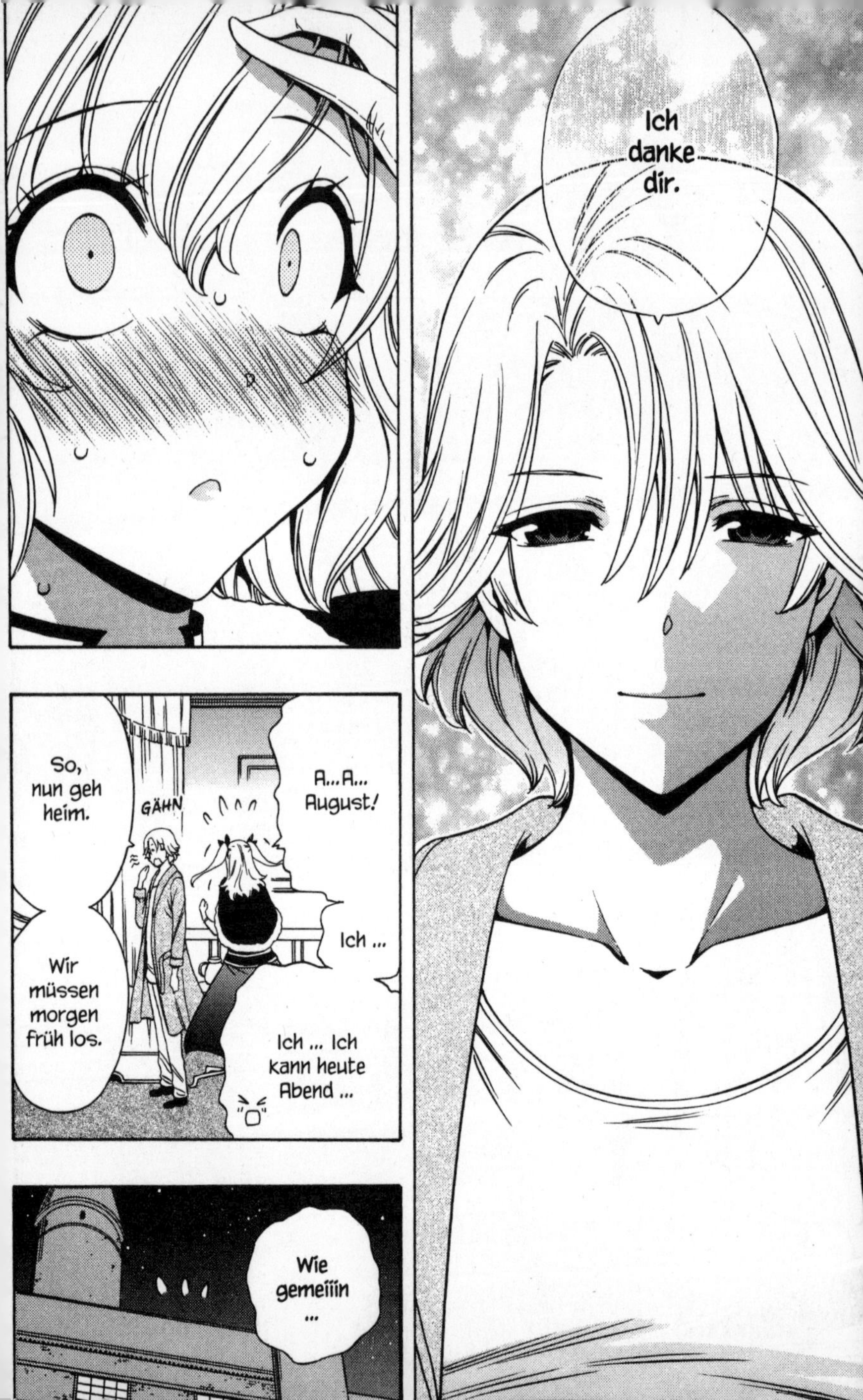

Ich danke dir.
A…A… August!
Ich …
Ich … Ich kann heute Abend …
GÄHN
So, nun geh heim.
Wir müssen morgen früh los.
Wie gemeiiin …

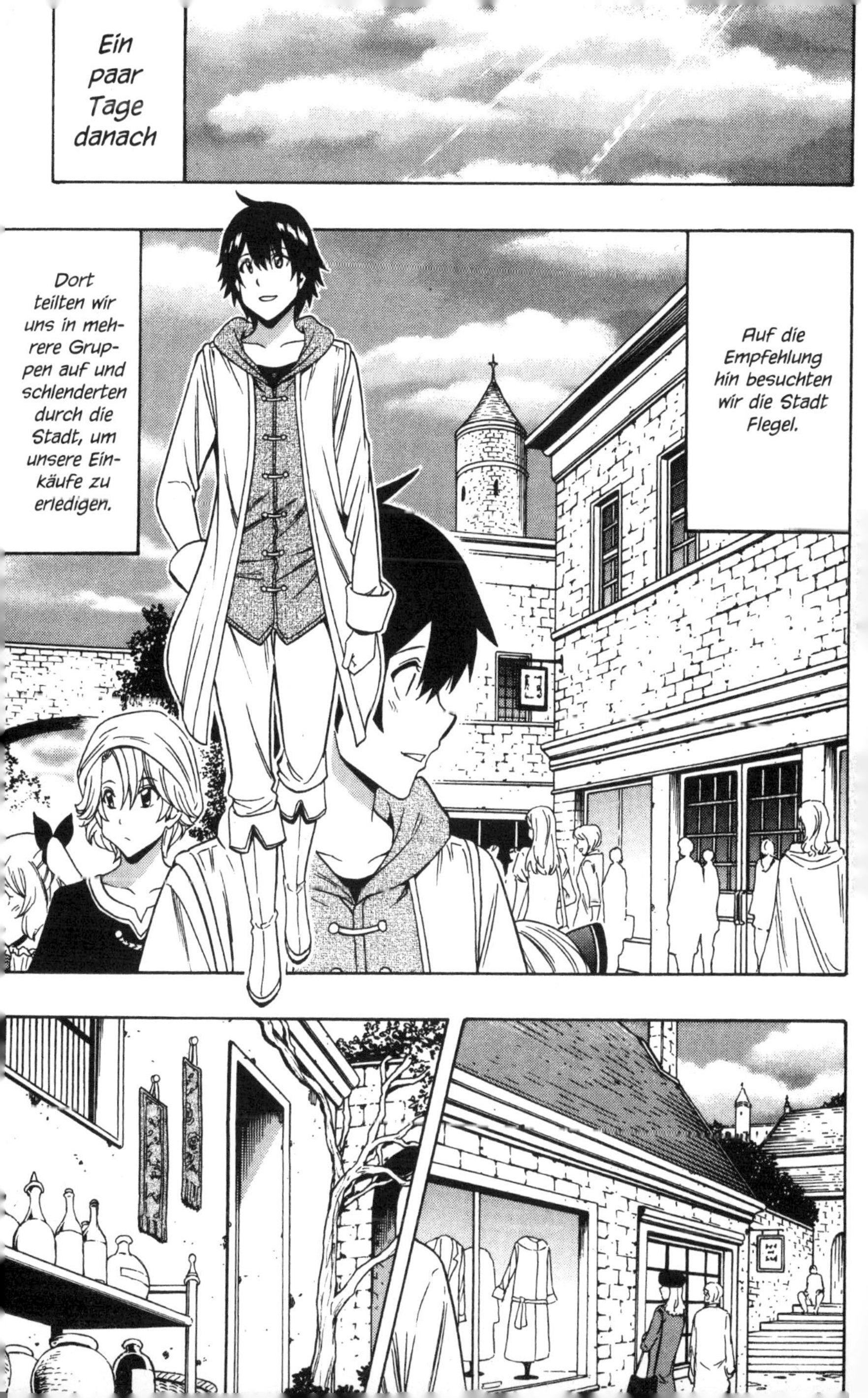
Ein paar Tage danach
Auf die Empfehlung hin besuchten wir die Stadt Flegel.
Dort teilten wir uns in mehrere Gruppen auf und schlenderten durch die Stadt, um unsere Einkäufe zu erledigen.

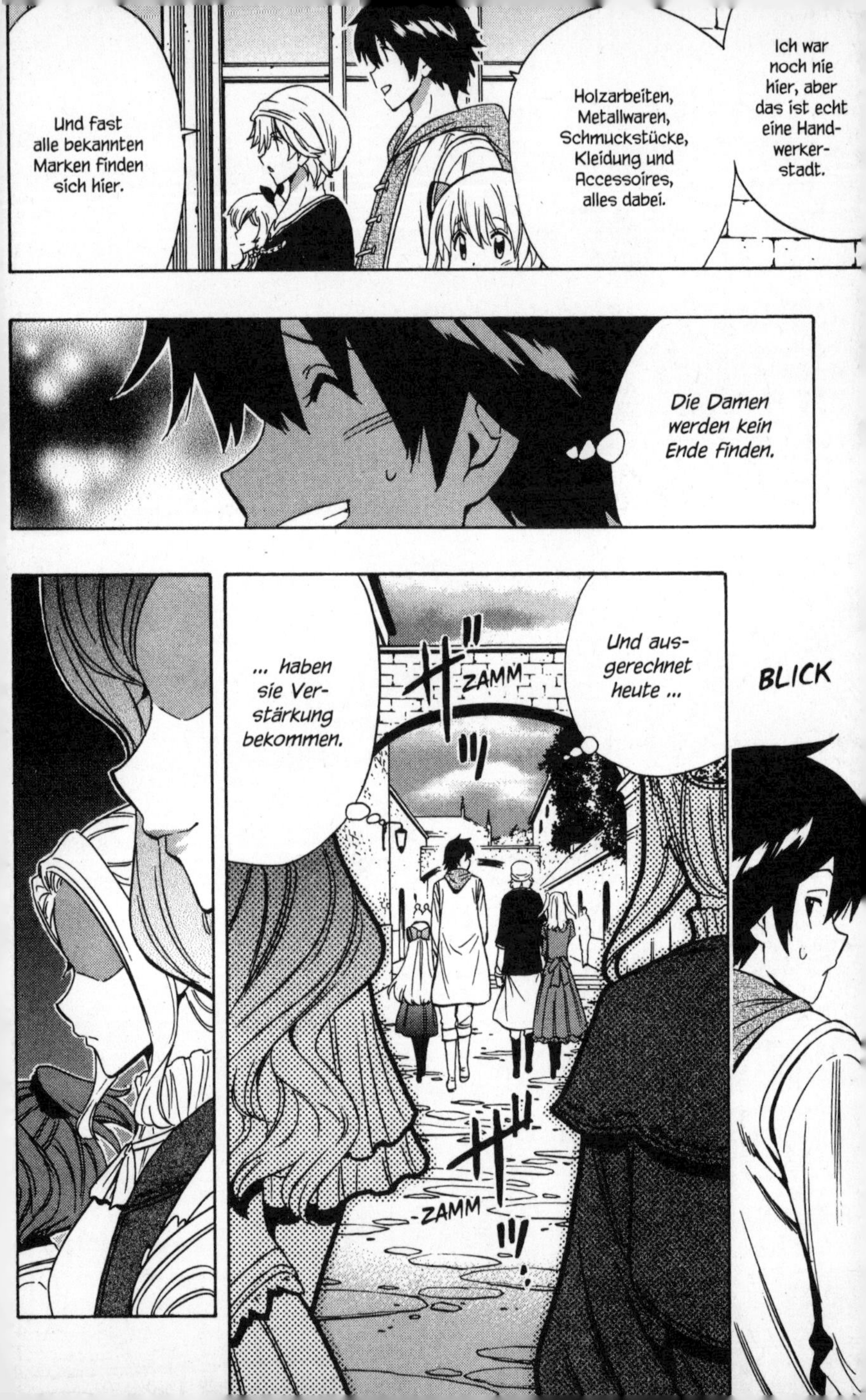
Ich war noch nie hier, aber das ist echt eine Handwerkerstadt.
Holzarbeiten, Metallwaren, Schmuckstücke, Kleidung und Accessoires, alles dabei.
Und fast alle bekannten Marken finden sich hier.
Die Damen werden kein Ende finden.
BLICK
Und ausgerechnet heute ...
ZAMM
... haben sie Verstärkung bekommen.
ZAMM

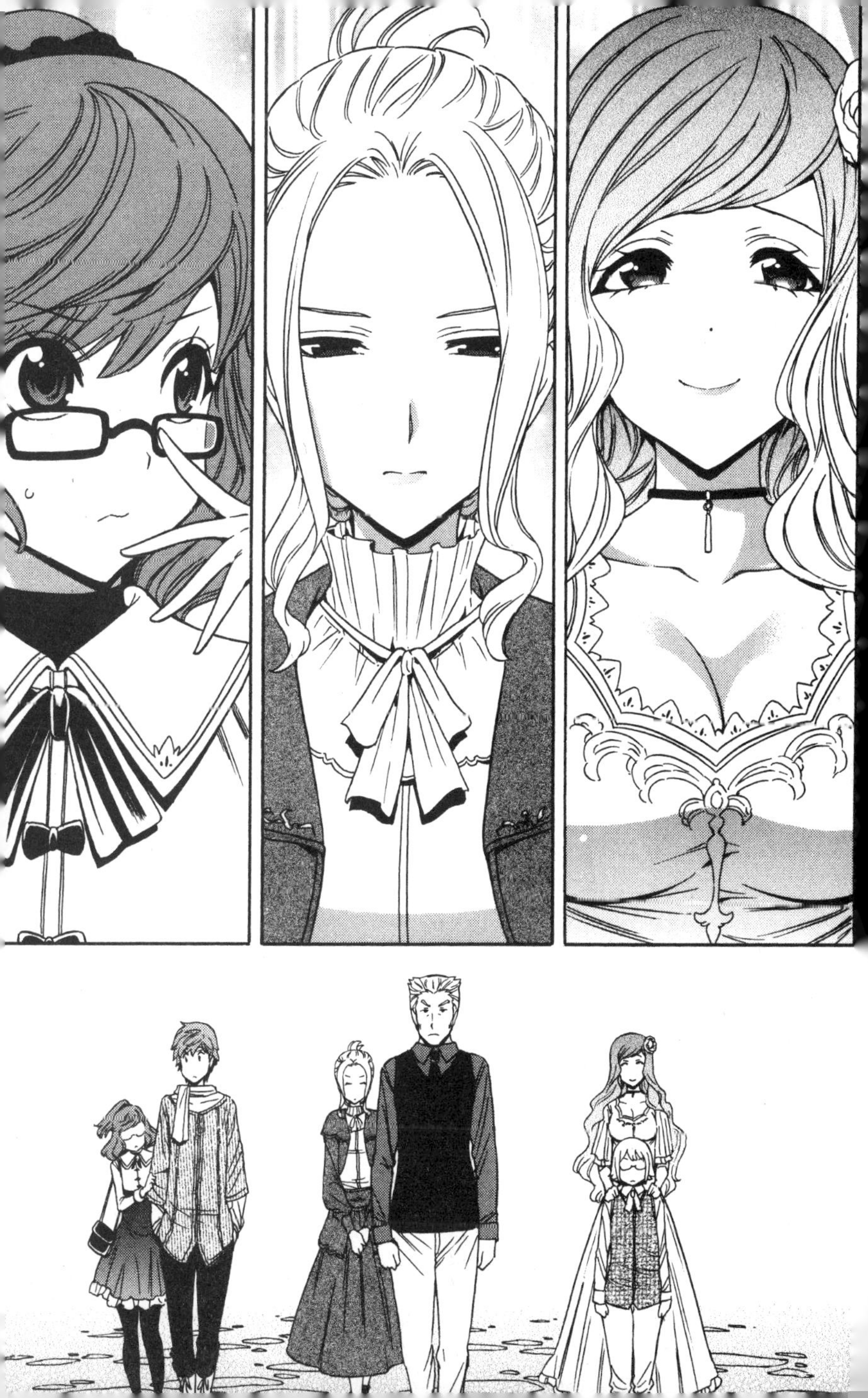

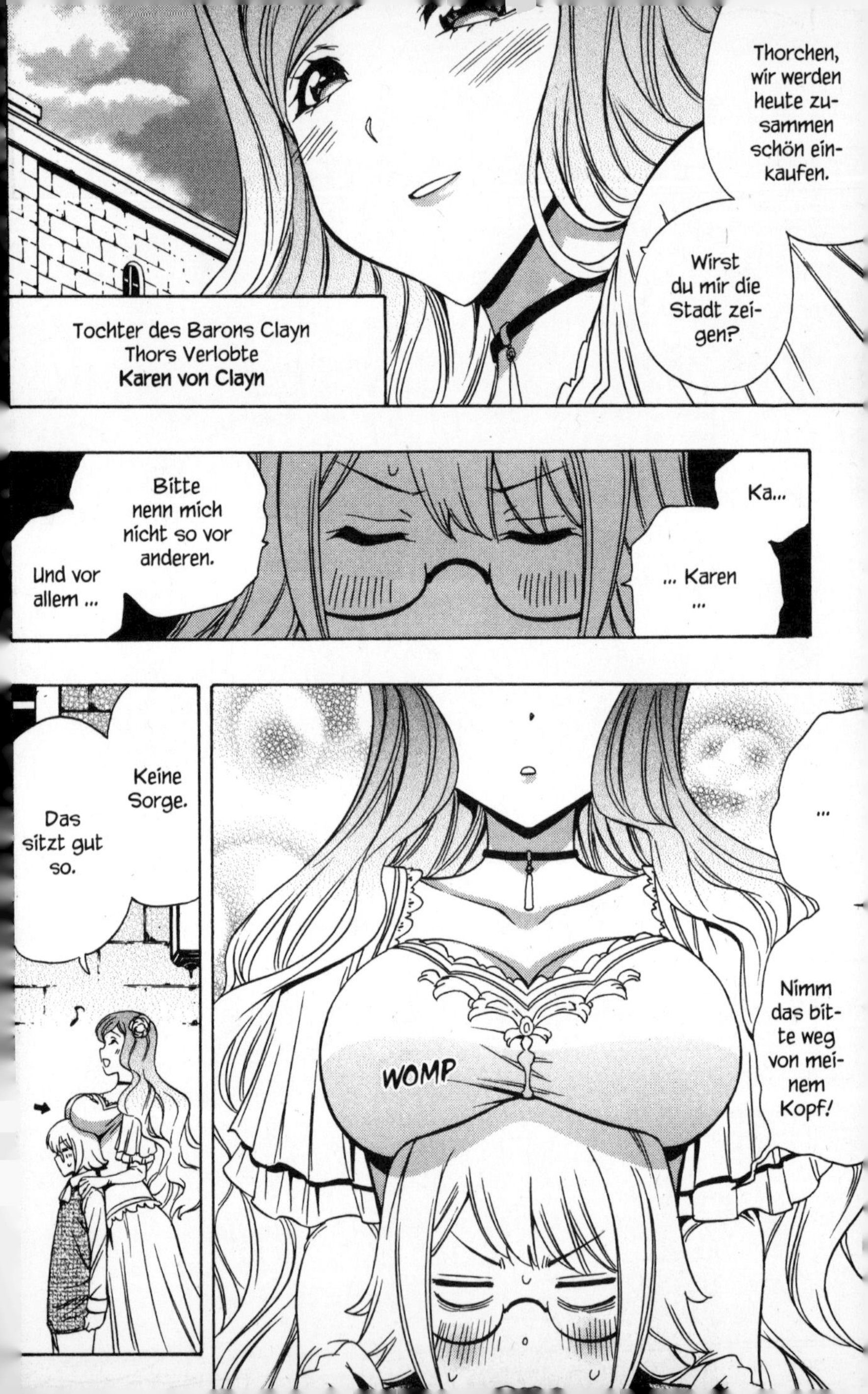
Thorchen, wir werden heute zusammen schön einkaufen.
Wirst du mir die Stadt zeigen?
Tochter des Barons Clayn
Thors Verlobte
Karen von Clayn
Ka...
... Karen ...
Bitte nenn mich nicht so vor anderen.
Und vor allem ...
...
Nimm das bitte weg von meinem Kopf!
WOMP
Keine Sorge.
Das sitzt gut so.

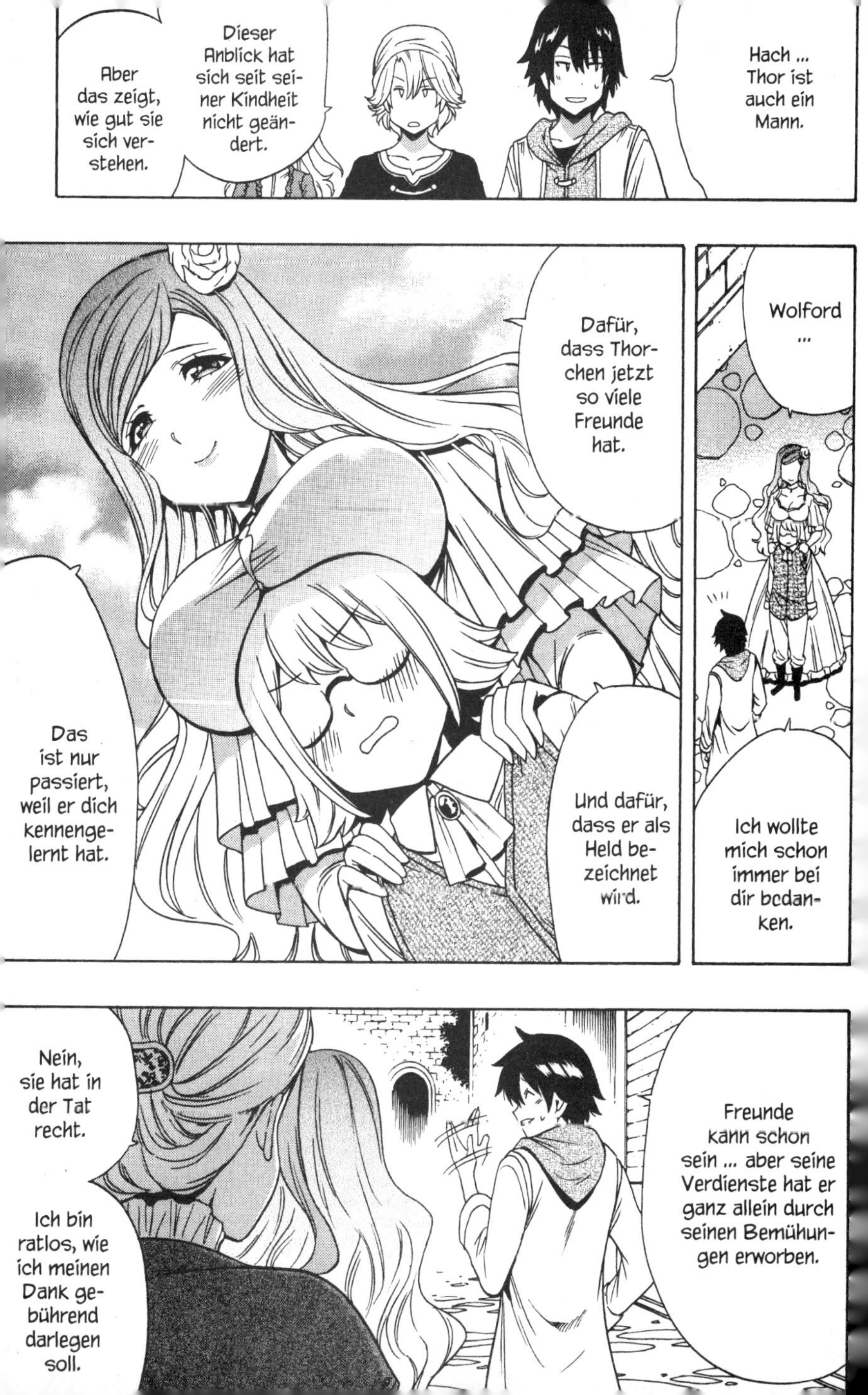
Hach ... Thor ist auch ein Mann.
Dieser Anblick hat sich seit seiner Kindheit nicht geändert.
Aber das zeigt, wie gut sie sich verstehen.
Wolford ...
Ich wollte mich schon immer bei dir bedanken.
Dafür, dass Thorchen jetzt so viele Freunde hat.
Und dafür, dass er als Held bezeichnet wird.
Das ist nur passiert, weil er dich kennengelernt hat.
Freunde kann schon sein ... aber seine Verdienste hat er ganz allein durch seinen Bemühungen erworben.
Nein, sie hat in der Tat recht.
Ich bin ratlos, wie ich meinen Dank gebührend darlegen soll.

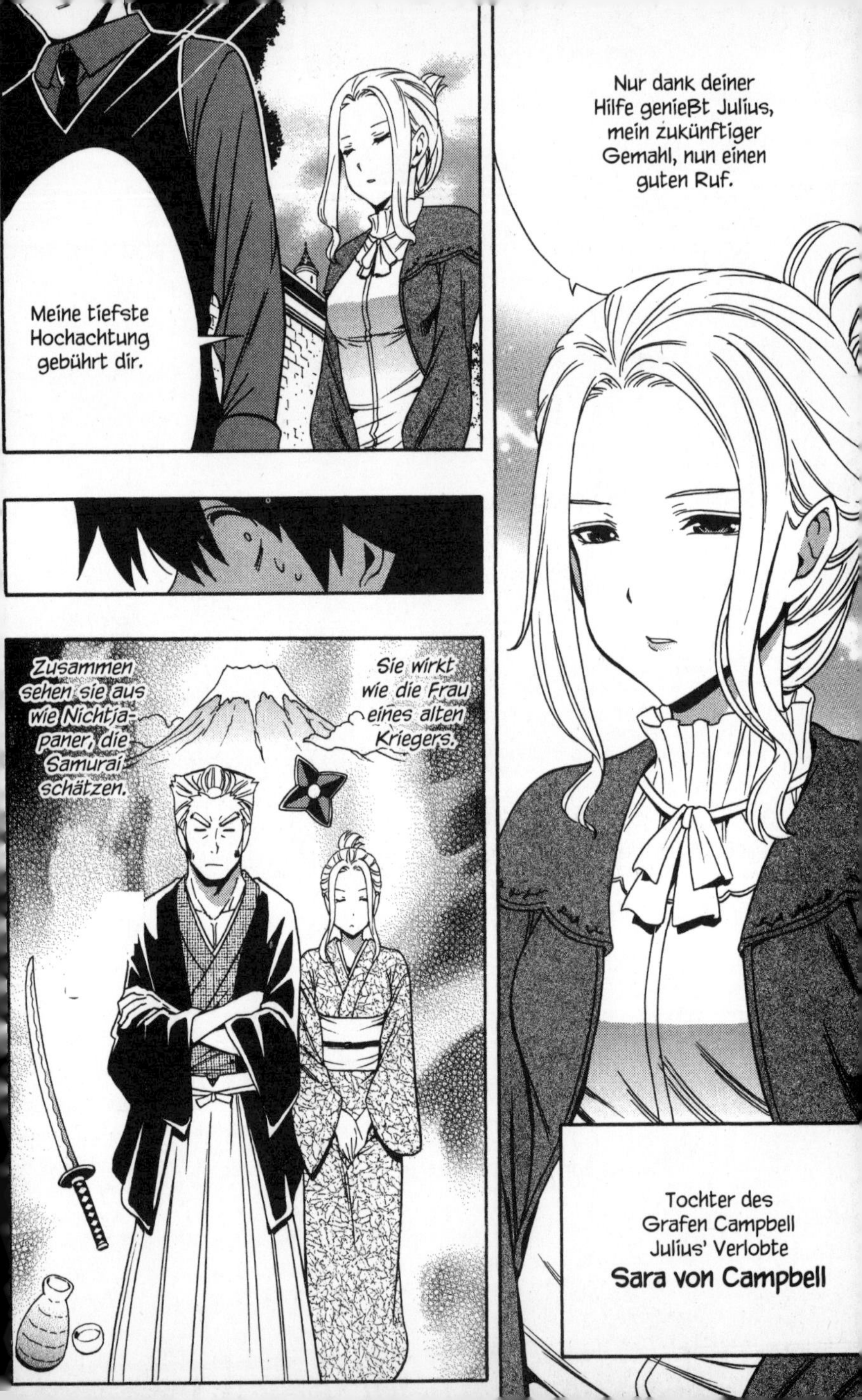
Nur dank deiner Hilfe genießt Julius, mein zukünftiger Gemahl, nun einen guten Ruf.
Meine tiefste Hochachtung gebührt dir.
Tochter des Grafen Campbell Julius' Verlobte
Sara von Campbell
Sie wirkt wie die Frau eines alten Kriegers.
Zusammen sehen sie aus wie Nichtjapaner, die Samurai schätzen.

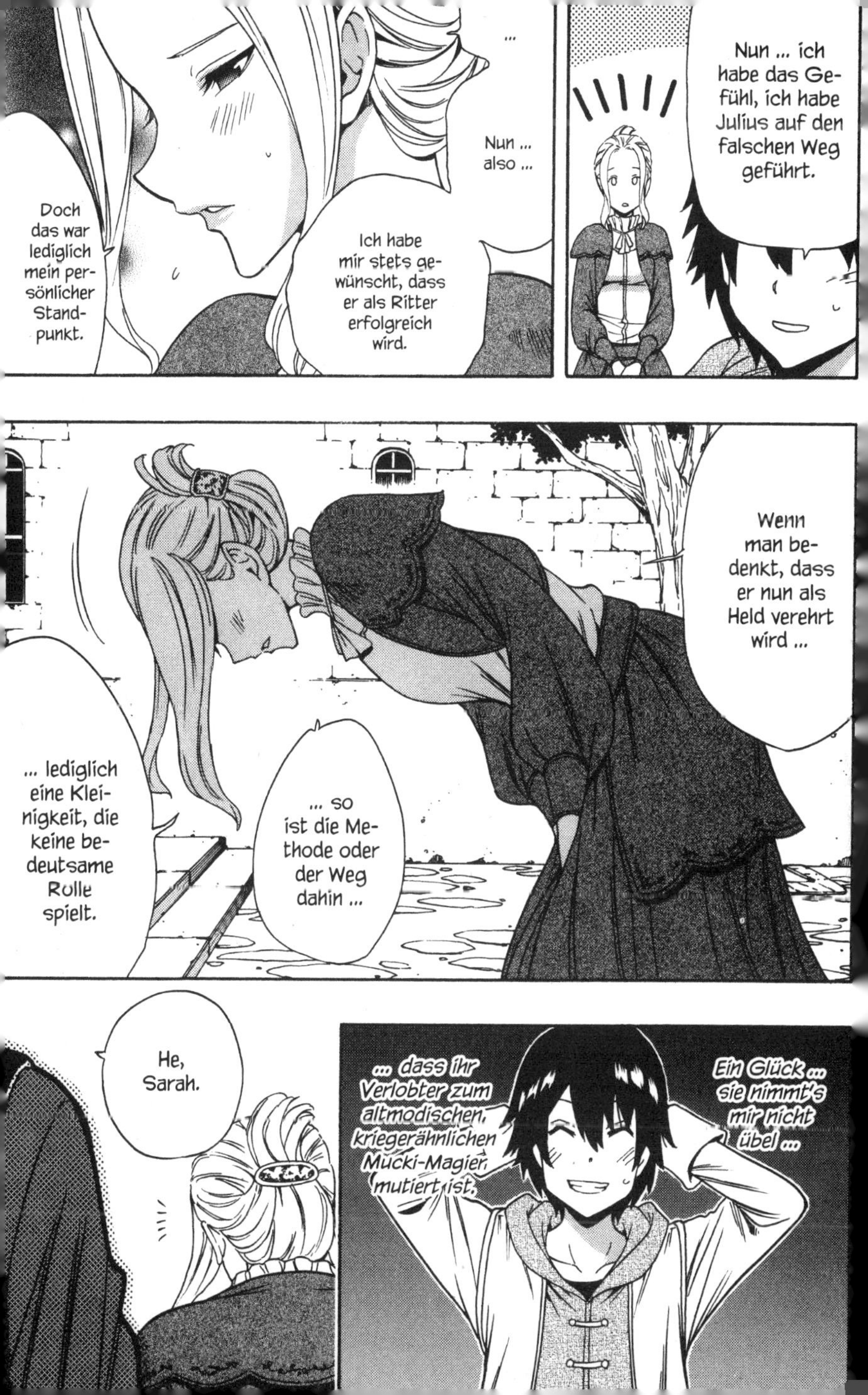

Nun ... ich habe das Gefühl, ich habe Julius auf den falschen Weg geführt.
...
Nun ... also ...
Ich habe mir stets gewünscht, dass er als Ritter erfolgreich wird.
Doch das war lediglich mein persönlicher Standpunkt.
Wenn man bedenkt, dass er nun als Held verehrt wird ...
... so ist die Methode oder der Weg dahin ...
... lediglich eine Kleinigkeit, die keine bedeutsame Rolle spielt.
Ein Glück ... sie nimmt's mir nicht übel ...
... dass ihr Verlobter zum altmodischen, kriegerähnlichen Mucki-Magier mutiert ist.
He, Sarah.

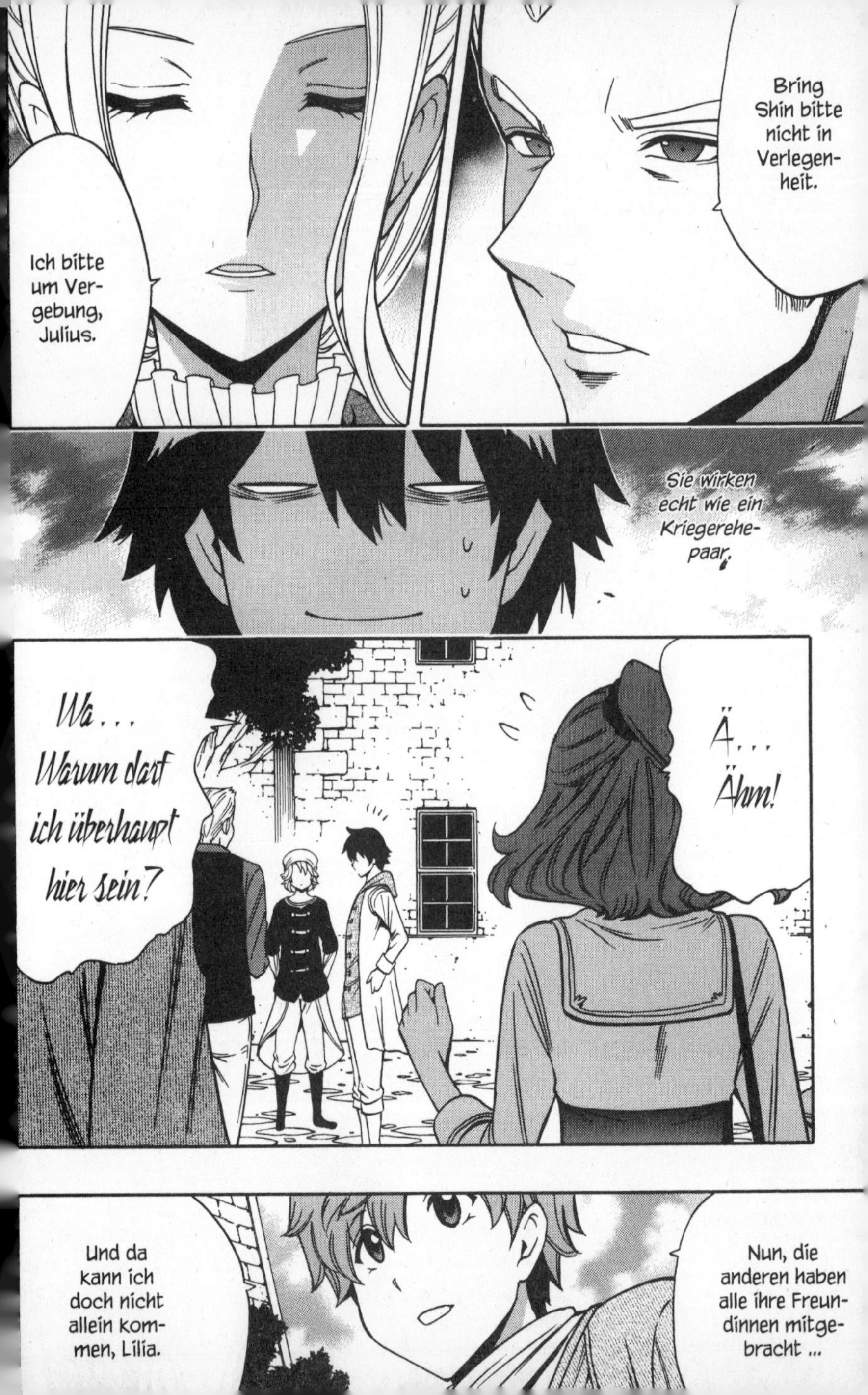

Bring Shin bitte nicht in Verlegenheit.
Ich bitte um Vergebung, Julius.
Sie wirken echt wie ein Kriegerehepaar.
Ä... Ähm!
Wa... Warum darf ich überhaupt hier sein?
Nun, die anderen haben alle ihre Freundinnen mitgebracht ...
Und da kann ich doch nicht allein kommen, Lilia.

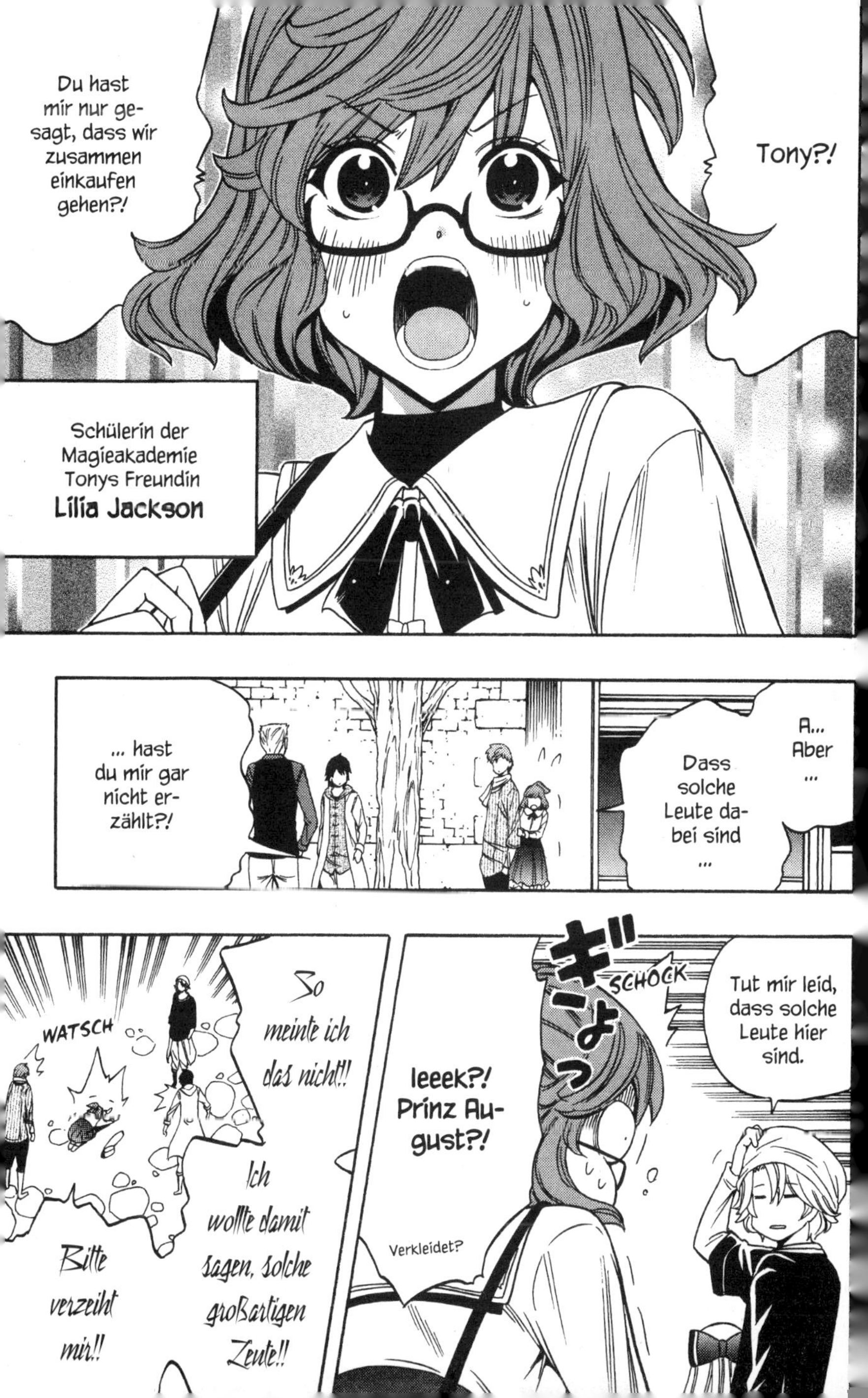
Tony?!
Du hast mir nur gesagt, dass wir zusammen einkaufen gehen?!
Schülerin der Magieakademie Tonys Freundin
Lilia Jackson
A... Aber ...
Dass solche Leute dabei sind ...
... hast du mir gar nicht erzählt?!
Tut mir leid, dass solche Leute hier sind.
SCHOCK
Ieeek?! Prinz August?!
Verkleidet?
So meinte ich das nicht!!
Ich wollte damit sagen, solche großartigen Leute!!
WATSCH
Bitte verzeiht mir!!

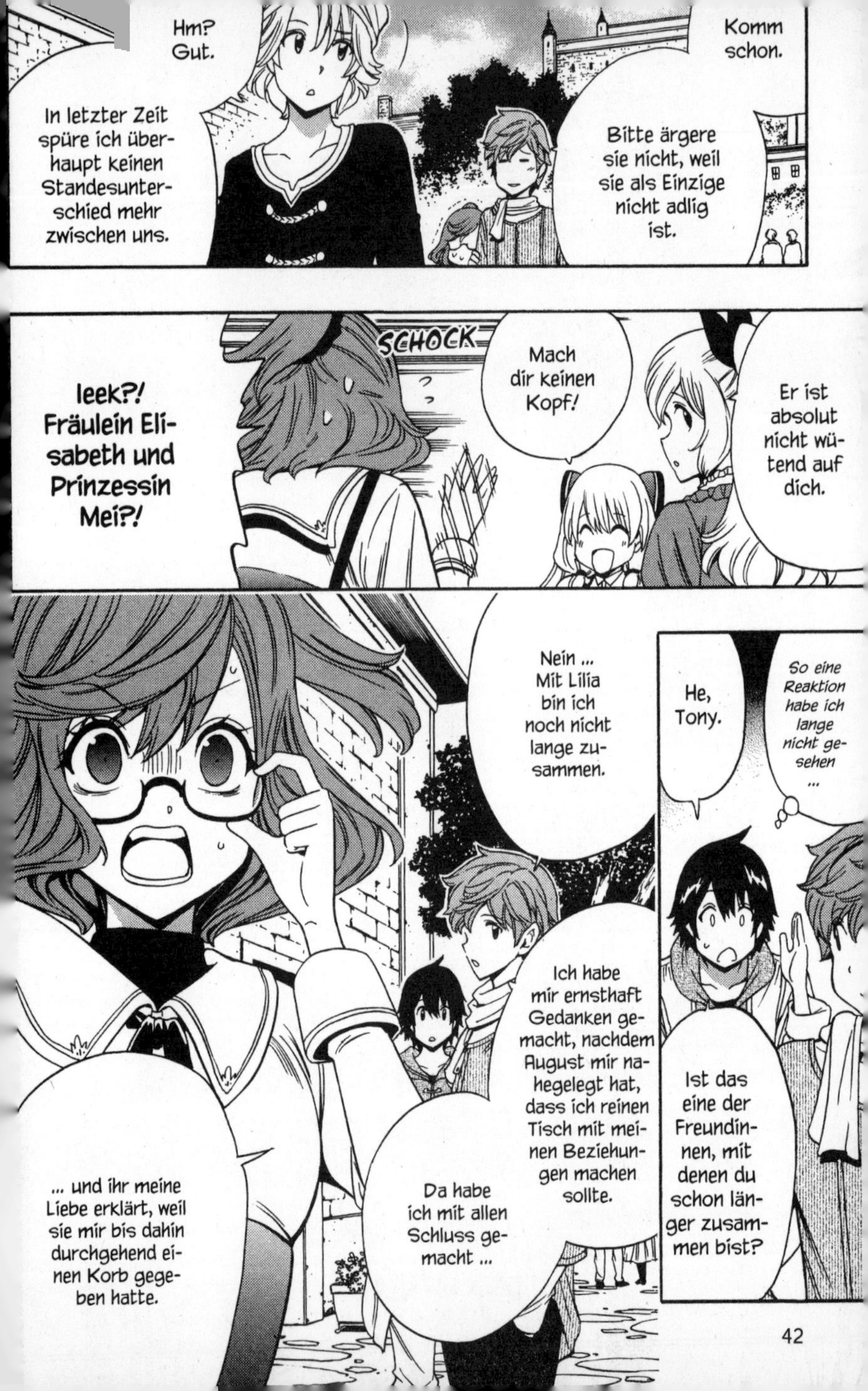
Komm schon.
Bitte ärgere sie nicht, weil sie als Einzige nicht adlig ist.
Hm? Gut.
In letzter Zeit spüre ich überhaupt keinen Standesunterschied mehr zwischen uns.
Er ist absolut nicht wütend auf dich.
Mach dir keinen Kopf!
SCHOCK
Ieek?! Fräulein Elisabeth und Prinzessin Mei?!
So eine Reaktion habe ich lange nicht gesehen ...
He, Tony.
Ist das eine der Freundinnen, mit denen du schon länger zusammen bist?
Nein ... Mit Lilia bin ich noch nicht lange zusammen.
Ich habe mir ernsthaft Gedanken gemacht, nachdem August mir nahegelegt hat, dass ich reinen Tisch mit meinen Beziehungen machen sollte.
Da habe ich mit allen Schluss gemacht ...
... und ihr meine Liebe erklärt, weil sie mir bis dahin durchgehend einen Korb gegeben hatte.

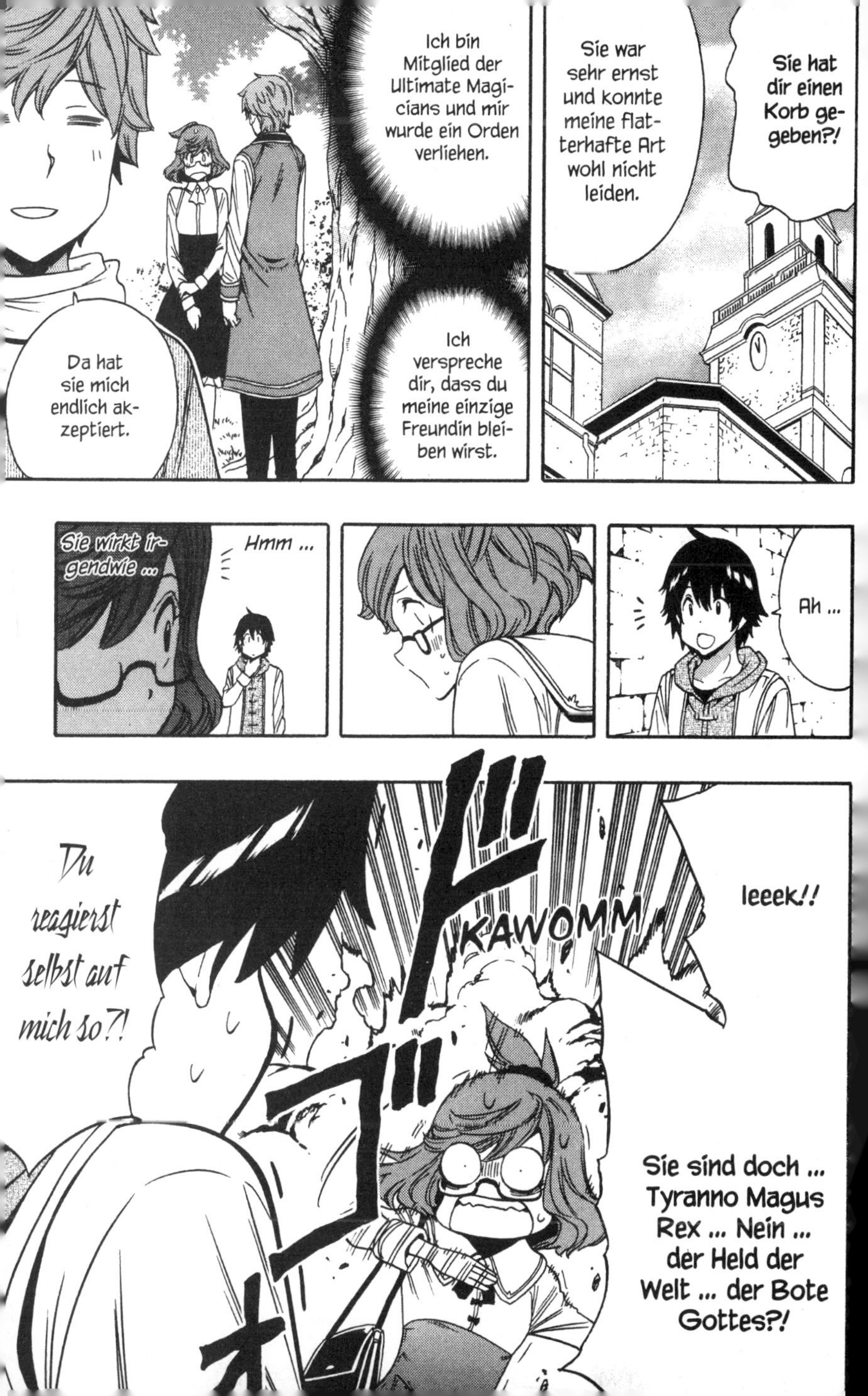

Sie hat dir einen Korb gegeben?!
Sie war sehr ernst und konnte meine flatterhafte Art wohl nicht leiden.
Ich bin Mitglied der Ultimate Magicians und mir wurde ein Orden verliehen.
Ich verspreche dir, dass du meine einzige Freundin bleiben wirst.
Da hat sie mich endlich akzeptiert.
Ah ...
Hmm ...
Sie wirkt irgendwie ...
Ieeek!!
KAWOMM
Sie sind doch ... Tyranno Magus Rex ... Nein ... der Held der Welt ... der Bote Gottes?!
Du reagierst selbst auf mich so?!

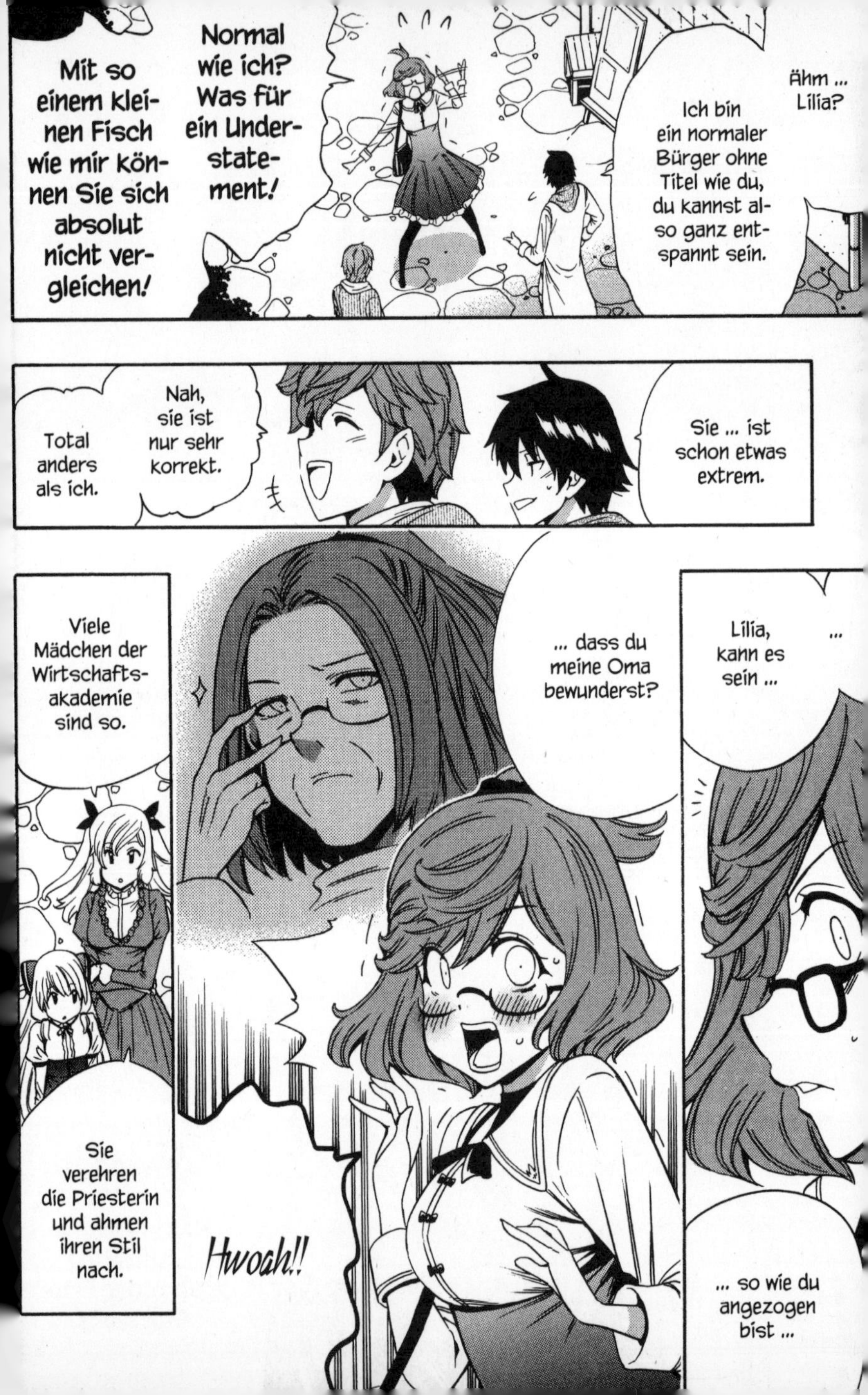
Ähm ... Lilia?
Ich bin ein normaler Bürger ohne Titel wie du, du kannst also ganz entspannt sein.
Normal wie ich? Was für ein Understatement!
Mit so einem kleinen Fisch wie mir können Sie sich absolut nicht vergleichen!
Sie ... ist schon etwas extrem.
Nah, sie ist nur sehr korrekt.
Total anders als ich.
...
Lilia, kann es sein ...
... dass du meine Oma bewunderst?
... so wie du angezogen bist ...
Hwoah!!
Viele Mädchen der Wirtschaftsakademie sind so.
Sie verehren die Priesterin und ahmen ihren Stil nach.

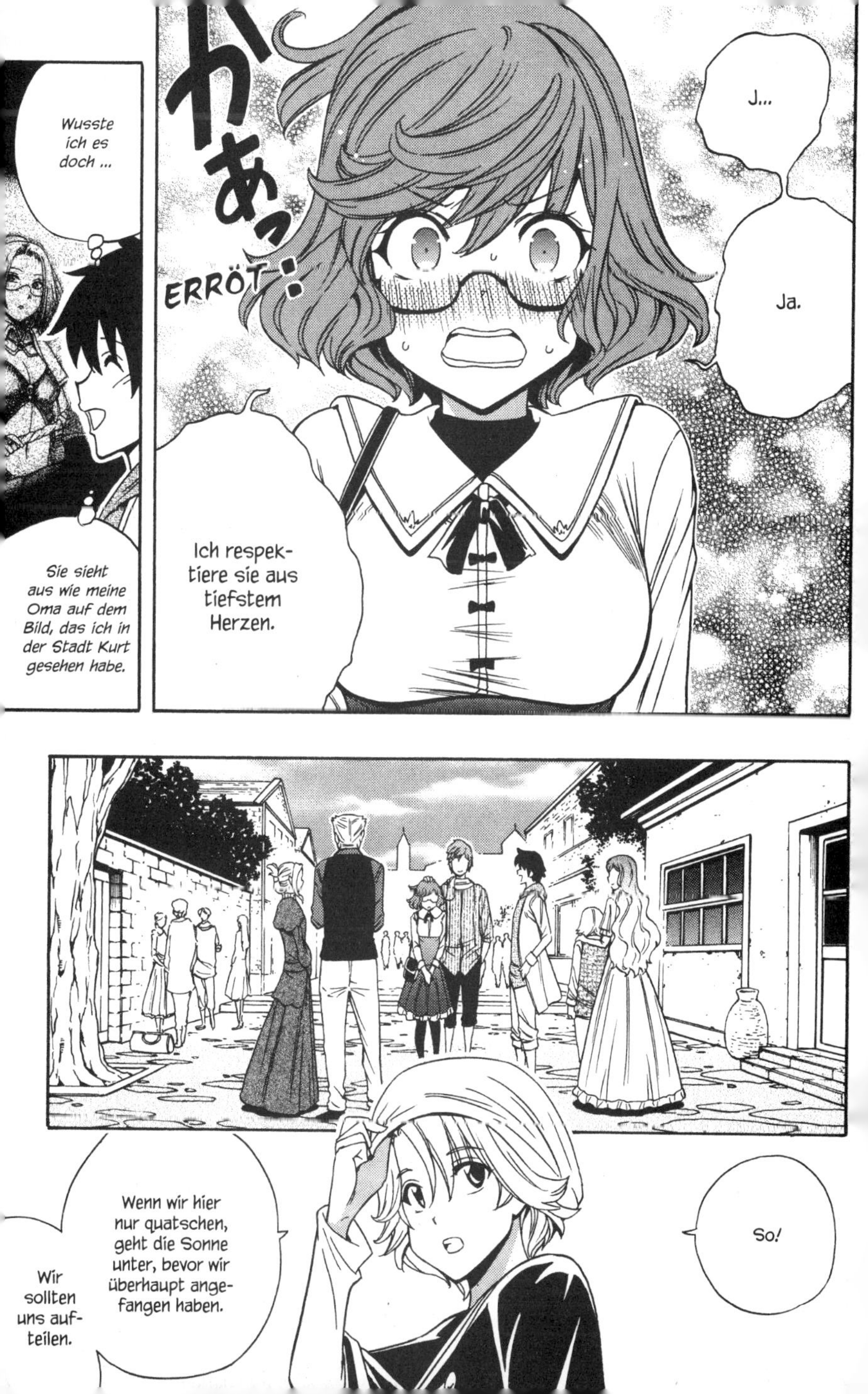

わあっ
ERRÖT
J...
Ja.
Ich respek-
tiere sie aus
tiefstem
Herzen.
Wusste
ich es
doch ...
Sie sieht
aus wie meine
Oma auf dem
Bild, das ich in
der Stadt Kurt
gesehen habe.
So!
Wenn wir hier
nur quatschen,
geht die Sonne
unter, bevor wir
überhaupt ange-
fangen haben.
Wir
sollten
uns auf-
teilen.

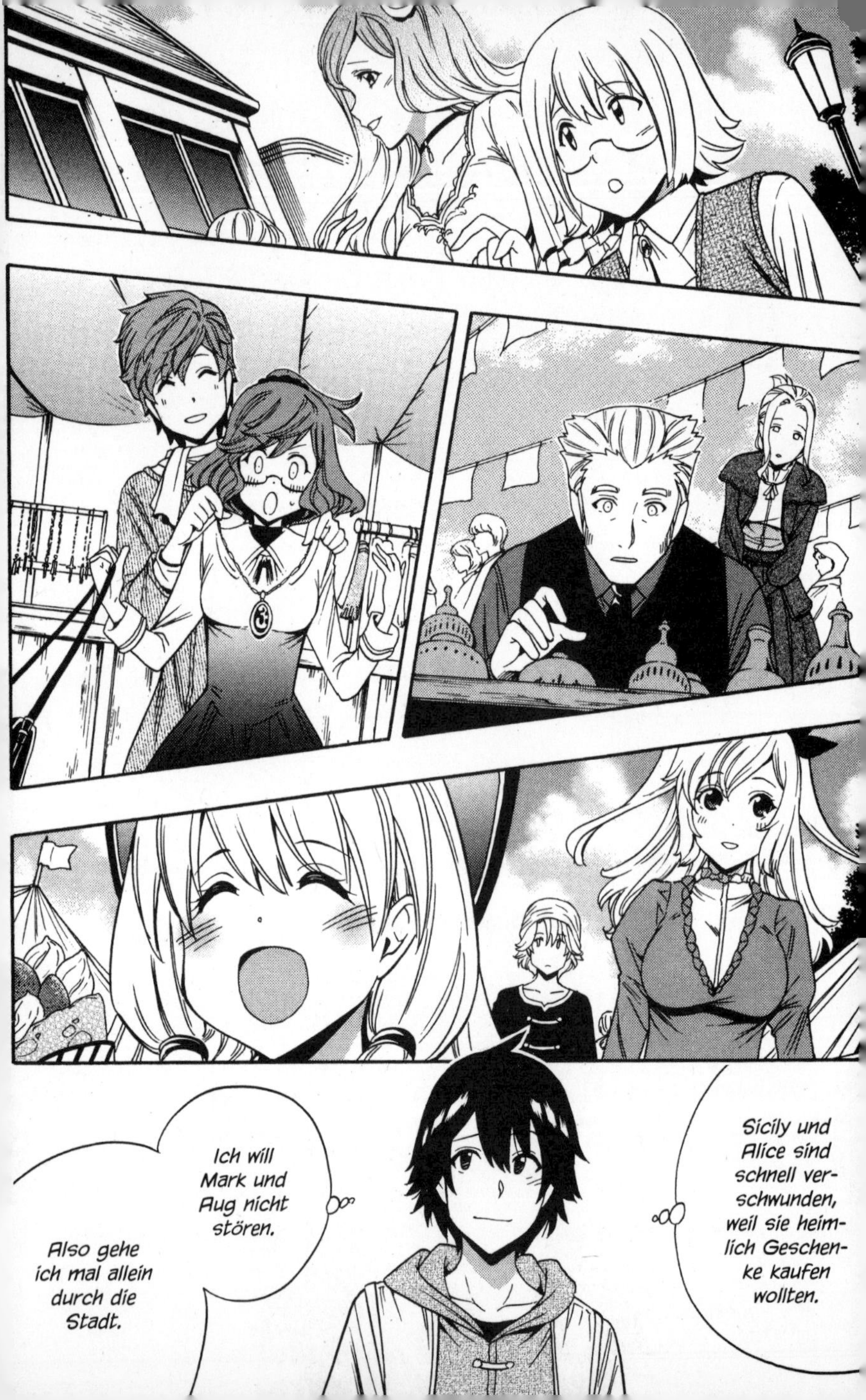
Sicily und Alice sind schnell verschwunden, weil sie heimlich Geschenke kaufen wollten.
Ich will Mark und Aug nicht stören.
Also gehe ich mal allein durch die Stadt.

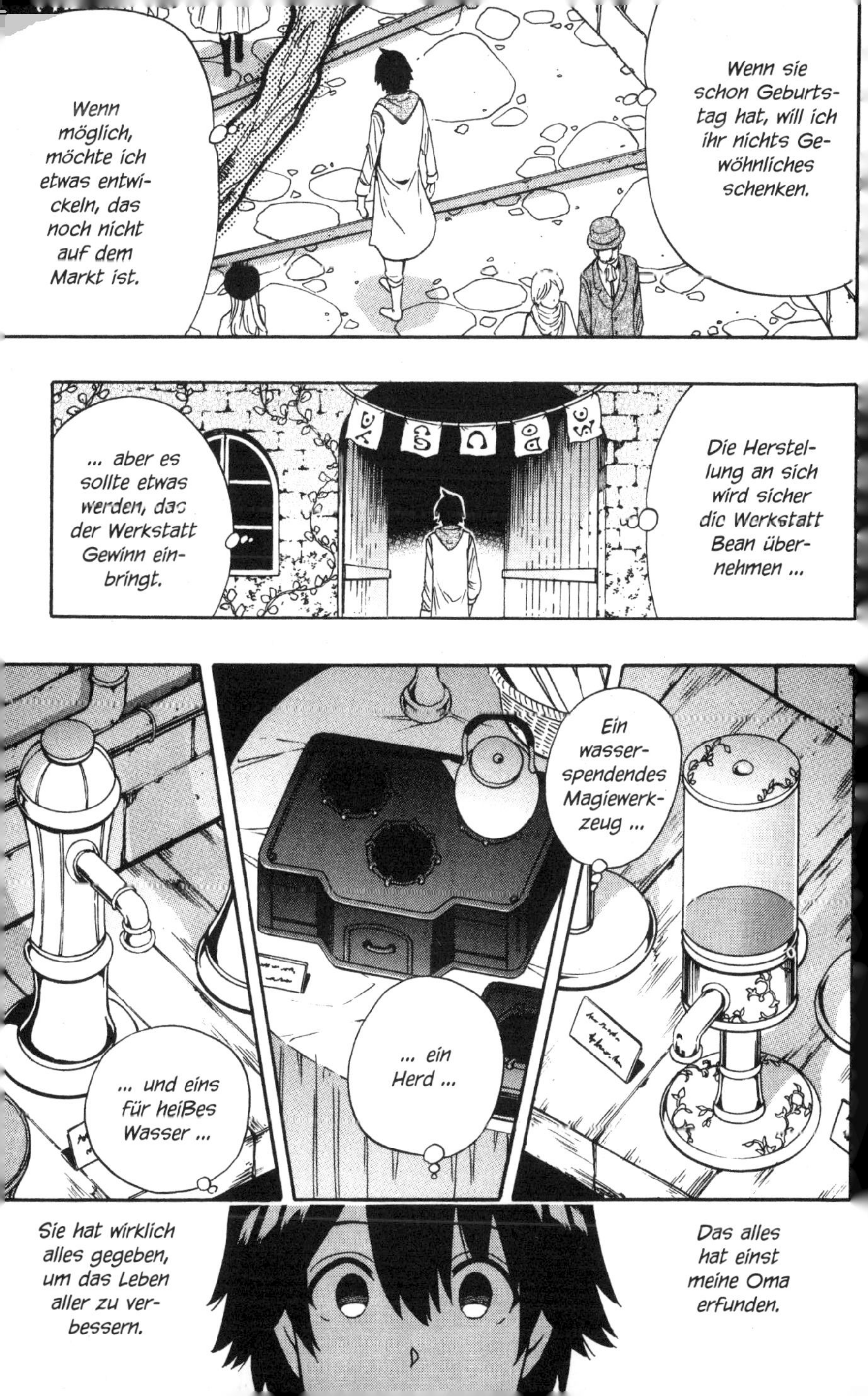
Wenn sie schon Geburtstag hat, will ich ihr nichts Gewöhnliches schenken.
Wenn möglich, möchte ich etwas entwickeln, das noch nicht auf dem Markt ist.
Die Herstellung an sich wird sicher die Werkstatt Bean übernehmen ...
... aber es sollte etwas werden, das der Werkstatt Gewinn einbringt.
Ein wasserspendendes Magiewerkzeug ...
... ein Herd ...
... und eins für heißes Wasser ...
Das alles hat einst meine Oma erfunden.
Sie hat wirklich alles gegeben, um das Leben aller zu verbessern.

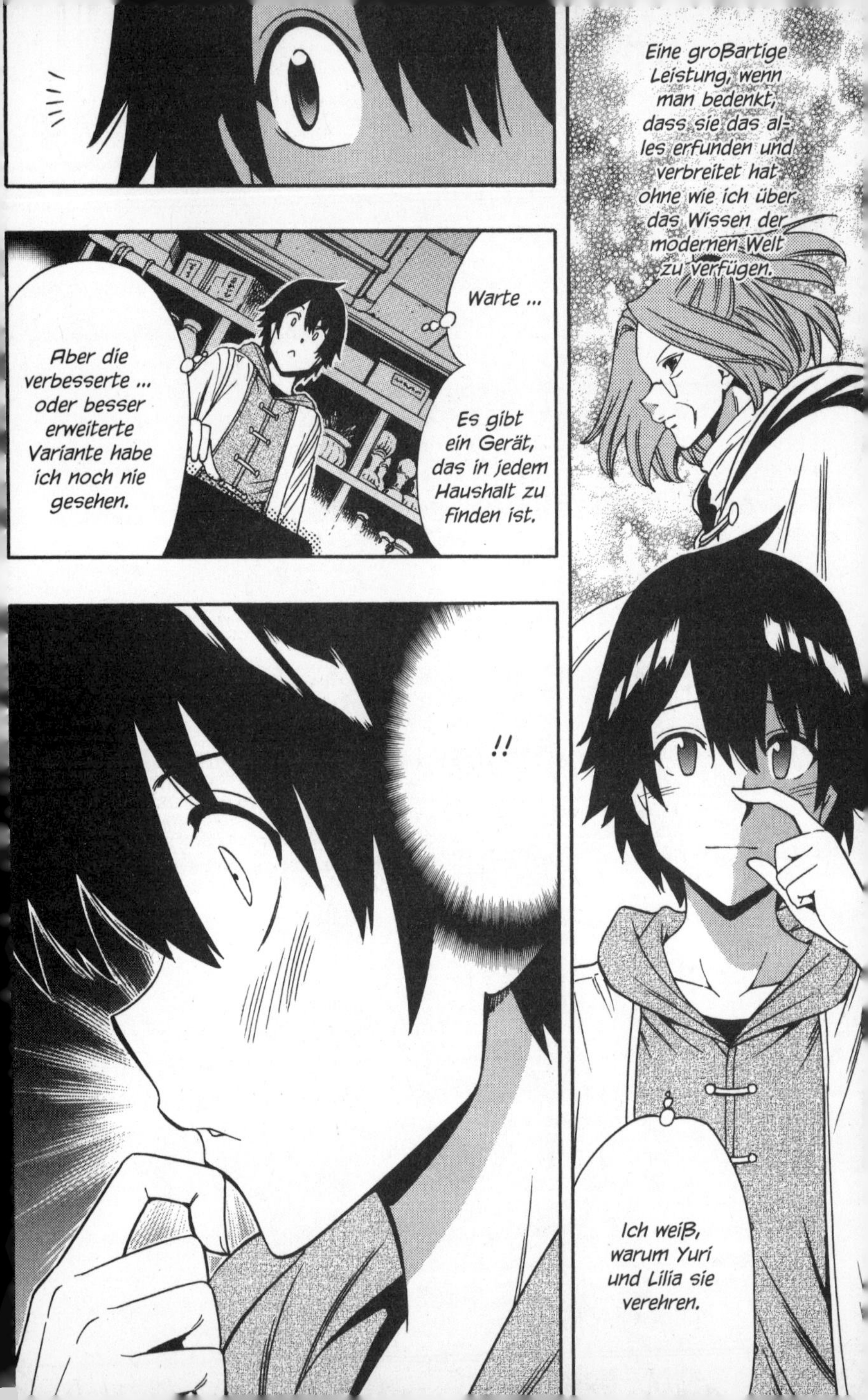
Eine großartige Leistung, wenn man bedenkt, dass sie das alles erfunden und verbreitet hat ohne wie ich über das Wissen der modernen Welt zu verfügen.
Warte ...
Es gibt ein Gerät, das in jedem Haushalt zu finden ist.
Aber die verbesserte ... oder besser erweiterte Variante habe ich noch nie gesehen.
!!
Ich weiß, warum Yuri und Lilia sie verehren.

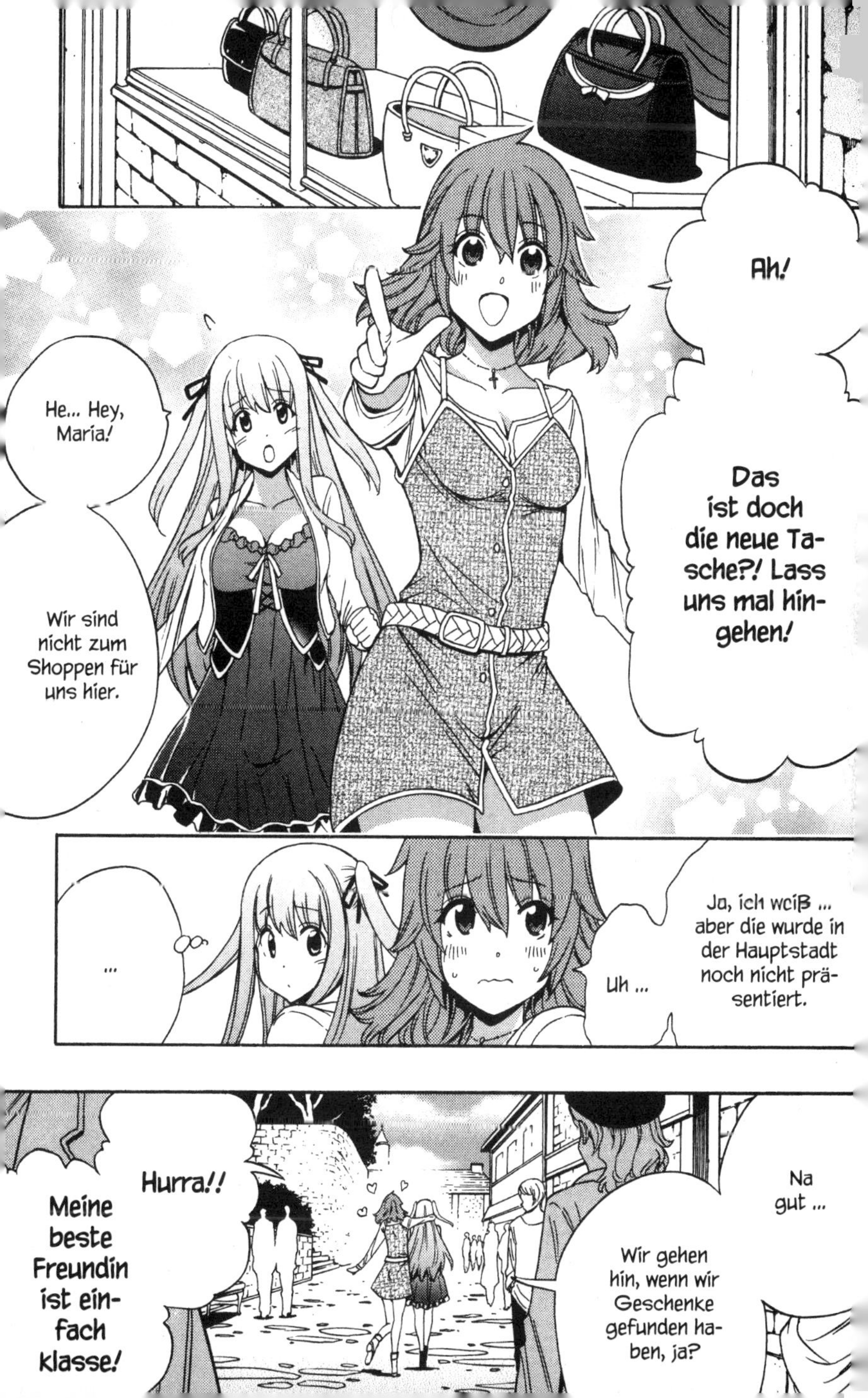
Ah!
Das ist doch die neue Tasche?! Lass uns mal hingehen!
He... Hey, Maria!
Wir sind nicht zum Shoppen für uns hier.
Ja, ich weiß ... aber die wurde in der Hauptstadt noch nicht präsentiert.
Uh ...
...
Na gut ...
Wir gehen hin, wenn wir Geschenke gefunden haben, ja?
Hurra!!
Meine beste Freundin ist einfach klasse!

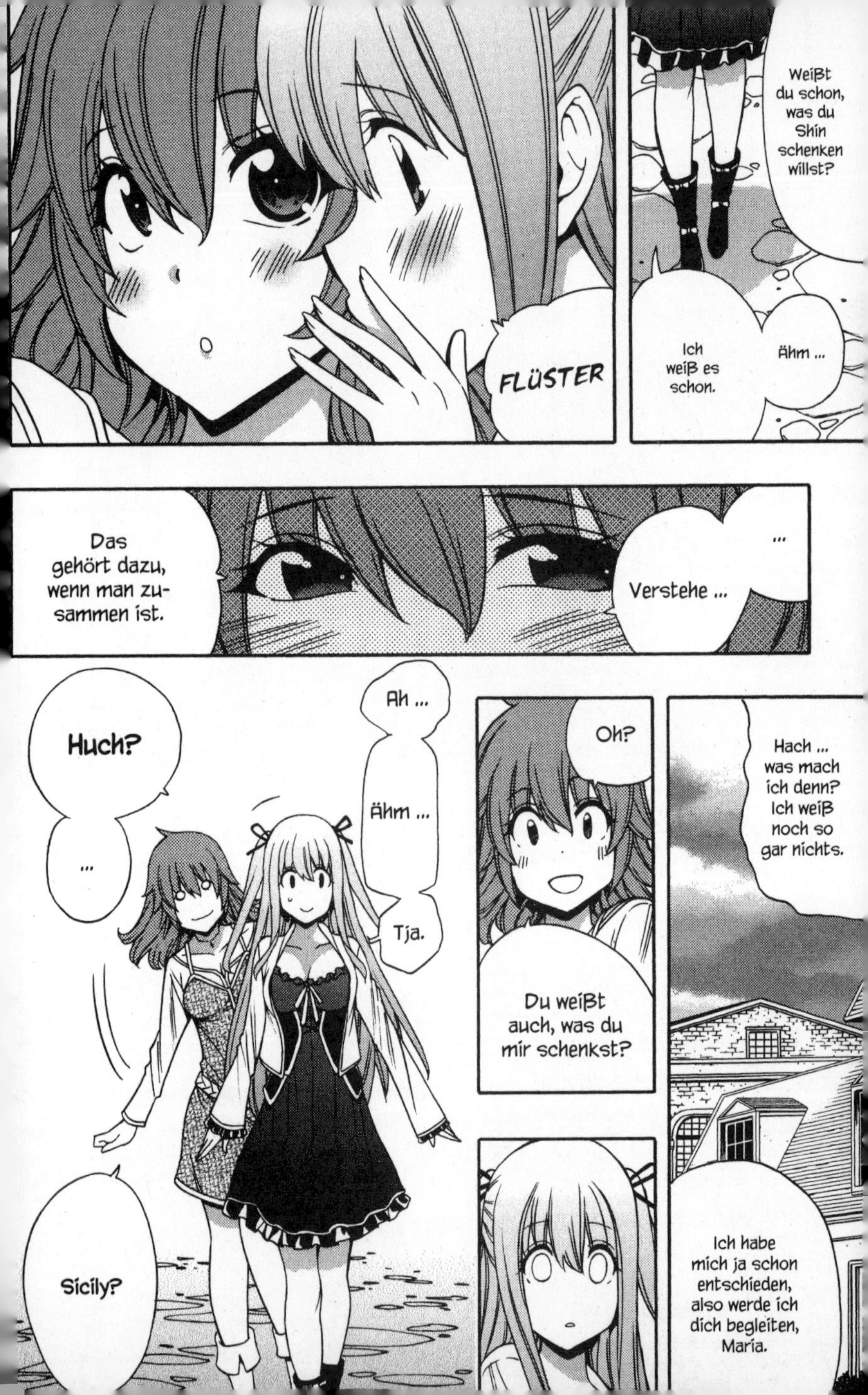
Weißt du schon, was du Shin schenken willst?
Ähm ...
Ich weiß es schon.
FLÜSTER
...
Verstehe ...
Das gehört dazu, wenn man zusammen ist.
Hach ... was mach ich denn? Ich weiß noch so gar nichts.
Oh?
Du weißt auch, was du mir schenkst?
Ich habe mich ja schon entschieden, also werde ich dich begleiten, Maria.
Ah ...
Ähm ...
Tja.
Huch?
...
Sicily?

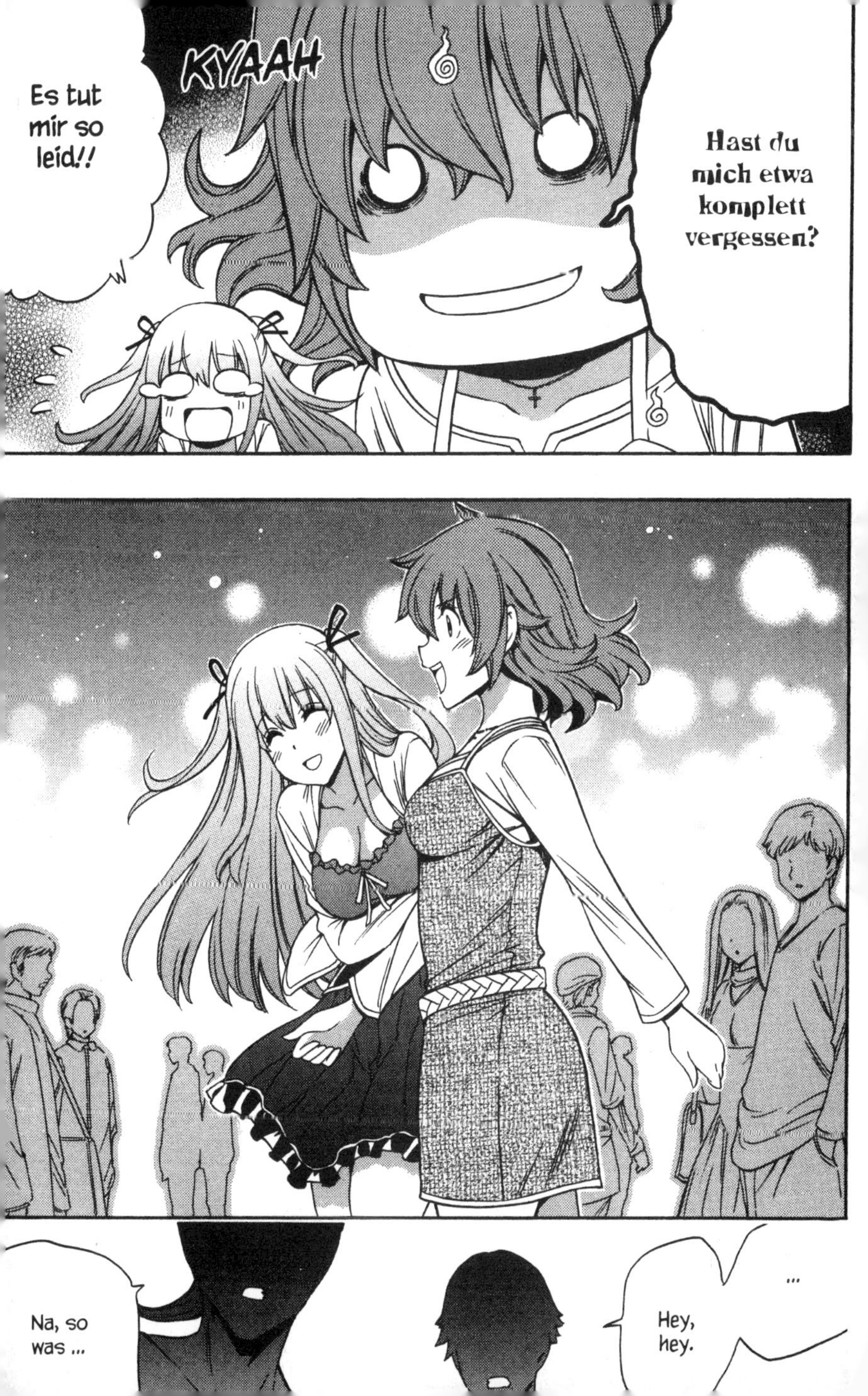
KYAAH
Hast du mich etwa komplett vergessen?
Es tut mir so leid!!
...
Hey, hey.
Na, so was ...

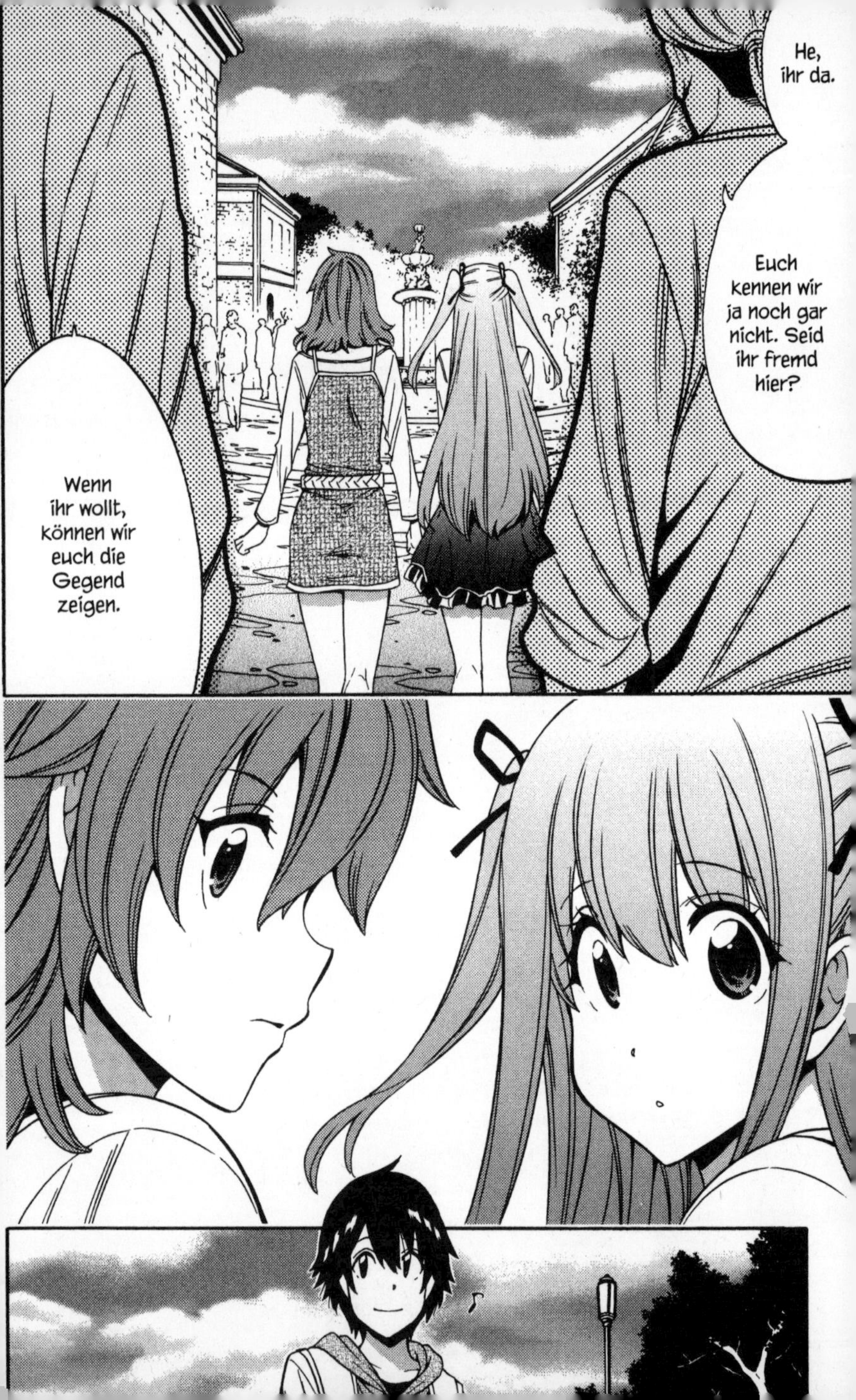
He, ihr da.
Euch kennen wir ja noch gar nicht. Seid ihr fremd hier?
Wenn ihr wollt, können wir euch die Gegend zeigen.

Wise Man's Grandchild

Wise Man's Grandchild

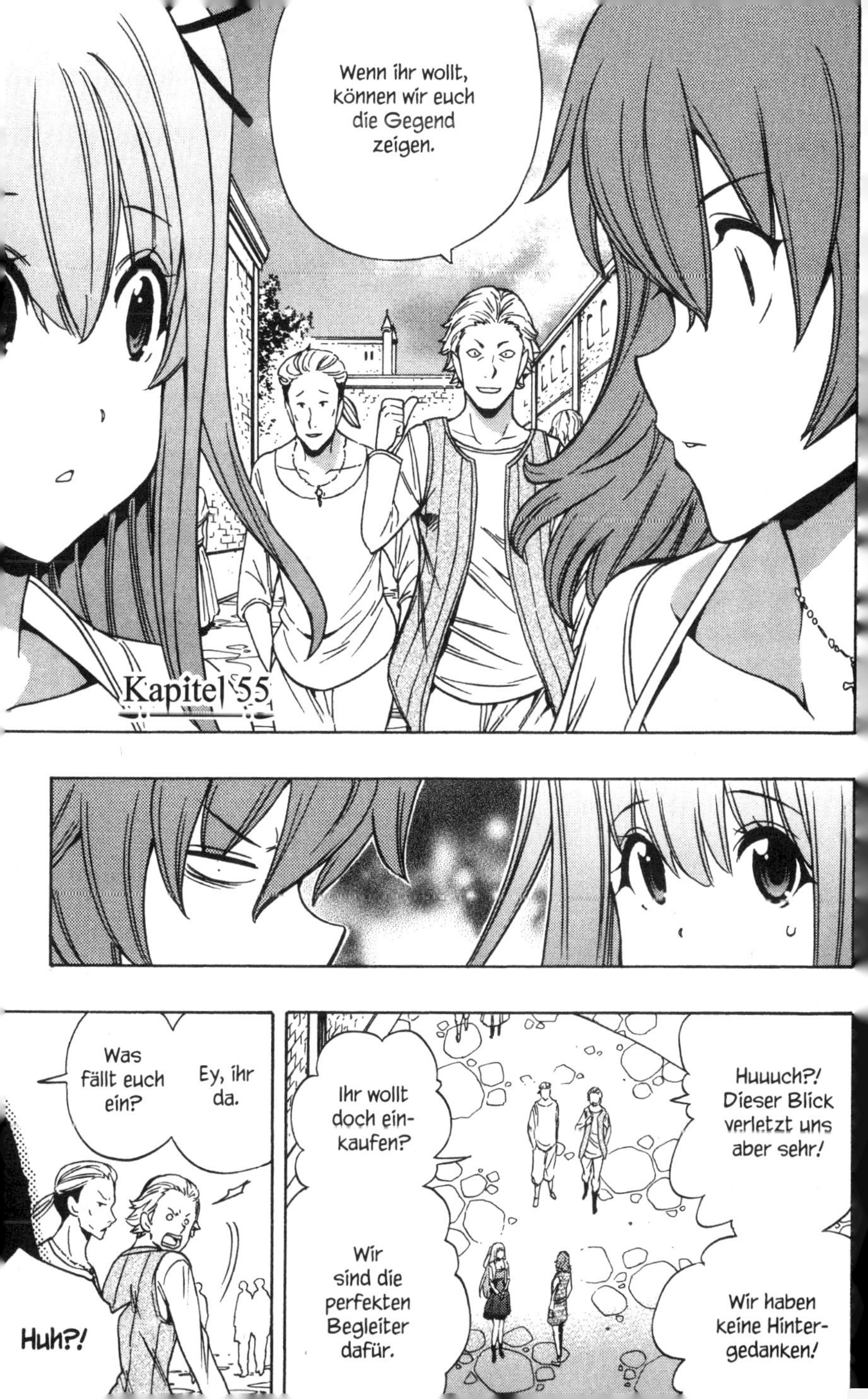
Wenn ihr wollt, können wir euch die Gegend zeigen.
Kapitel 55
Huuuch?! Dieser Blick verletzt uns aber sehr!
Ihr wollt doch ein-kaufen?
Wir haben keine Hinter-gedanken!
Wir sind die perfekten Begleiter dafür.
Ey, ihr da.
Was fällt euch ein?
Huh?!

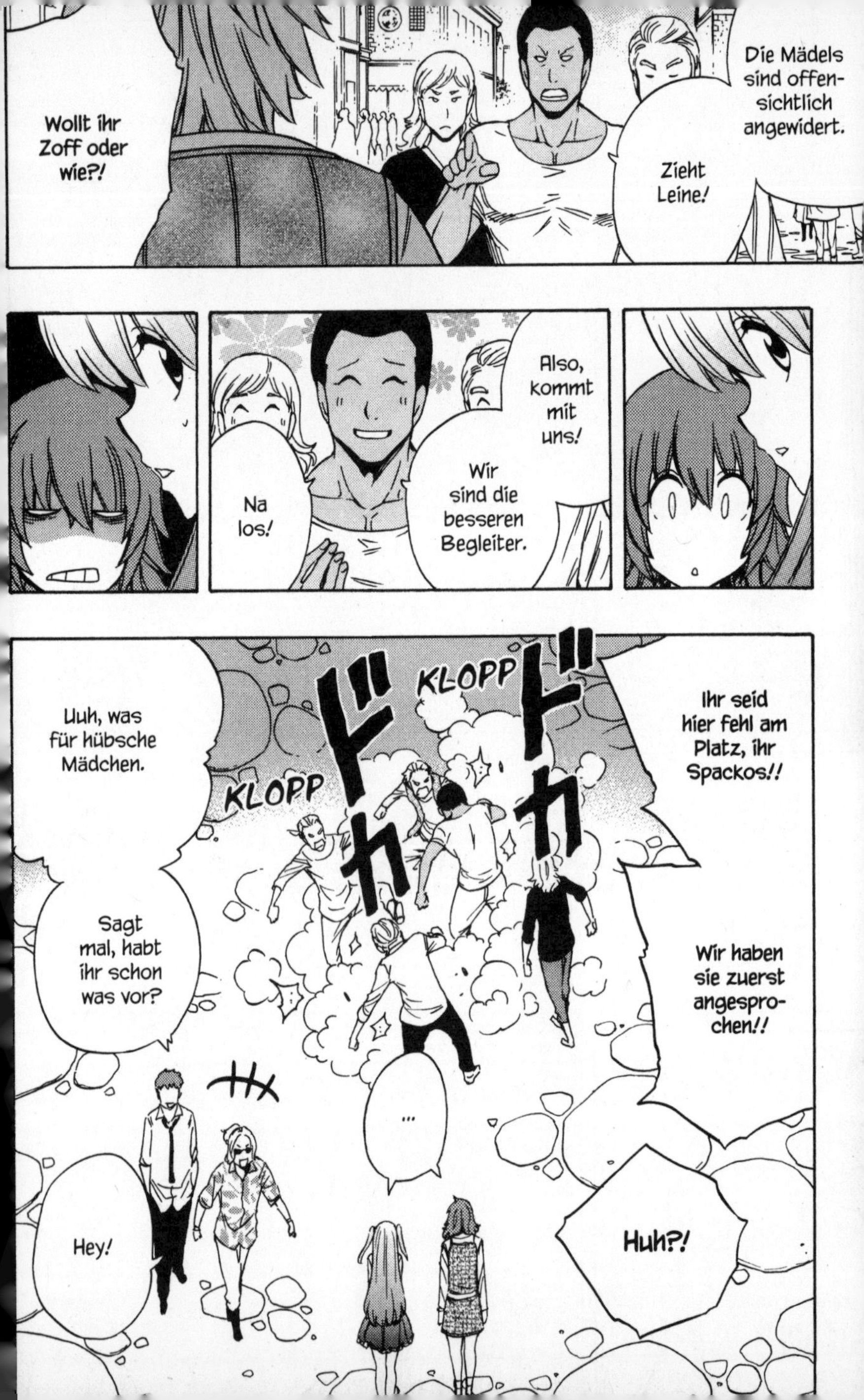
Die Mädels sind offensichtlich angewidert.
Zieht Leine!
Wollt ihr Zoff oder wie?!
Also, kommt mit uns!
Wir sind die besseren Begleiter.
Na los!
Ihr seid hier fehl am Platz, ihr Spackos!!
KLOPP
Wir haben sie zuerst angesprochen!!
Uuh, was für hübsche Mädchen.
KLOPP
Sagt mal, habt ihr schon was vor?
...
Huh?!
Hey!

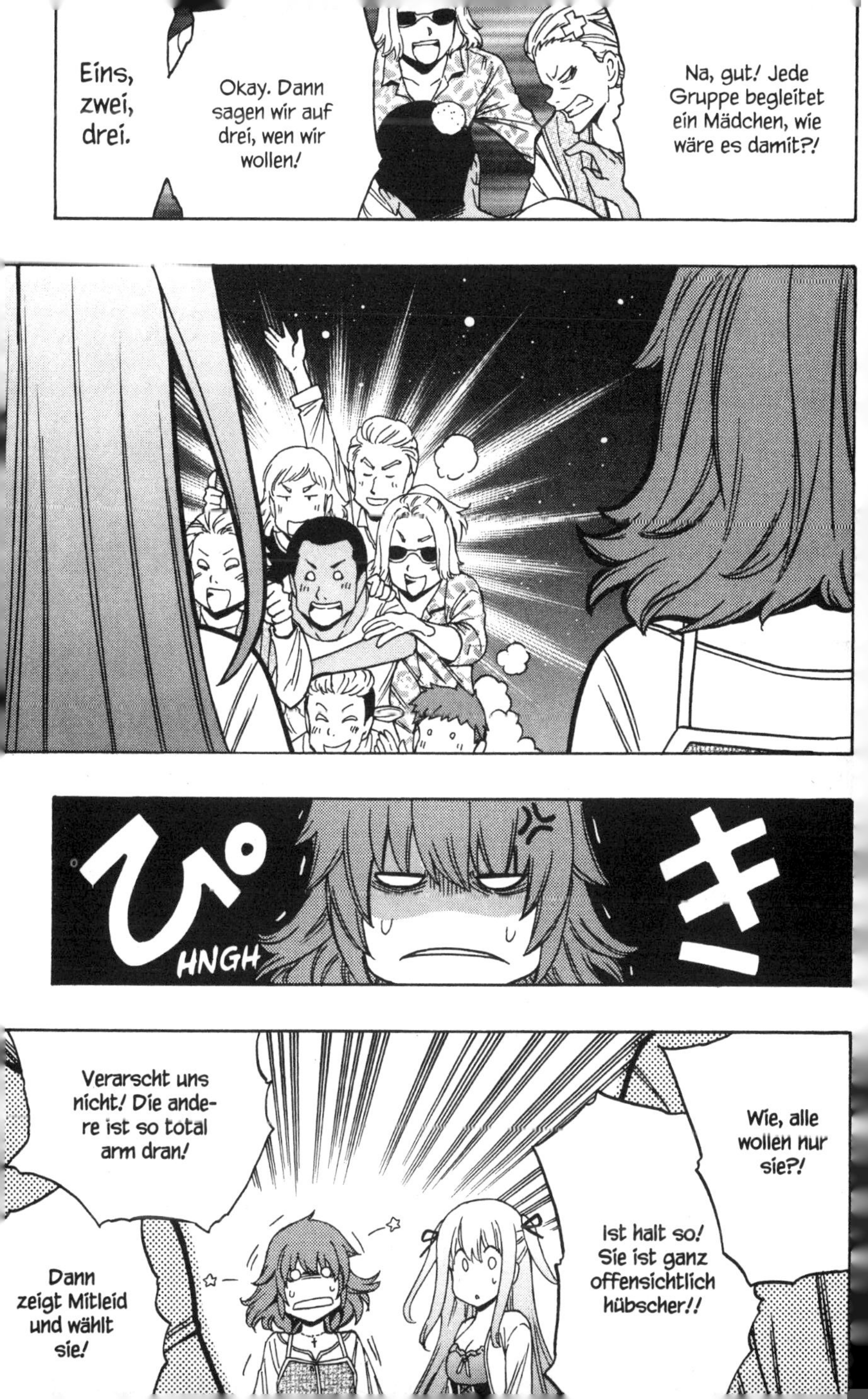

Na, gut! Jede Gruppe begleitet ein Mädchen, wie wäre es damit?!
Okay. Dann sagen wir auf drei, wen wir wollen!
Eins, zwei, drei.
ぴキ
HNGH
Wie, alle wollen nur sie?!
Verarscht uns nicht! Die andere ist so total arm dran!
Ist halt so! Sie ist ganz offensichtlich hübscher!!
Dann zeigt Mitleid und wählt sie!

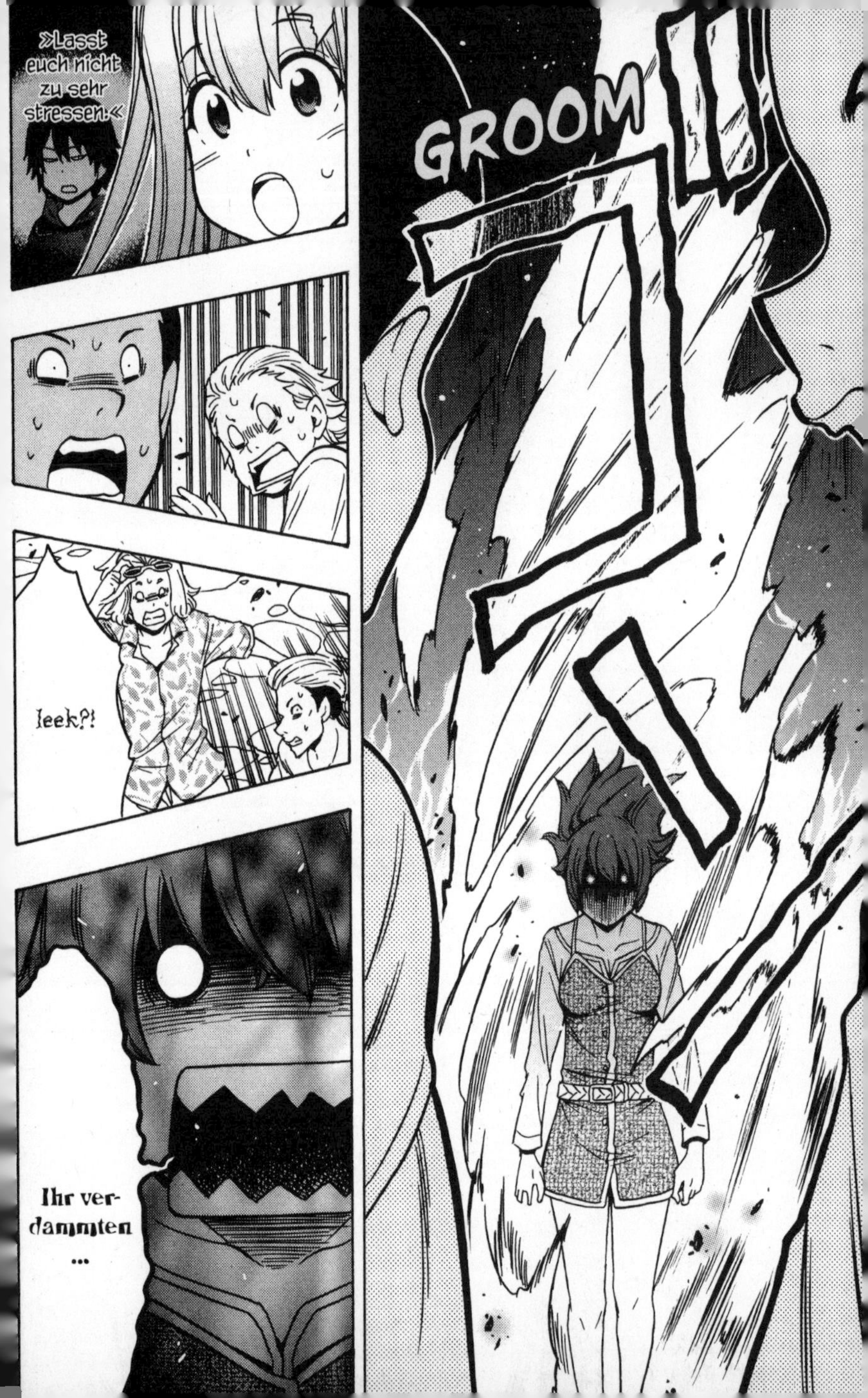
GROOOOM
»Lasst euch nicht zu sehr stressen.«
Ieek?!
Ihr verdammten ...

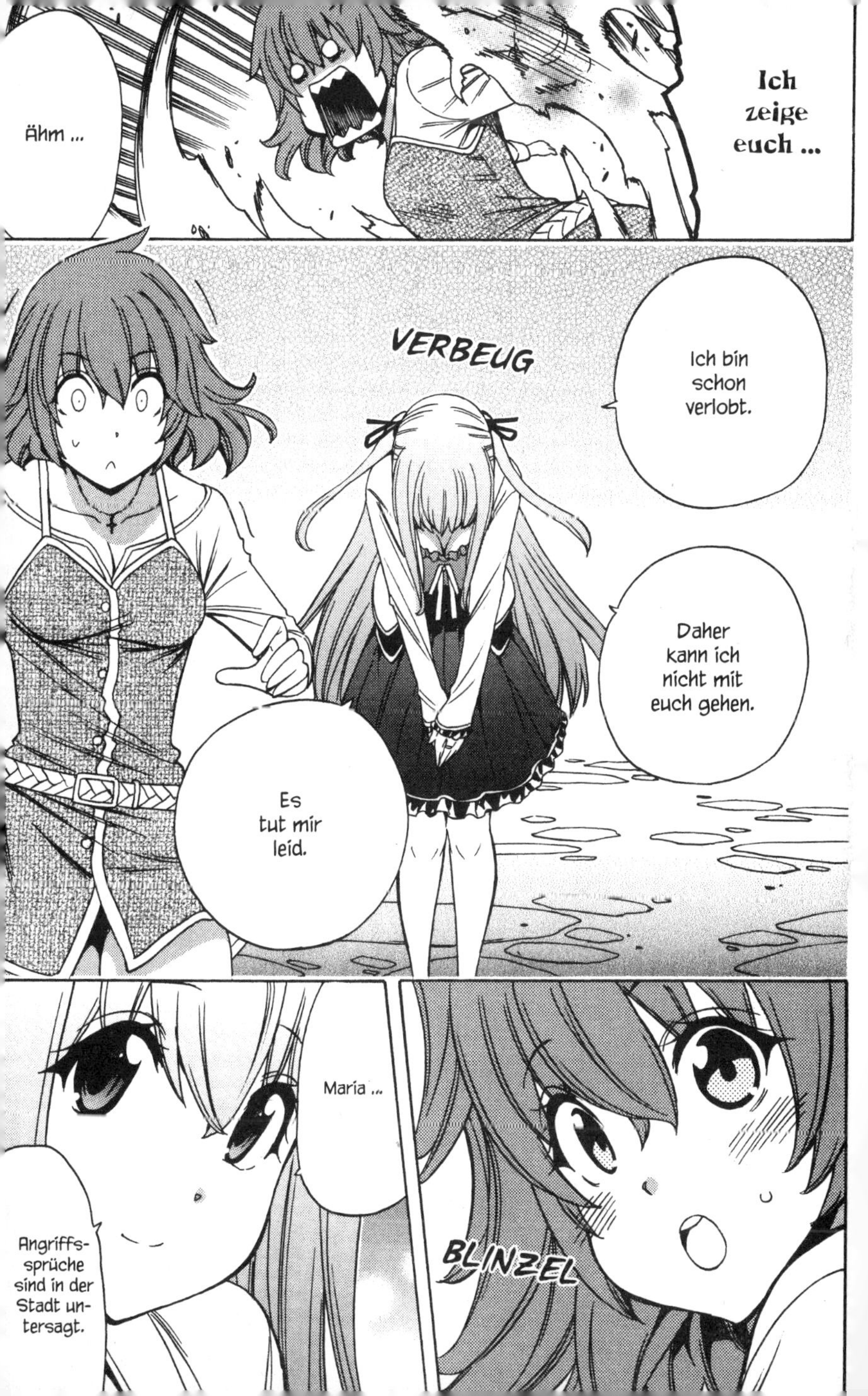
Ich zeige euch ...
Ähm ...
VERBEUG
Ich bin schon verlobt.
Daher kann ich nicht mit euch gehen.
Es tut mir leid.
Maria ...
BLINZEL
Angriffssprüche sind in der Stadt untersagt.

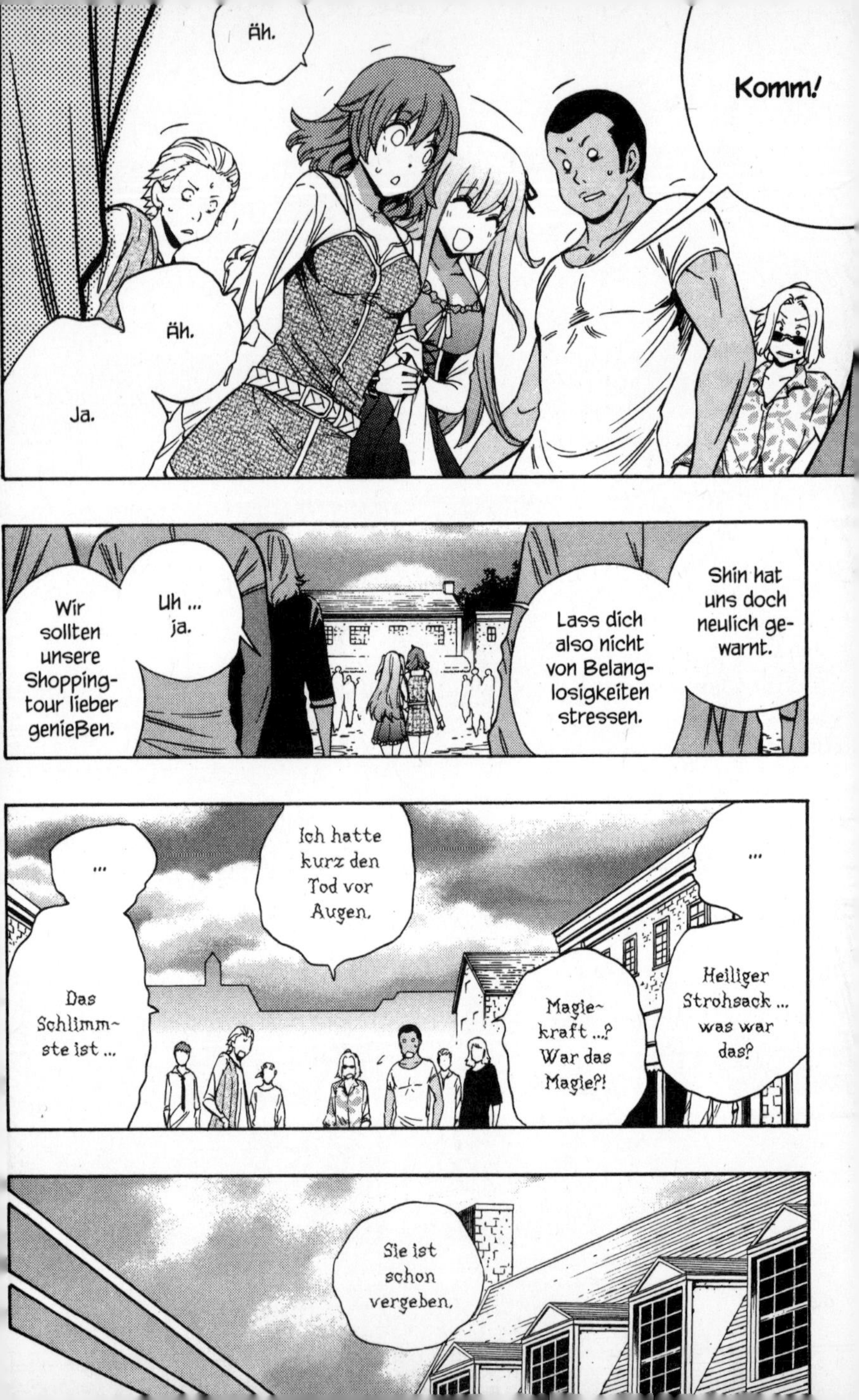

Komm!
Äh.
Äh.
Ja.
Shin hat uns doch neulich gewarnt.
Lass dich also nicht von Belanglosigkeiten stressen.
Uh ... ja.
Wir sollten unsere Shoppingtour lieber genießen.
...
Heiliger Strohsack ... was war das?
Magiekraft ...? War das Magie?!
Ich hatte kurz den Tod vor Augen.
...
Das Schlimmste ist ...
Sie ist schon vergeben.

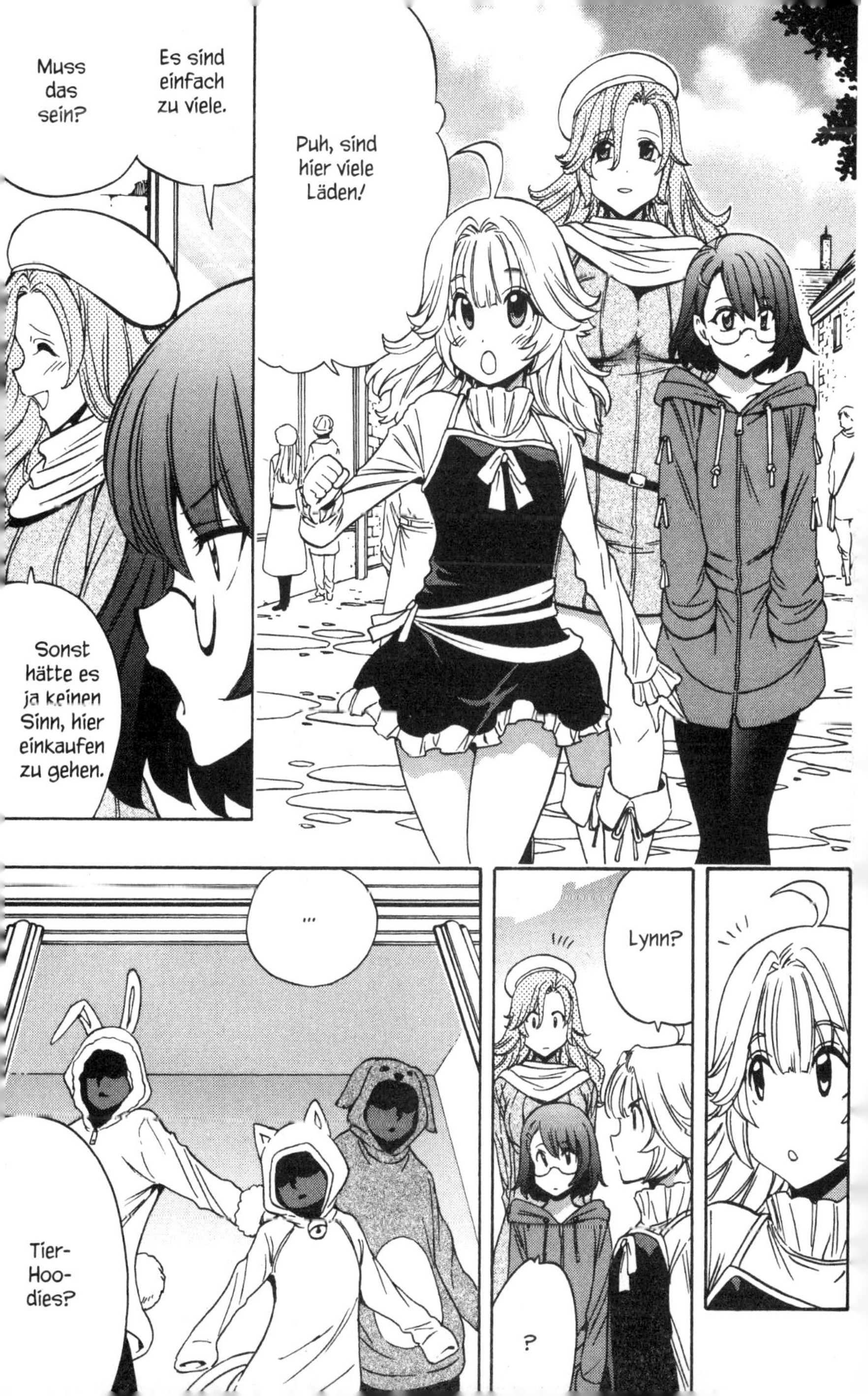

Puh, sind hier viele Läden!
Es sind einfach zu viele.
Muss das sein?
Sonst hätte es ja keinen Sinn, hier einkaufen zu gehen.
Lynn?
?
...
Tier-Hoodies?

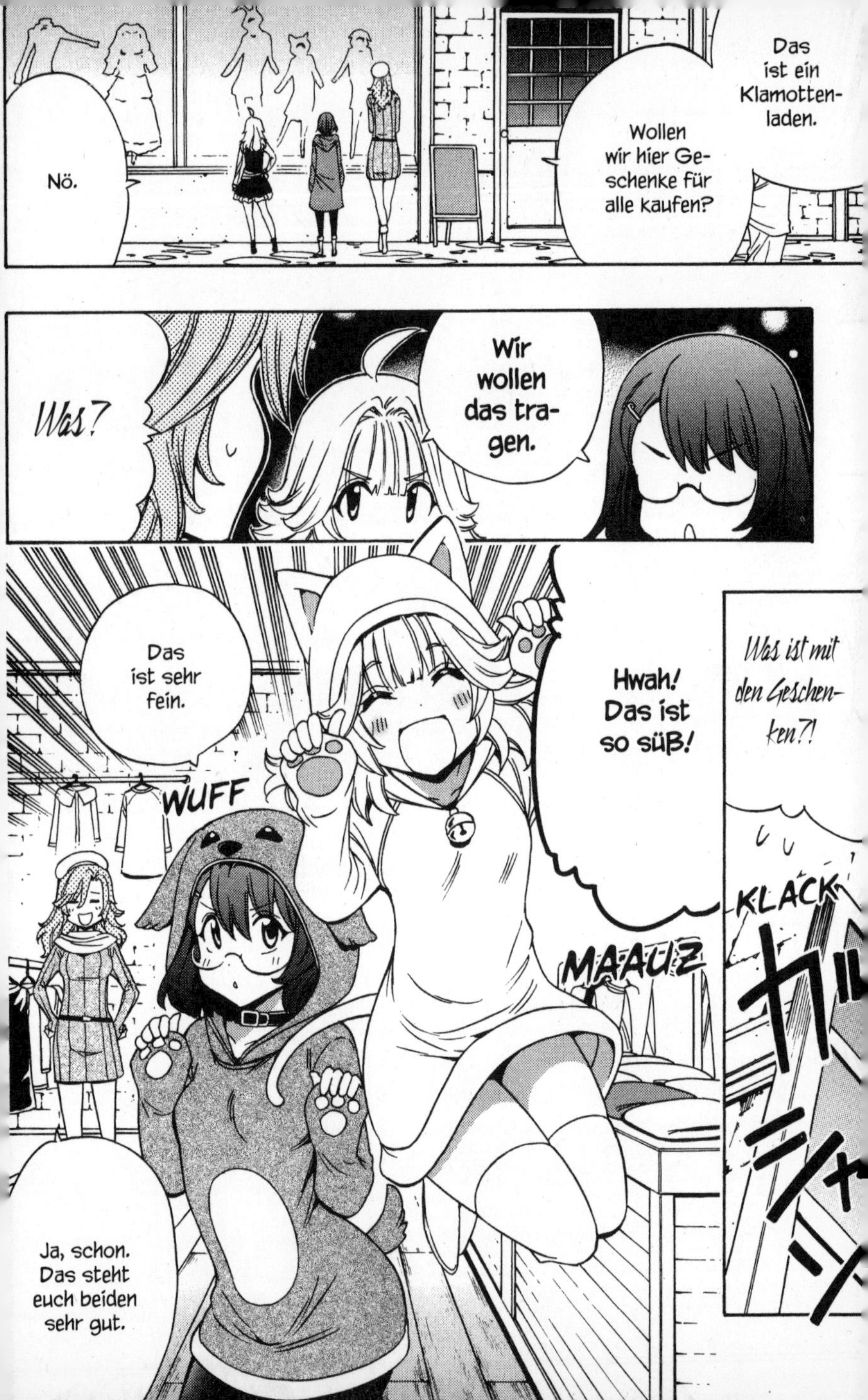
Das ist ein Klamottenladen.
Wollen wir hier Geschenke für alle kaufen?
Nö.
Wir wollen das tragen.
Was?
Was ist mit den Geschenken?!
KLACK
Hwah! Das ist so süß!
MAAUZ
Das ist sehr fein.
WUFF
Ja, schon. Das steht euch beiden sehr gut.

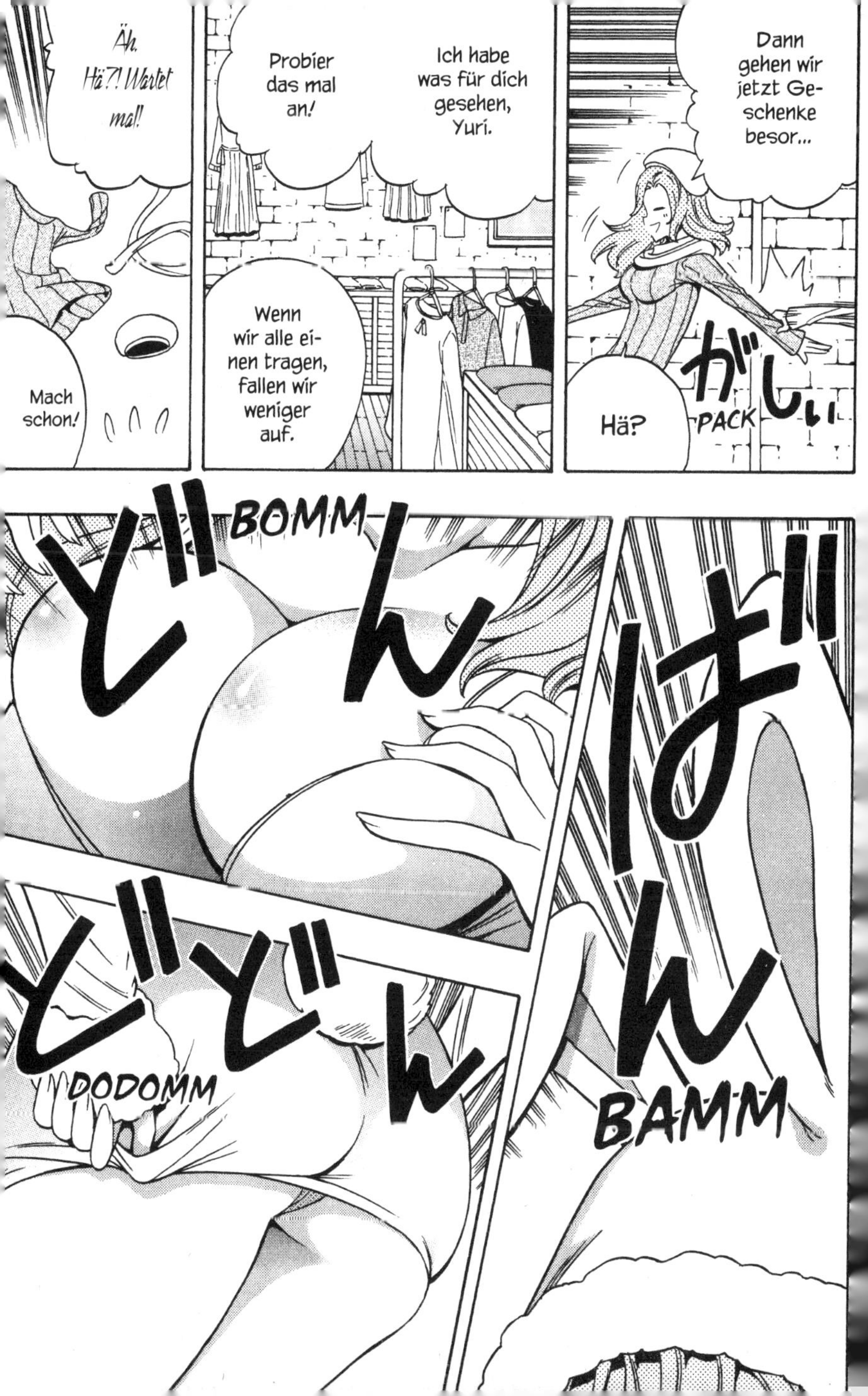
Dann gehen wir jetzt Geschenke besor...
Hä?
がし
PACK
Ich habe was für dich gesehen, Yuri.
Probier das mal an!
Wenn wir alle einen tragen, fallen wir weniger auf.
Äh. Hä?! Wartet mal!
Mach schon!
ばん
BAMM
どん
BOMM
DODOMM

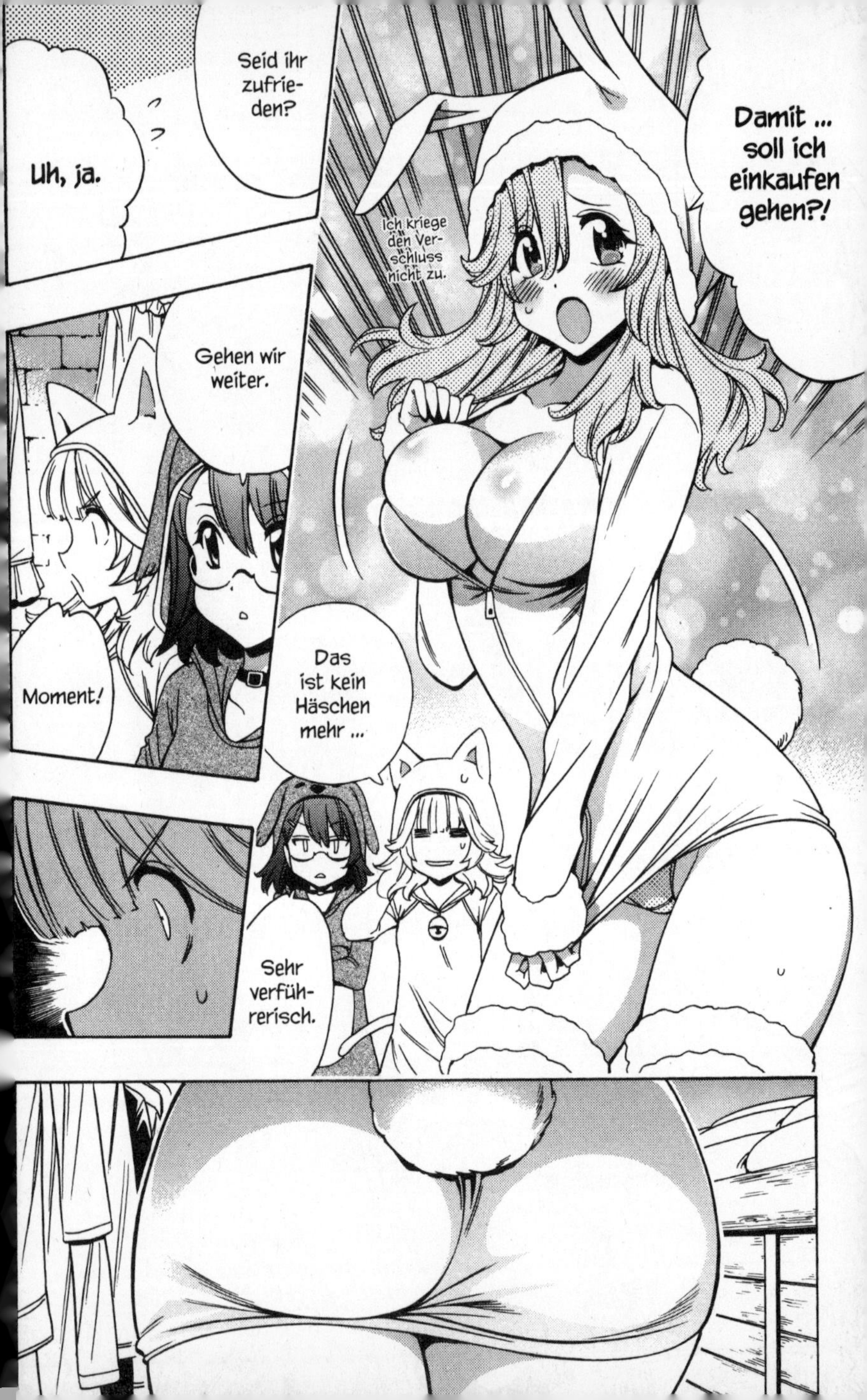
Damit ... soll ich einkaufen gehen?!
Ich kriege den Verschluss nicht zu.
Seid ihr zufrieden?
Uh, ja.
Gehen wir weiter.
Moment!
Das ist kein Häschen mehr ...
Sehr verführerisch.

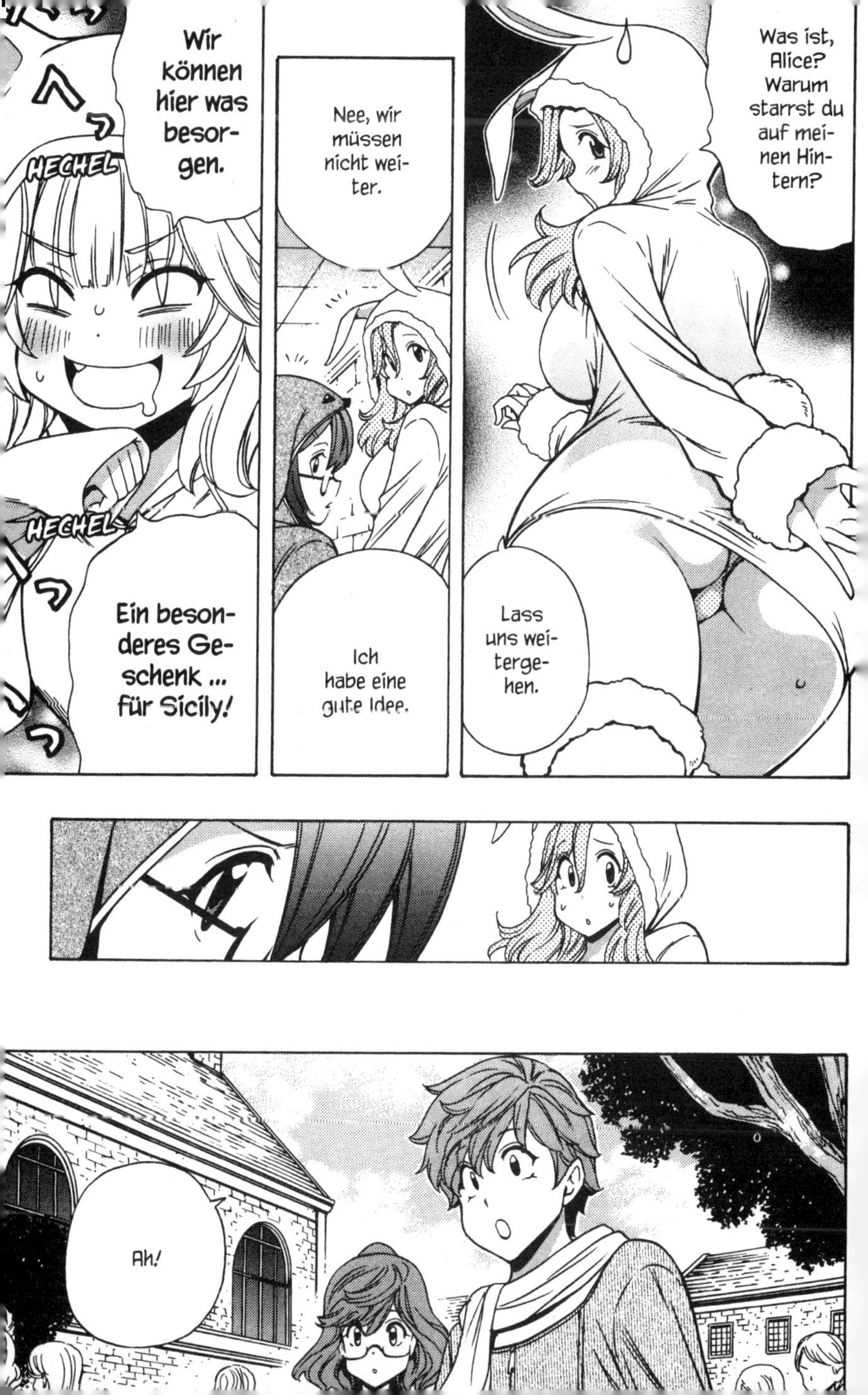
Was ist, Alice? Warum starrst du auf meinen Hintern?
Lass uns weitergehen.
Nee, wir müssen nicht weiter.
Ich habe eine gute Idee.
Wir können hier was besorgen.
HECHEL
HECHEL
Ein besonderes Geschenk ... für Sicily!
Ah!

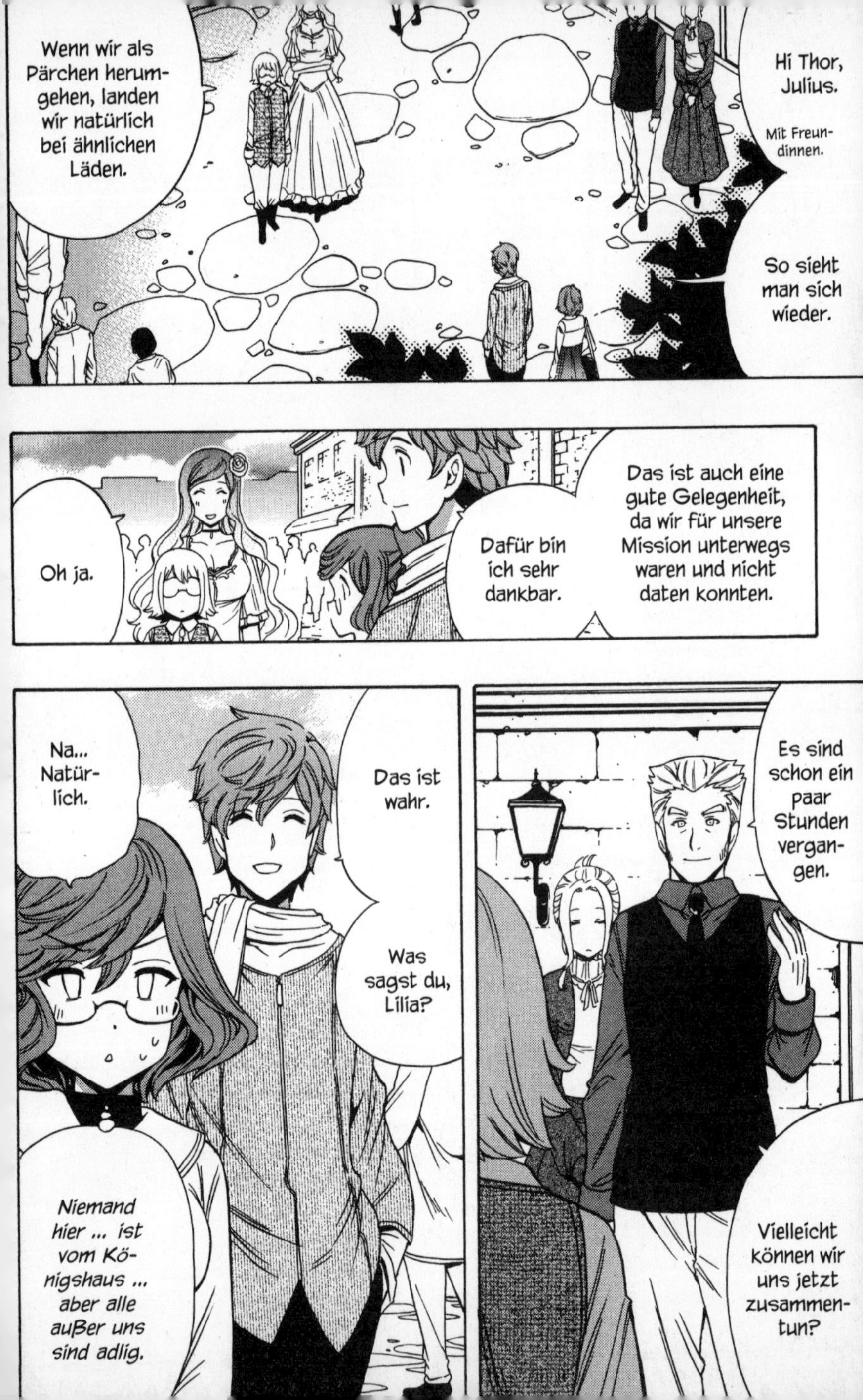
Hi Thor, Julius.
Mit Freundinnen.
So sieht man sich wieder.
Wenn wir als Pärchen herumgehen, landen wir natürlich bei ähnlichen Läden.
Das ist auch eine gute Gelegenheit, da wir für unsere Mission unterwegs waren und nicht daten konnten.
Dafür bin ich sehr dankbar.
Oh ja.
Es sind schon ein paar Stunden vergangen.
Vielleicht können wir uns jetzt zusammentun?
Das ist wahr.
Was sagst du, Lilia?
Na... Natürlich.
Niemand hier ... ist vom Königshaus ... aber alle außer uns sind adlig.

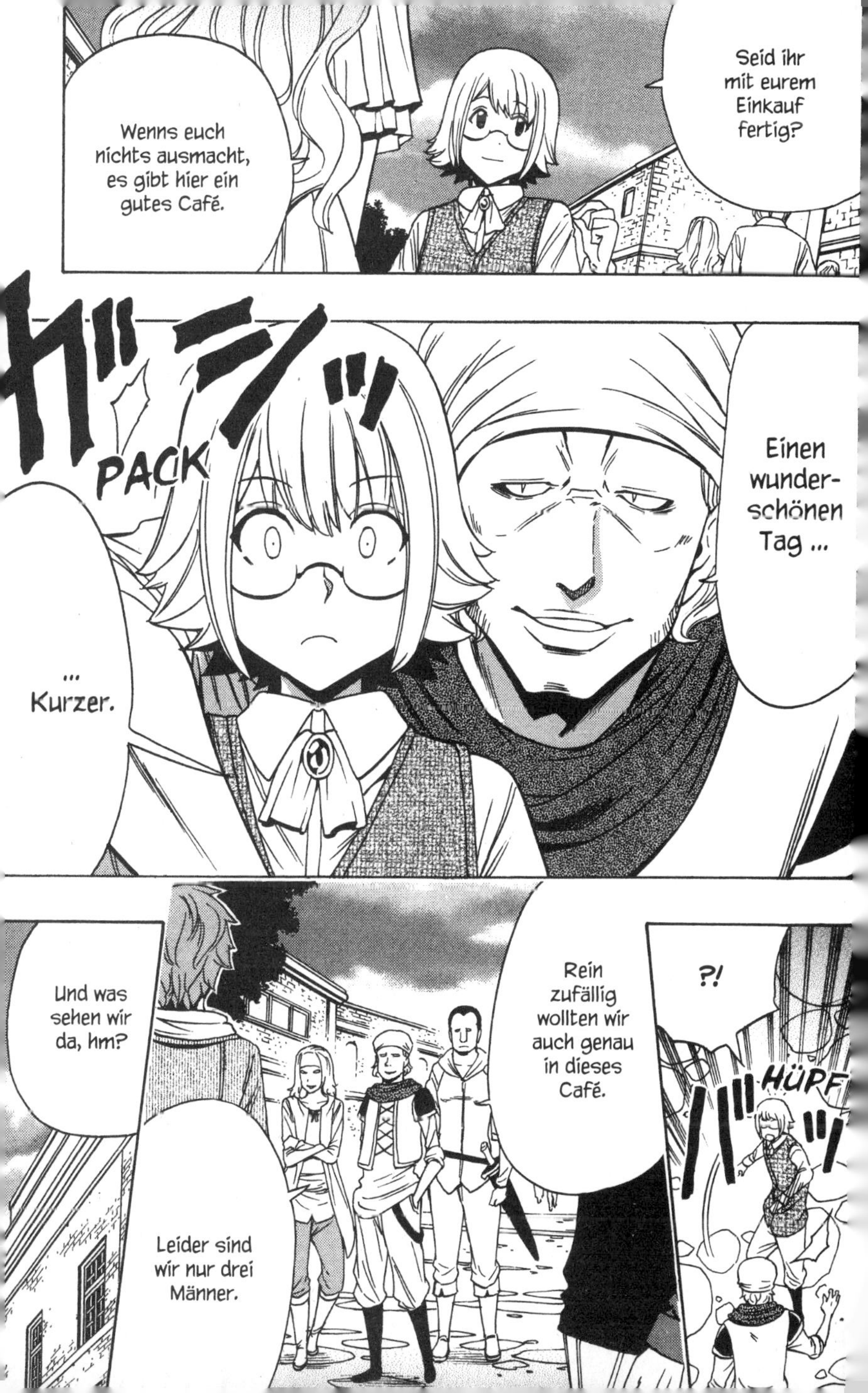
Seid ihr mit eurem Einkauf fertig?
Wenns euch nichts ausmacht, es gibt hier ein gutes Café.
PACK
Einen wunderschönen Tag ...
... Kurzer.
?!
HÜPF
Rein zufällig wollten wir auch genau in dieses Café.
Und was sehen wir da, hm?
Leider sind wir nur drei Männer.

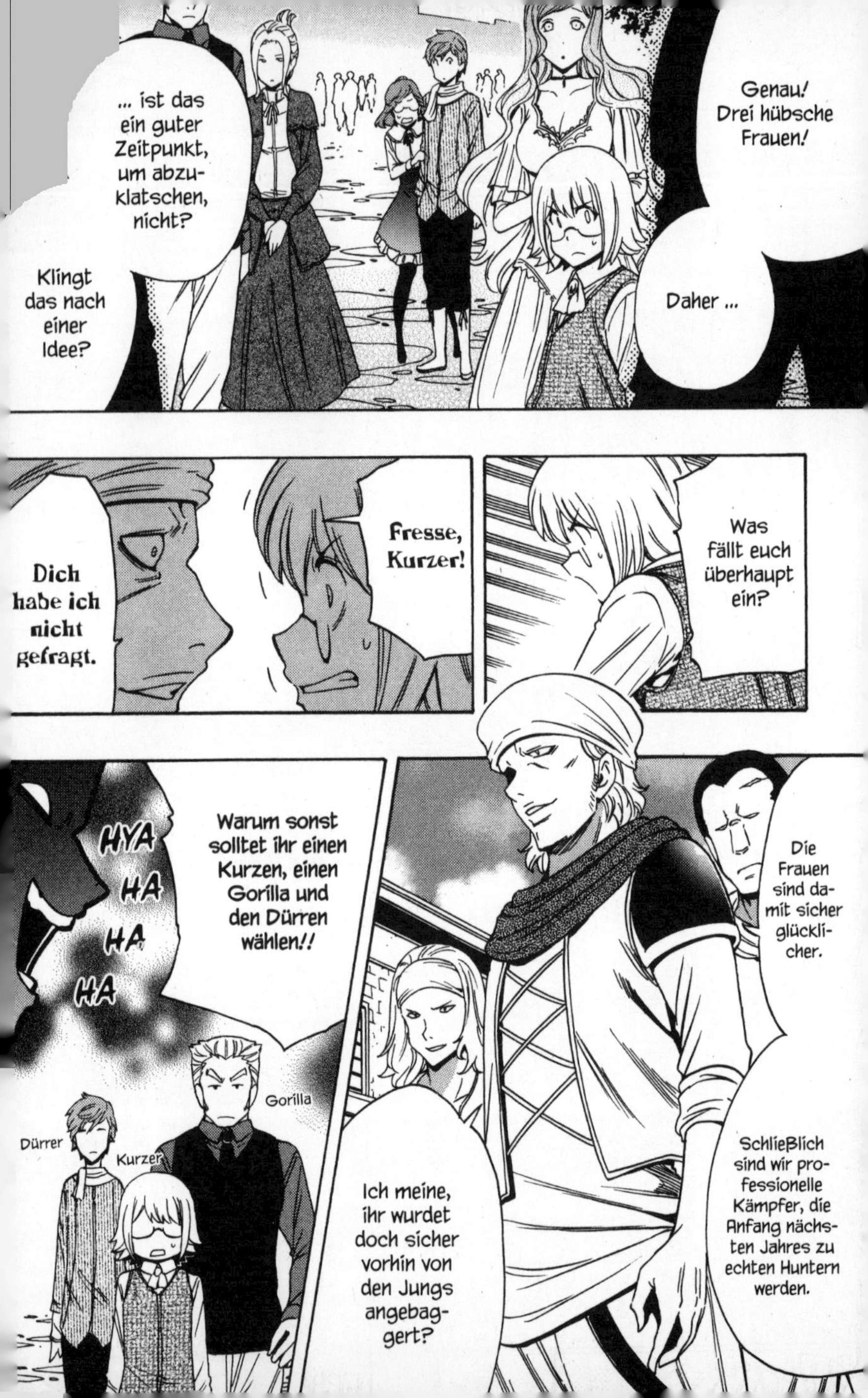

Genau! Drei hübsche Frauen!
Daher ...
... ist das ein guter Zeitpunkt, um abzuklatschen, nicht?
Klingt das nach einer Idee?
Was fällt euch überhaupt ein?
Fresse, Kurzer!
Dich habe ich nicht gefragt.
Die Frauen sind damit sicher glücklicher.
Schließlich sind wir professionelle Kämpfer, die Anfang nächsten Jahres zu echten Huntern werden.
Ich meine, ihr wurdet doch sicher vorhin von den Jungs angebaggert?
Warum sonst solltet ihr einen Kurzen, einen Gorilla und den Dürren wählen!!
HYA HA HA HA
Gorilla
Dürrer
Kurzer

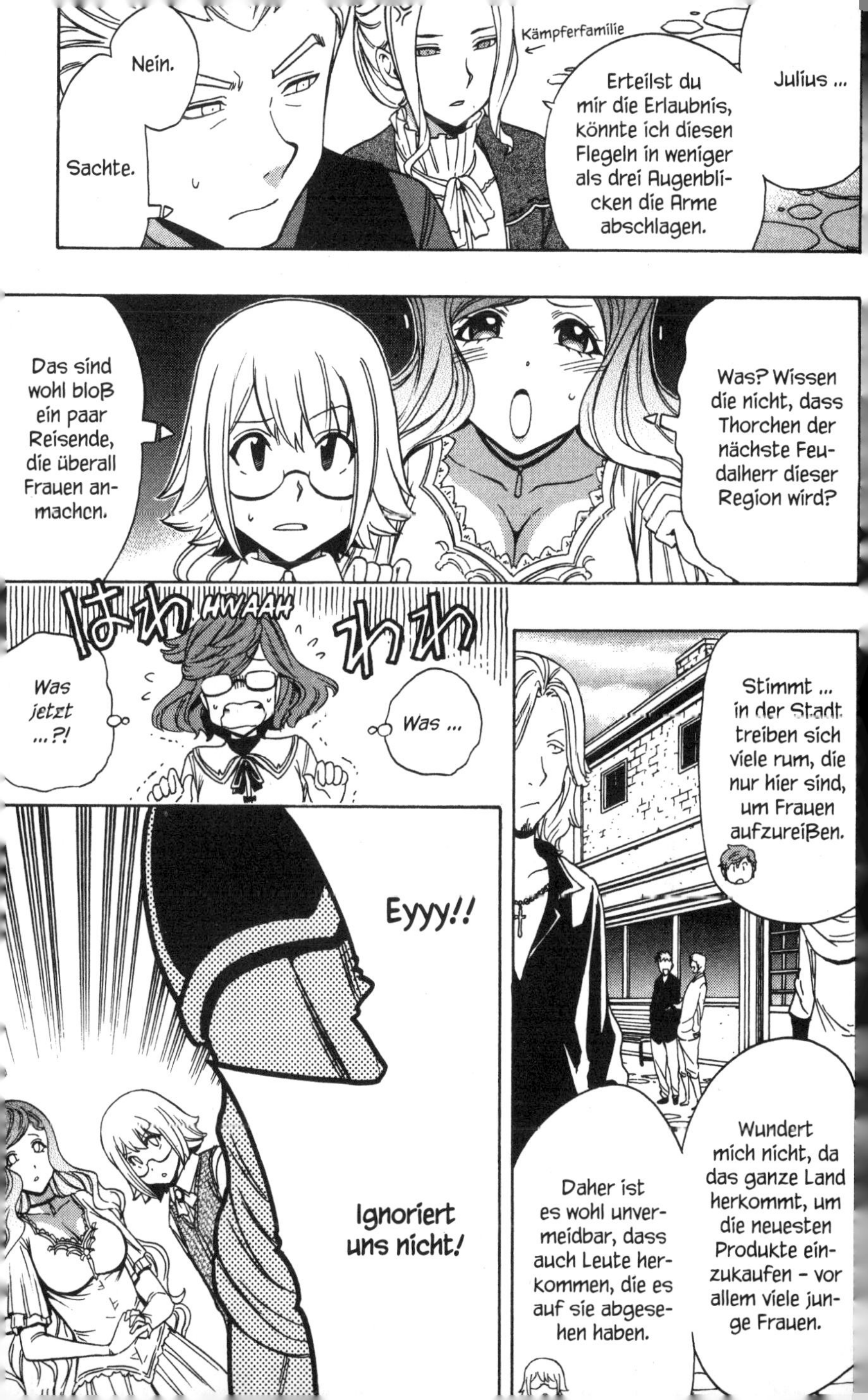
Julius ...
Erteilst du mir die Erlaubnis, könnte ich diesen Flegeln in weniger als drei Augenblicken die Arme abschlagen.
Kämpferfamilie
Nein.
Sachte.
Was? Wissen die nicht, dass Thorchen der nächste Feudalherr dieser Region wird?
Das sind wohl bloß ein paar Reisende, die überall Frauen anmachen.
Stimmt ... in der Stadt treiben sich viele rum, die nur hier sind, um Frauen aufzureißen.
Wundert mich nicht, da das ganze Land herkommt, um die neuesten Produkte einzukaufen – vor allem viele junge Frauen.
Daher ist es wohl unvermeidbar, dass auch Leute herkommen, die es auf sie abgesehen haben.
はわ HWAAH わわ
Was ...
Was jetzt ...?!
Eyyy!!
Ignoriert uns nicht!

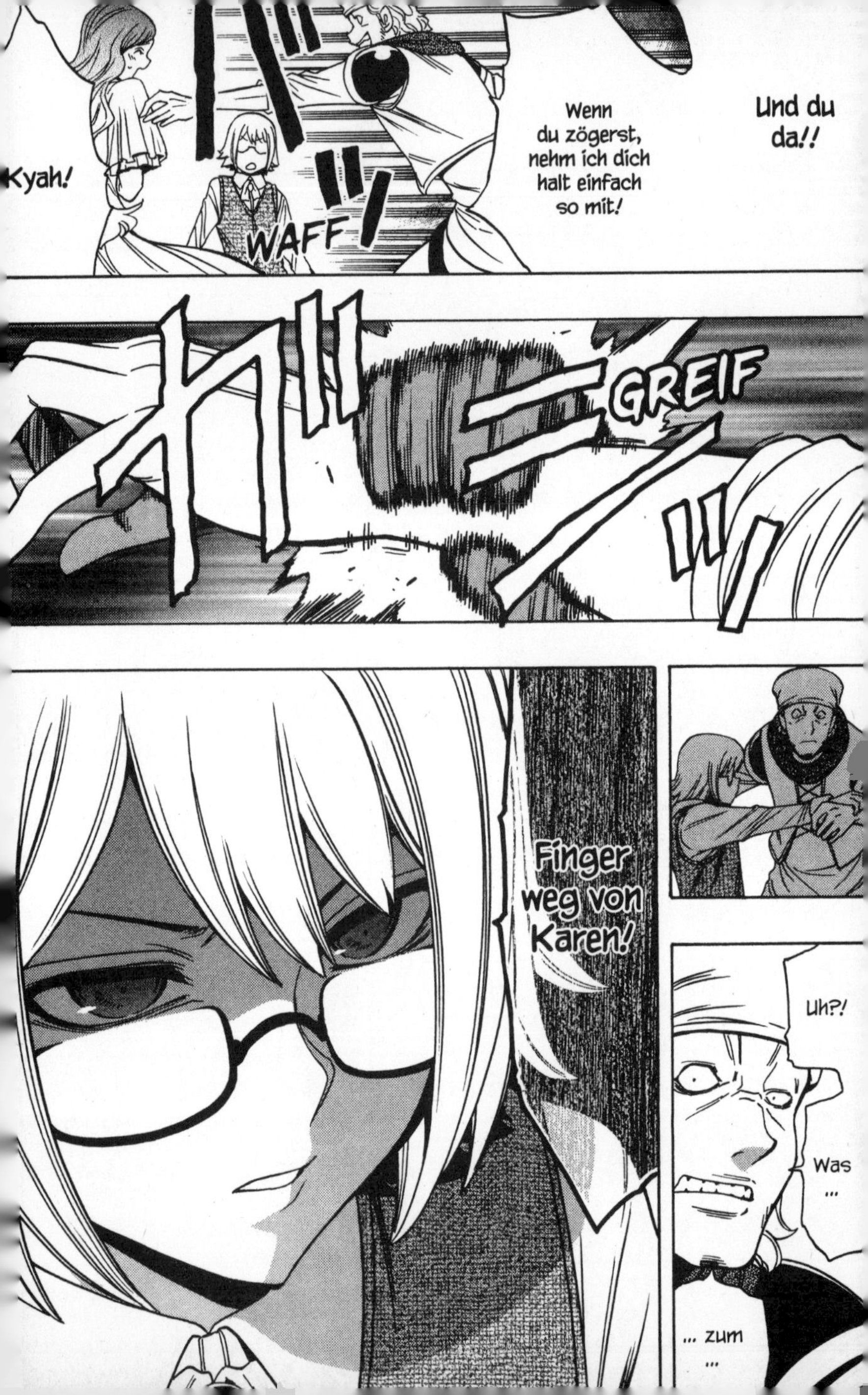
Und du da!!
Wenn du zögerst, nehm ich dich halt einfach so mit!
Kyah!
WAFF
GREIF
Finger weg von Karen!
Uh?!
Was ...
... zum ...

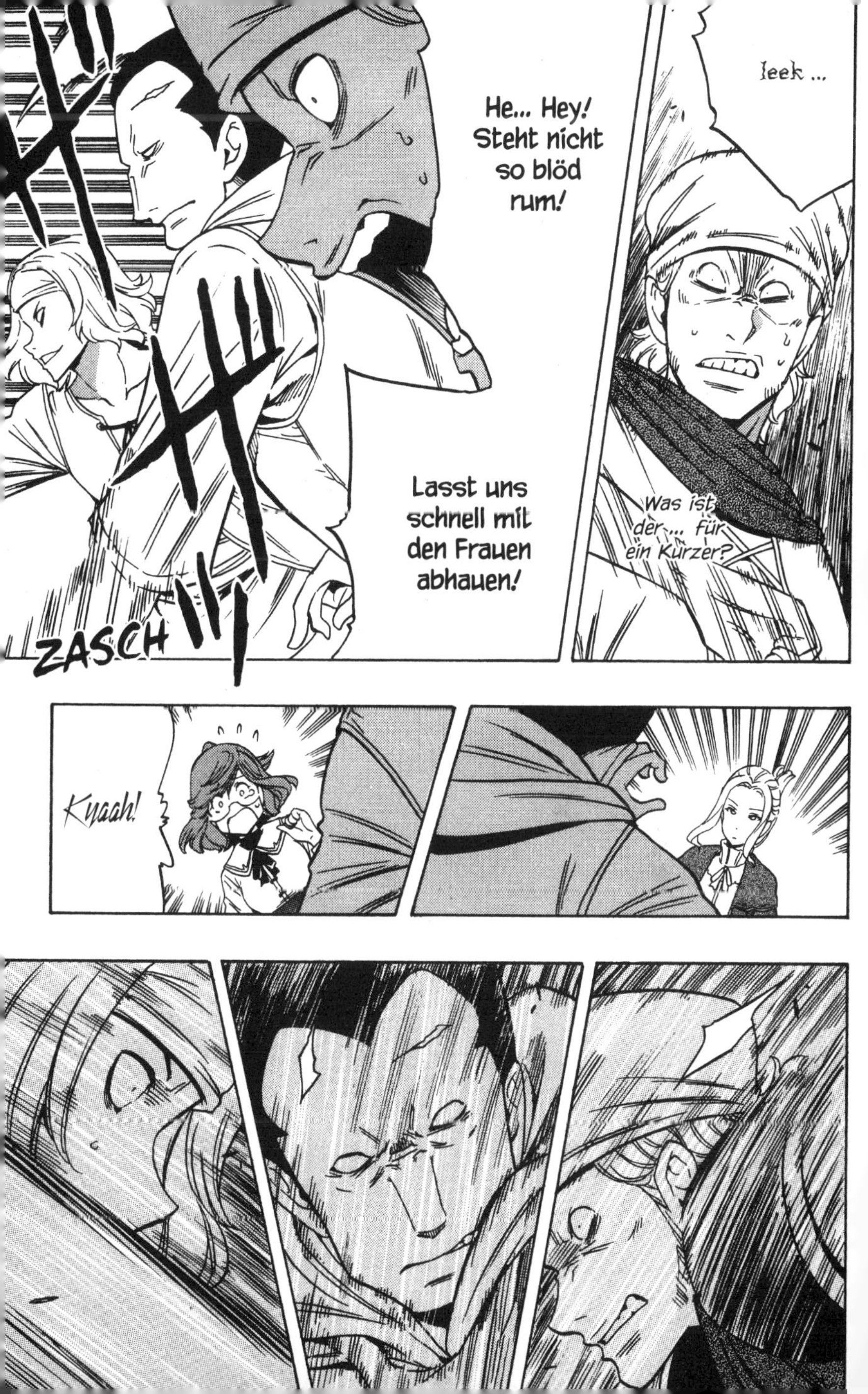

Ieek ...
He... Hey! Steht nicht so blöd rum!
Lasst uns schnell mit den Frauen abhauen!
Was ist der ... für ein Kurzer?
ZASCH
Kyaah!

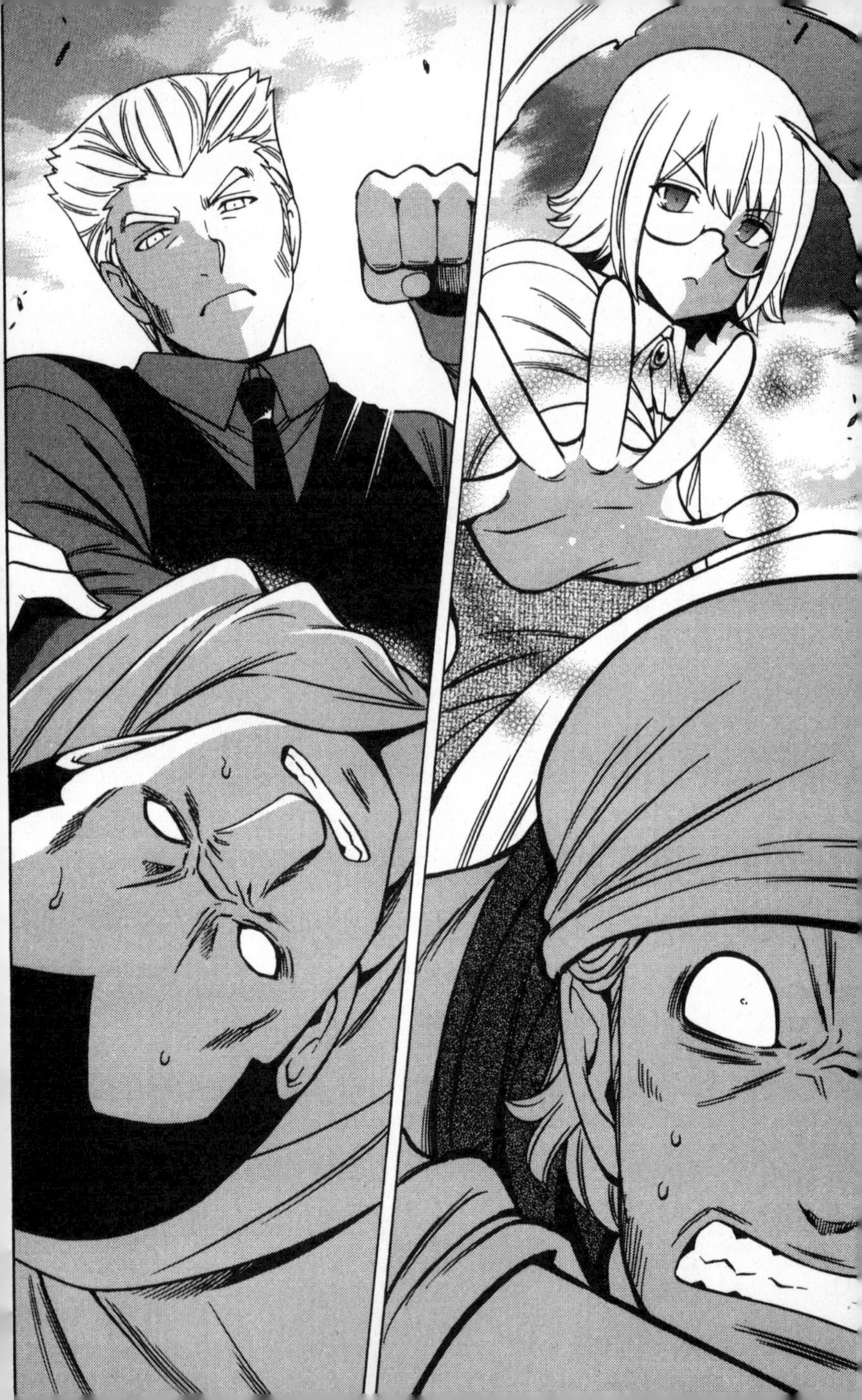

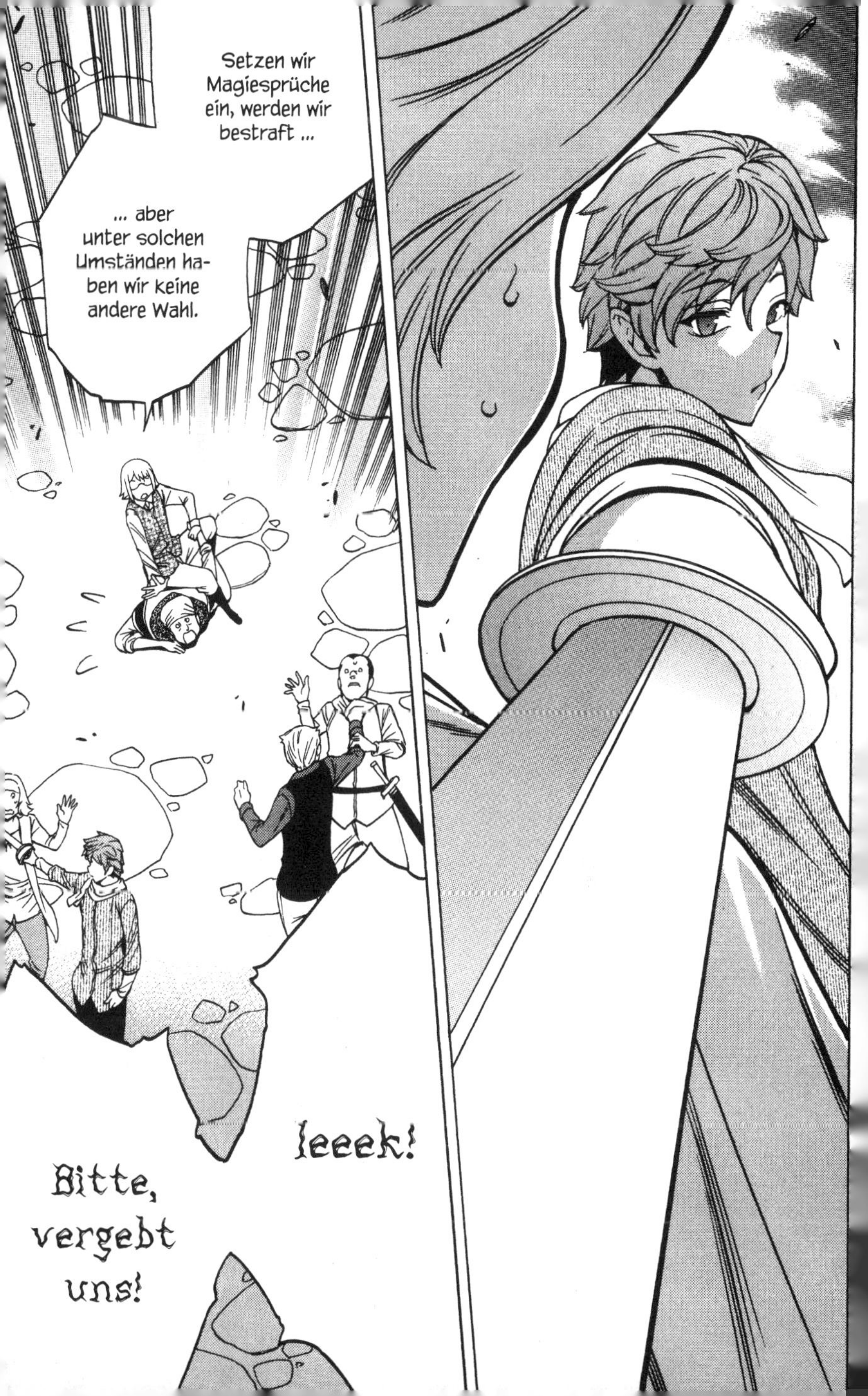
Setzen wir Magiesprüche ein, werden wir bestraft ...
... aber unter solchen Umständen haben wir keine andere Wahl.
Ieeek!
Bitte, vergebt uns!

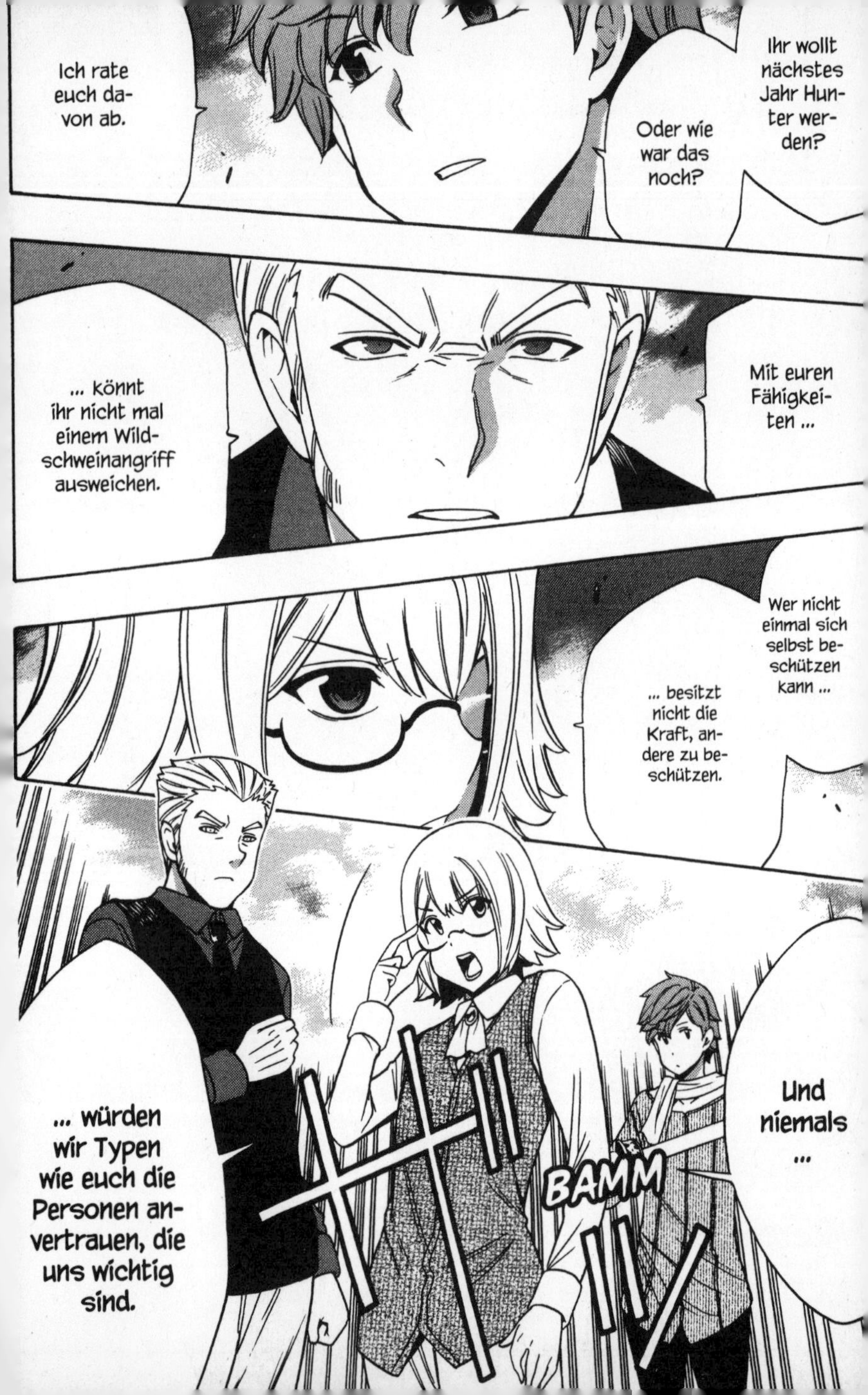
Ihr wollt nächstes Jahr Hunter werden?
Oder wie war das noch?
Ich rate euch davon ab.
Mit euren Fähigkeiten ...
... könnt ihr nicht mal einem Wildschweinangriff ausweichen.
Wer nicht einmal sich selbst beschützen kann ...
... besitzt nicht die Kraft, andere zu beschützen.
Und niemals ...
BAMM
... würden wir Typen wie euch die Personen anvertrauen, die uns wichtig sind.

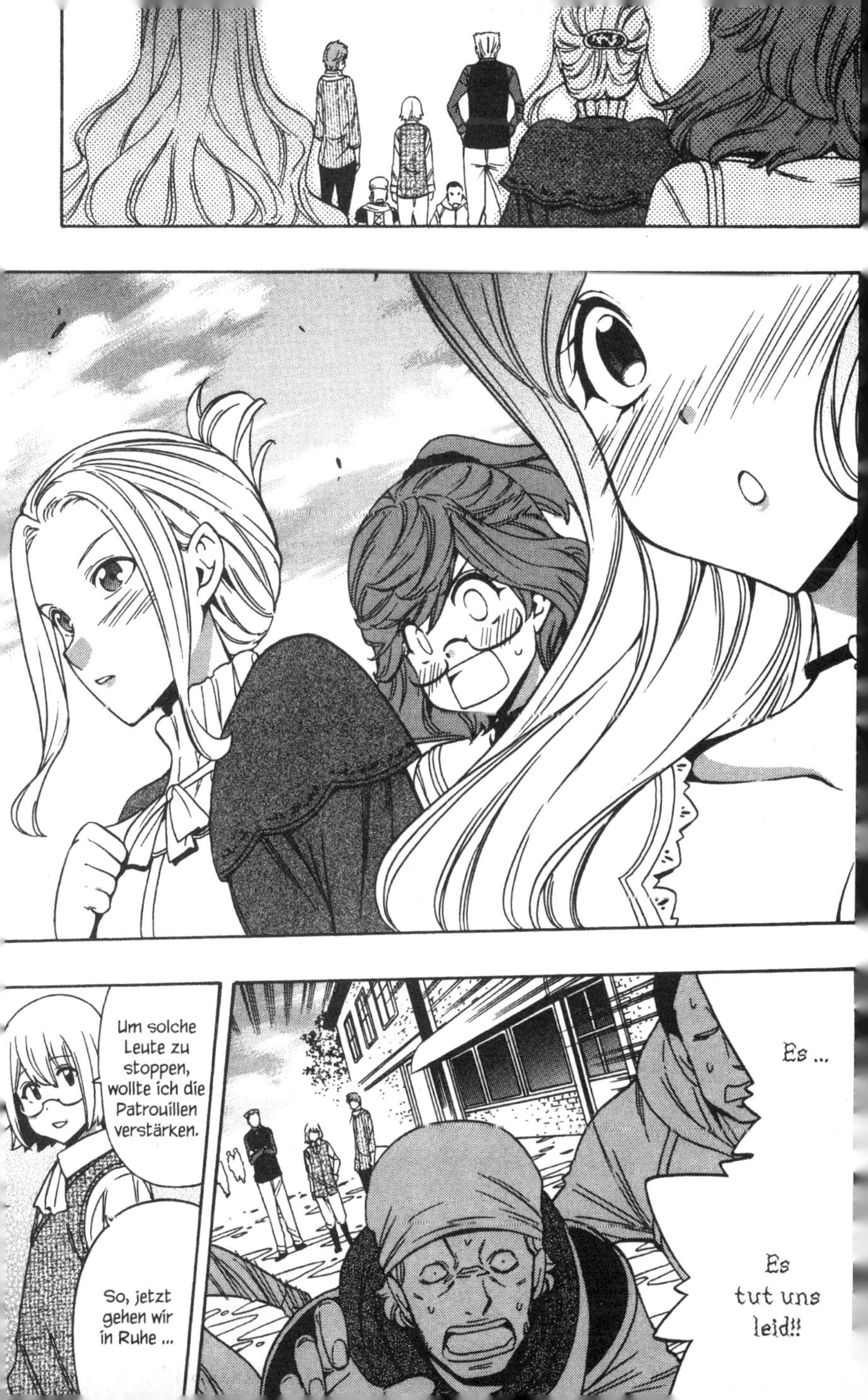
Es ...
Es tut uns leid!!
Um solche Leute zu stoppen, wollte ich die Patrouillen verstärken.
So, jetzt gehen wir in Ruhe ...

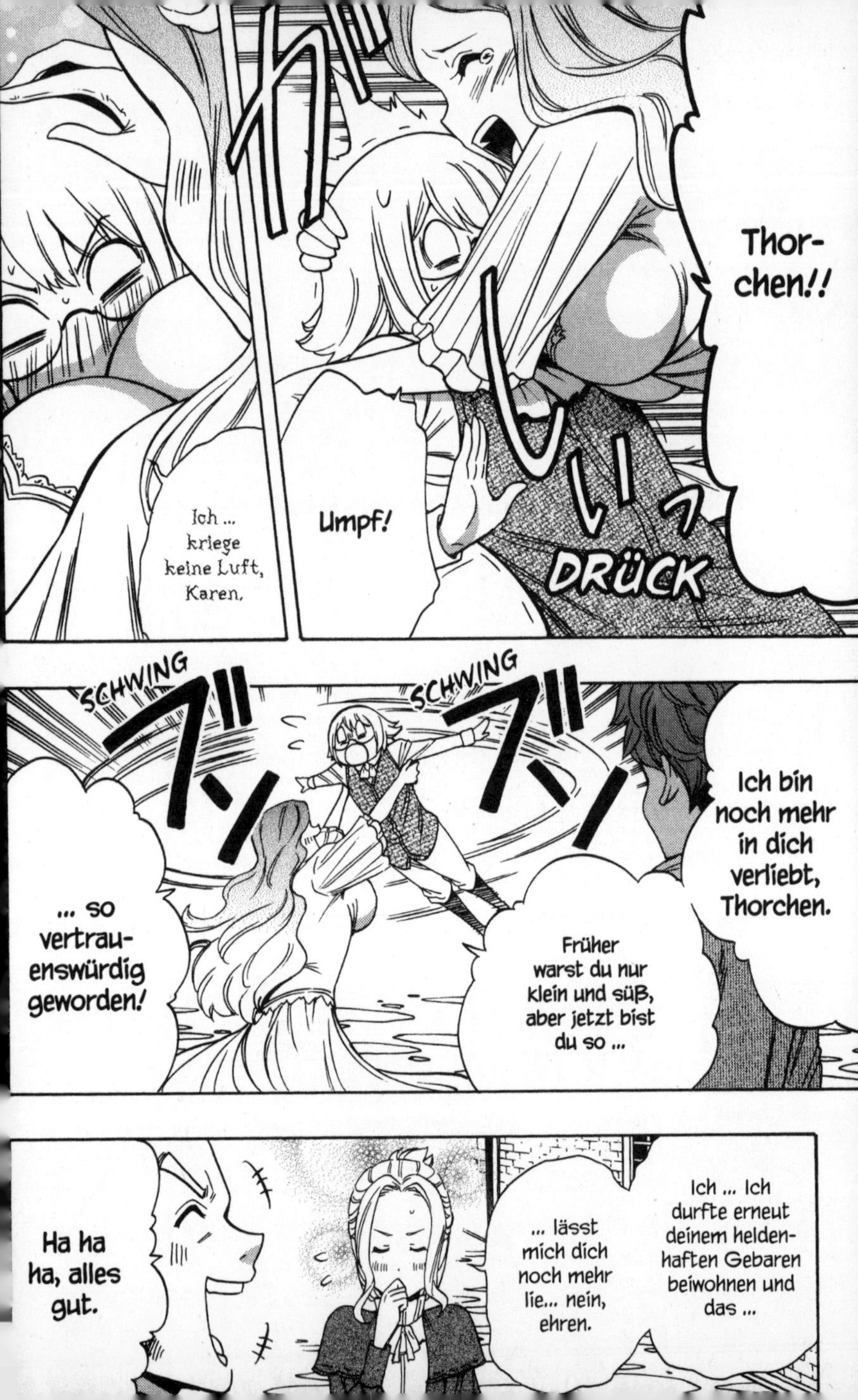
Thor-
chen!!
DRÜCK
Umpf!
Ich ... kriege keine Luft, Karen.
Ich bin noch mehr in dich verliebt, Thorchen.
SCHWING
SCHWING
Früher warst du nur klein und süß, aber jetzt bist du so ...
... so vertrau-enswürdig geworden!
Ich ... Ich durfte erneut deinem helden-haften Gebaren beiwohnen und das ...
... lässt mich dich noch mehr lie... nein, ehren.
Ha ha ha, alles gut.

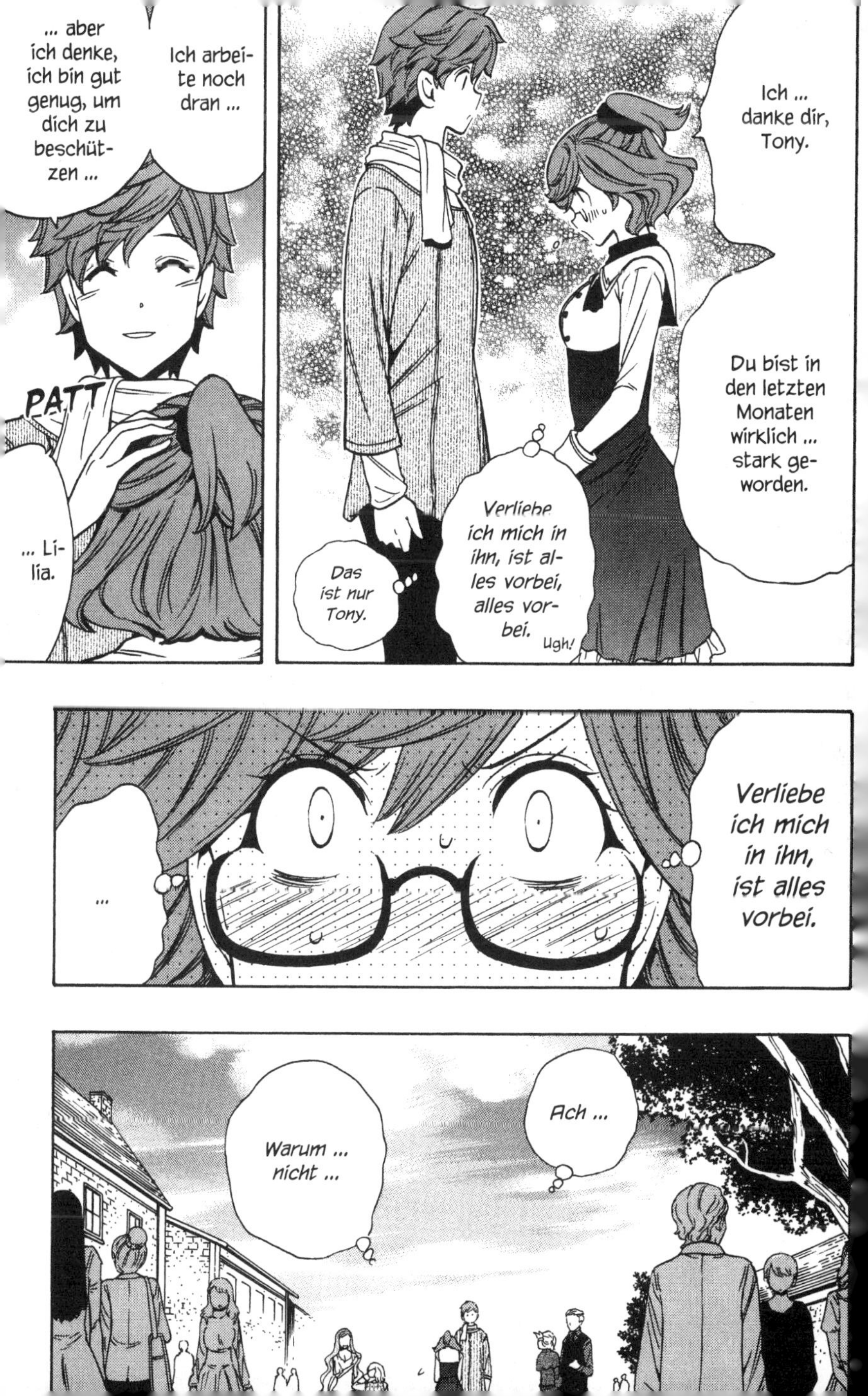
Ich ... danke dir, Tony.
Du bist in den letzten Monaten wirklich ... stark geworden.
Verliebe ich mich in ihn, ist alles vorbei, alles vorbei.
Ugh!
Das ist nur Tony.
Ich arbeite noch dran ...
... aber ich denke, ich bin gut genug, um dich zu beschützen ...
PATT
... Lilia.
Verliebe ich mich in ihn, ist alles vorbei.
...
Ach ...
Warum ... nicht ...

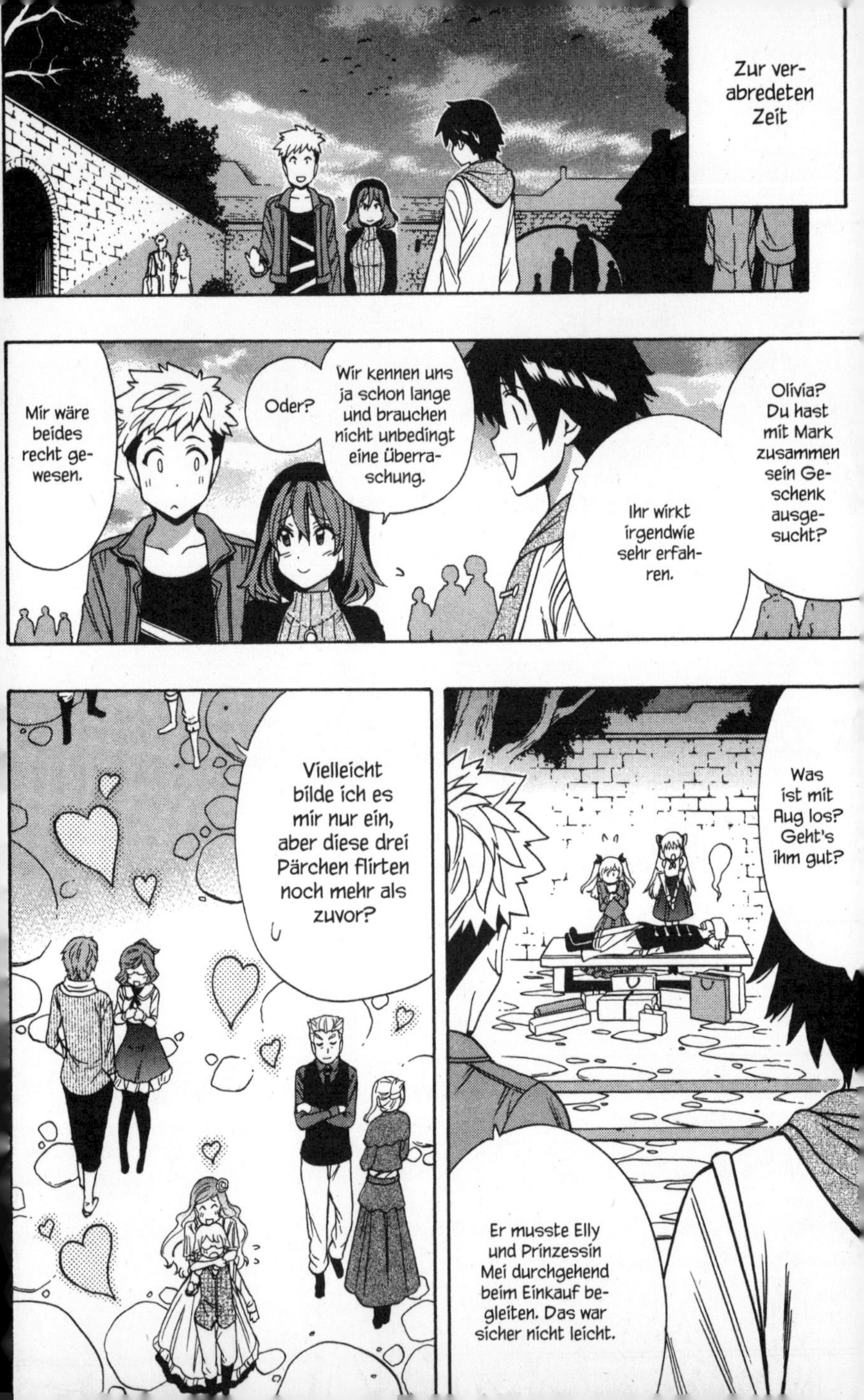

Zur verabredeten Zeit
Olivia? Du hast mit Mark zusammen sein Geschenk ausgesucht?
Ihr wirkt irgendwie sehr erfahren.
Wir kennen uns ja schon lange und brauchen nicht unbedingt eine Überraschung.
Oder?
Mir wäre beides recht gewesen.
Was ist mit Aug los? Geht's ihm gut?
Er musste Elly und Prinzessin Mei durchgehend beim Einkauf begleiten. Das war sicher nicht leicht.
Vielleicht bilde ich es mir nur ein, aber diese drei Pärchen flirten noch mehr als zuvor?

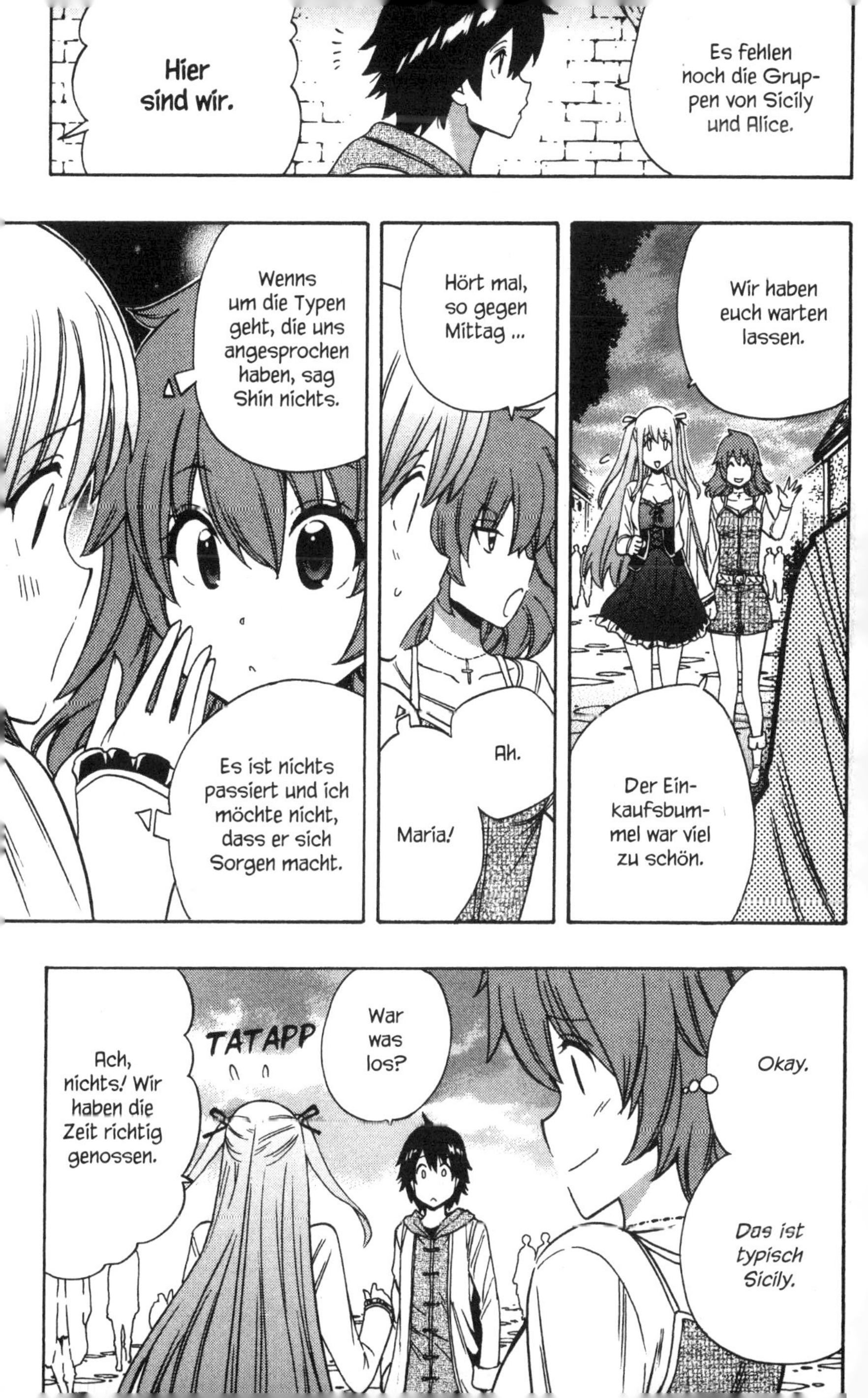

Es fehlen noch die Gruppen von Sicily und Alice.
Hier sind wir.
Wir haben euch warten lassen.
Der Einkaufsbummel war viel zu schön.
Hört mal, so gegen Mittag ...
Ah.
Maria!
Wenns um die Typen geht, die uns angesprochen haben, sag Shin nichts.
Es ist nichts passiert und ich möchte nicht, dass er sich Sorgen macht.
Okay.
Das ist typisch Sicily.
War was los?
TATAPP
Ach, nichts! Wir haben die Zeit richtig genossen.

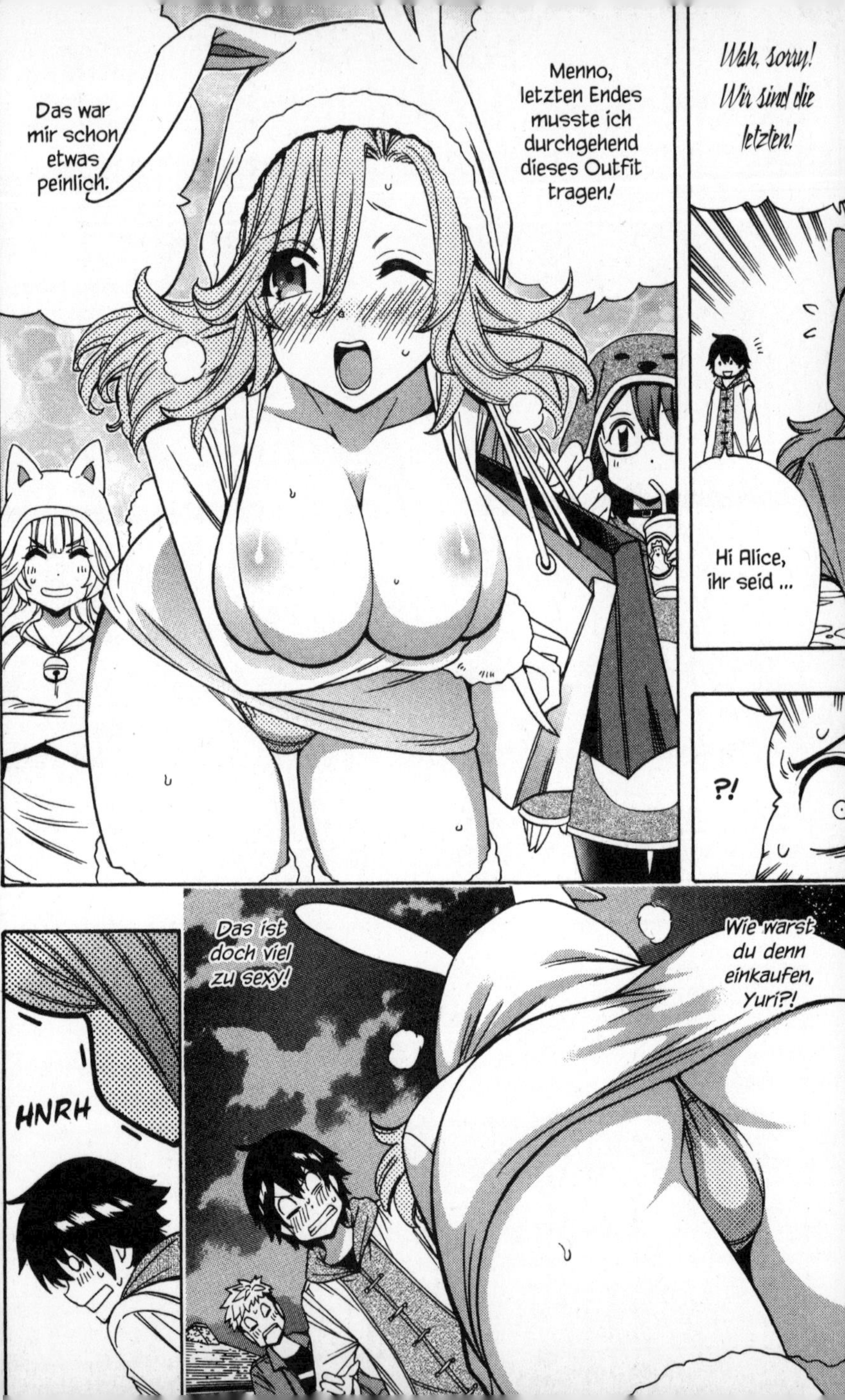
Hi Alice, ihr seid ...
Wah, sorry! Wir sind die letzten!
?!
Menno, letzten Endes musste ich durchgehend dieses Outfit tragen!
Das war mir schon etwas peinlich.
Wie warst du denn einkaufen, Yuri?!
Das ist doch viel zu sexy!
HNRH

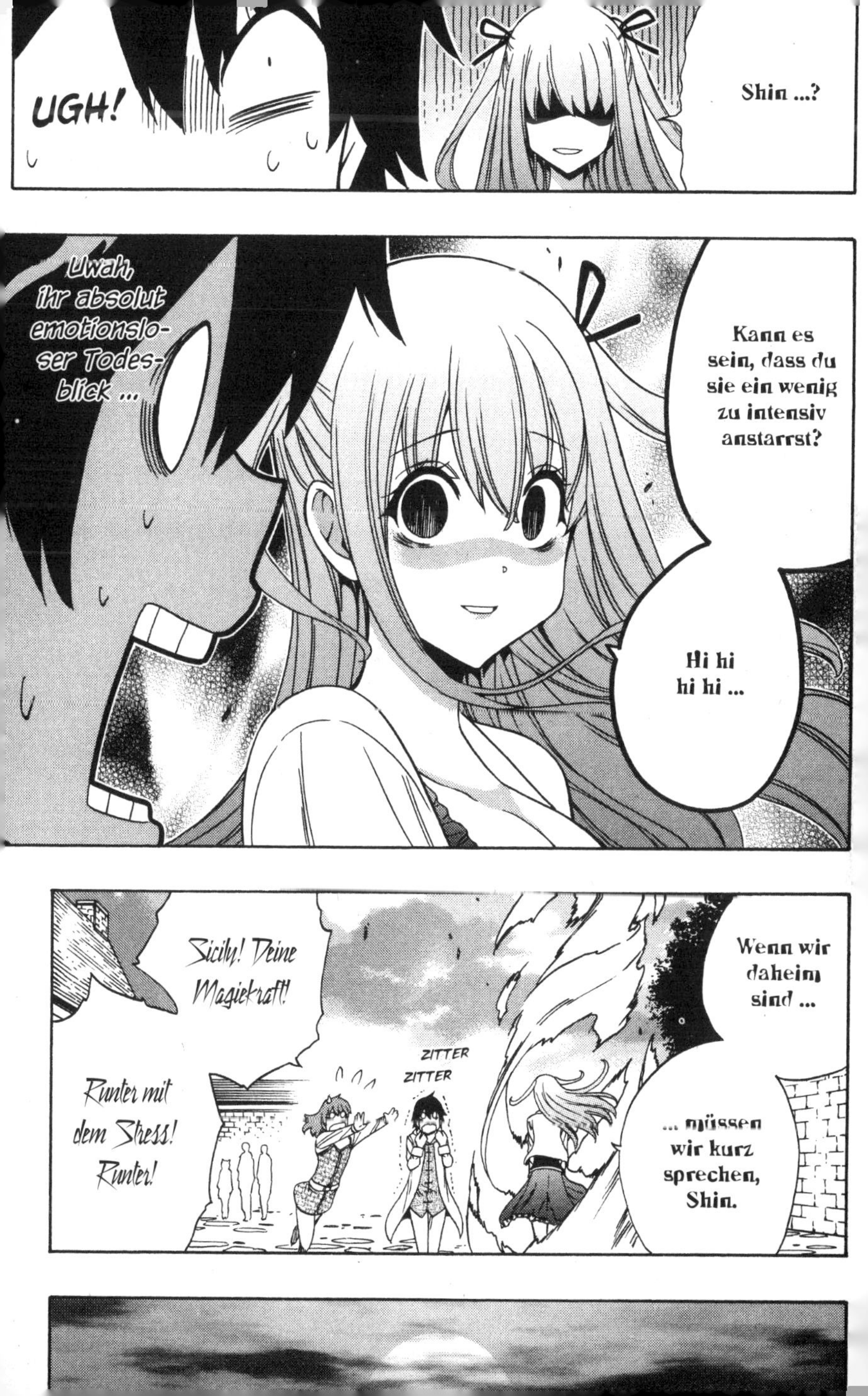
Shin ...?
UGH!
Kann es sein, dass du sie ein wenig zu intensiv anstarrst?
Uwah, ihr absolut emotionslo- ser Todes- blick ...
Hi hi hi hi ...
Wenn wir daheim sind ...
Sicily! Deine Magiekraft!
... müssen wir kurz sprechen, Shin.
ZITTER ZITTER
Runter mit dem Stress! Runter!

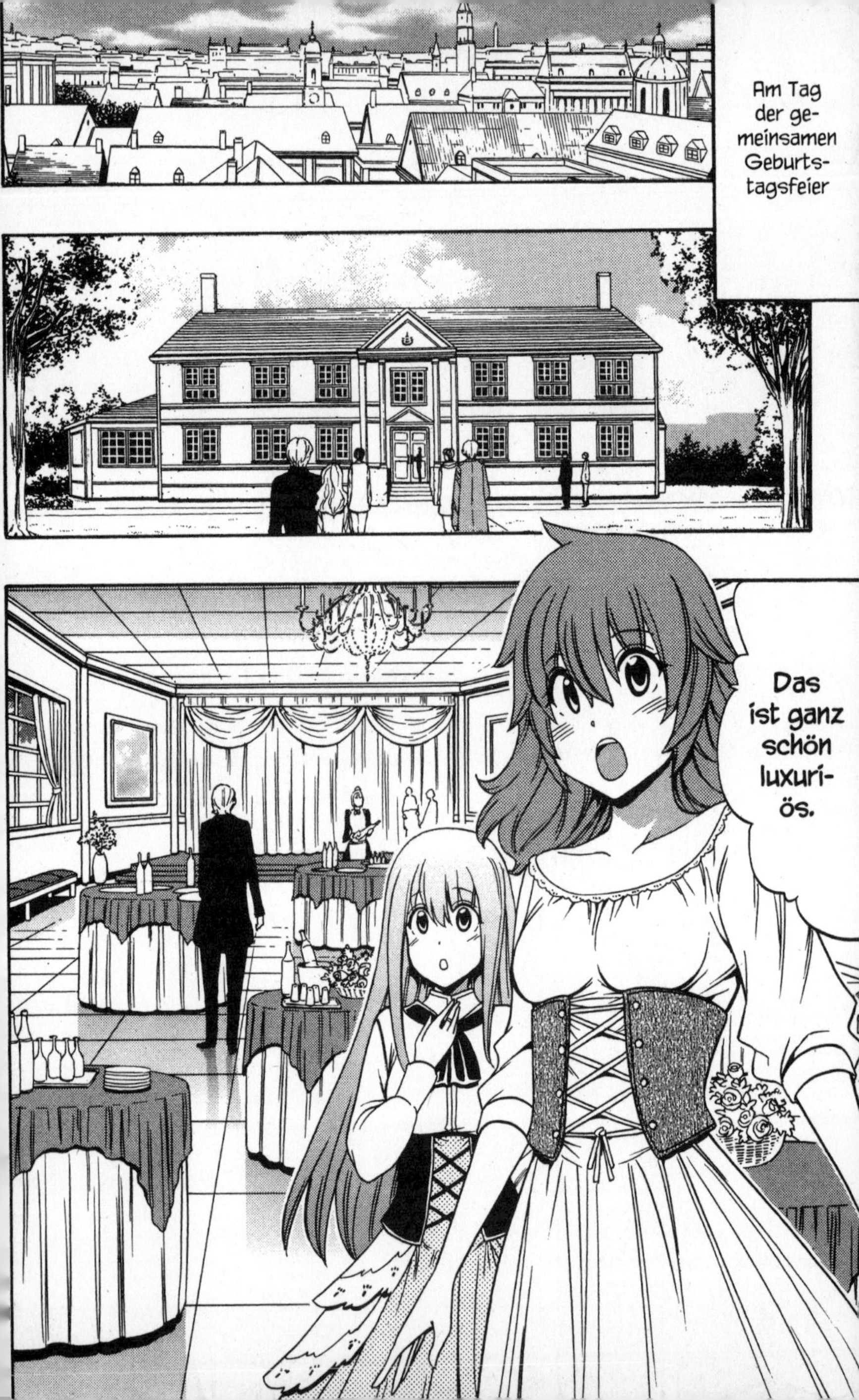
Am Tag der gemeinsamen Geburtstagsfeier
Das ist ganz schön luxuriös.

Ich bin noch nie im hinteren Saal gewesen.
Ich hatte keine Ahnung, dass hier so was vorbereitet wurde.
Diese Feier wird von der Familie Wolford ausgerichtet.
Daher muss alles makellos sein.
Wir ziehen uns um.
Ah.
Ihr beide.
Bitte macht eure Haare nicht.
...?
Hä?
Warum denn?
Frag nicht.
Ihr werdet es sehen, wenn ich die Geschenke überreiche.
?

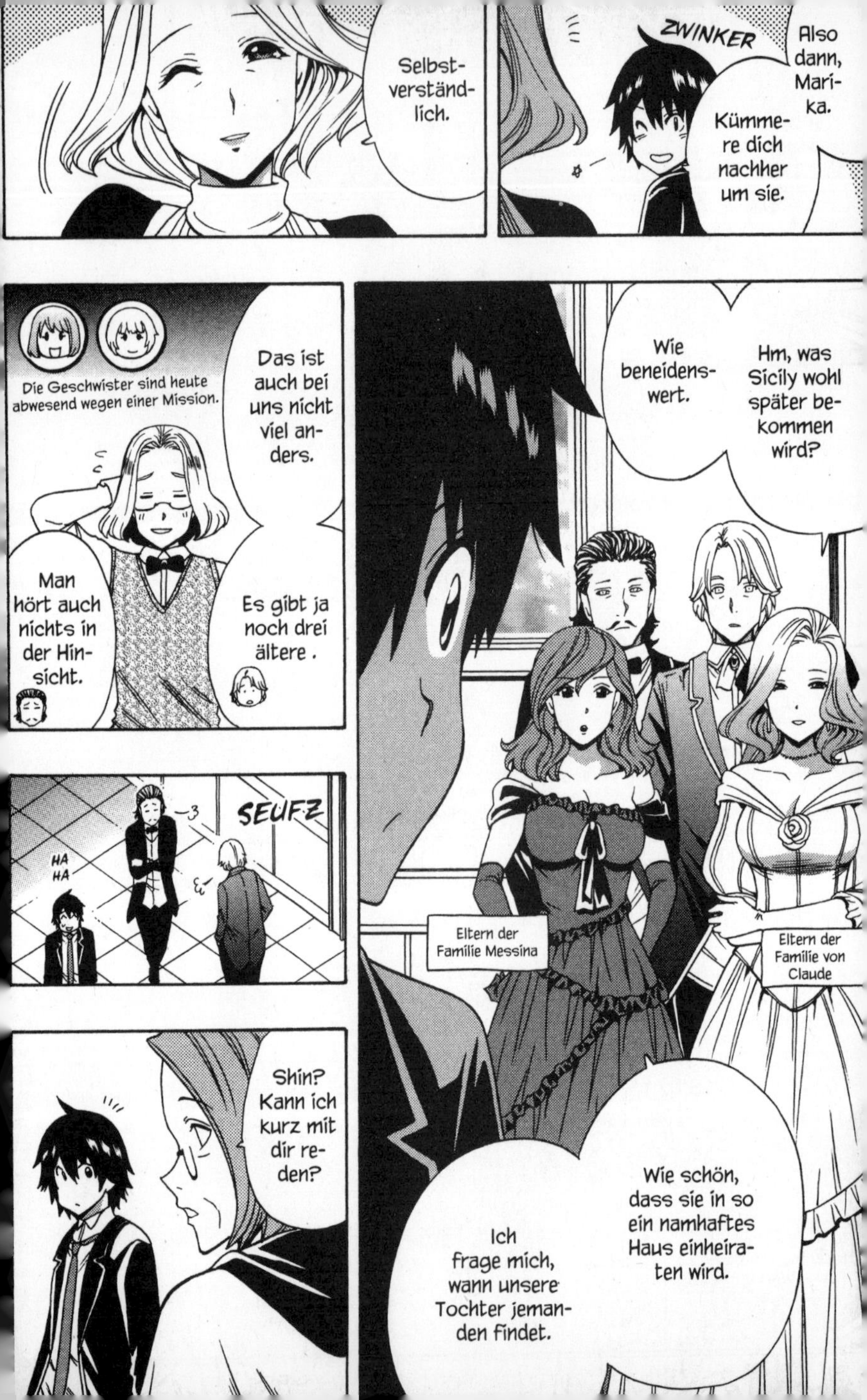
ZWINKER
Also dann, Marika.
Kümmere dich nachher um sie.
Selbstverständlich.
Hm, was Sicily wohl später bekommen wird?
Wie beneidenswert.
Eltern der Familie von Claude
Eltern der Familie Messina
Wie schön, dass sie in so ein namhaftes Haus einheiraten wird.
Ich frage mich, wann unsere Tochter jemanden findet.
Das ist auch bei uns nicht viel anders.
Die Geschwister sind heute abwesend wegen einer Mission.
Es gibt ja noch drei ältere .
Man hört auch nichts in der Hinsicht.
SEUFZ
HA HA
Shin? Kann ich kurz mit dir reden?

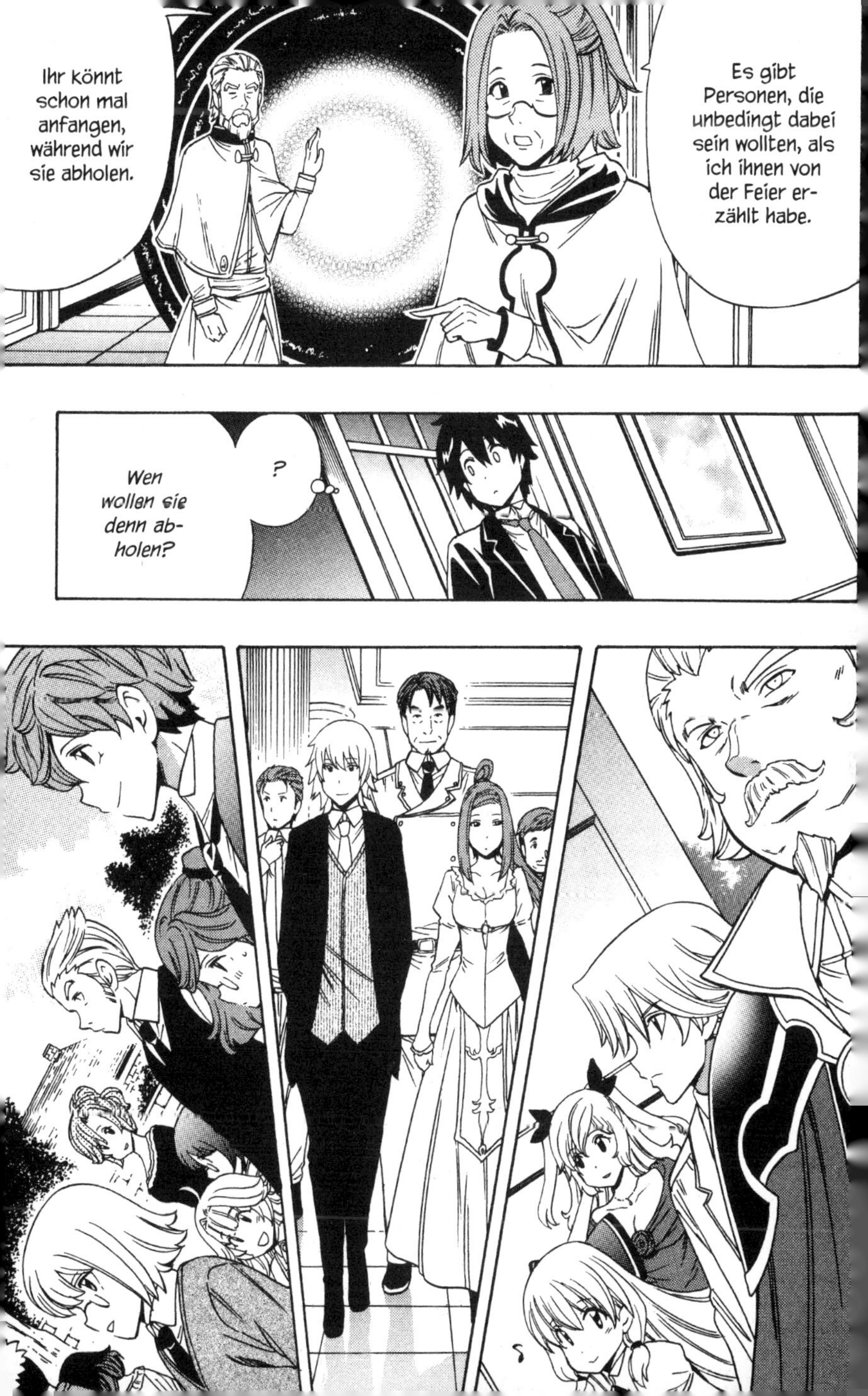
Es gibt Personen, die unbedingt dabei sein wollten, als ich ihnen von der Feier erzählt habe.
Ihr könnt schon mal anfangen, während wir sie abholen.
?
Wen wollen sie denn abholen?

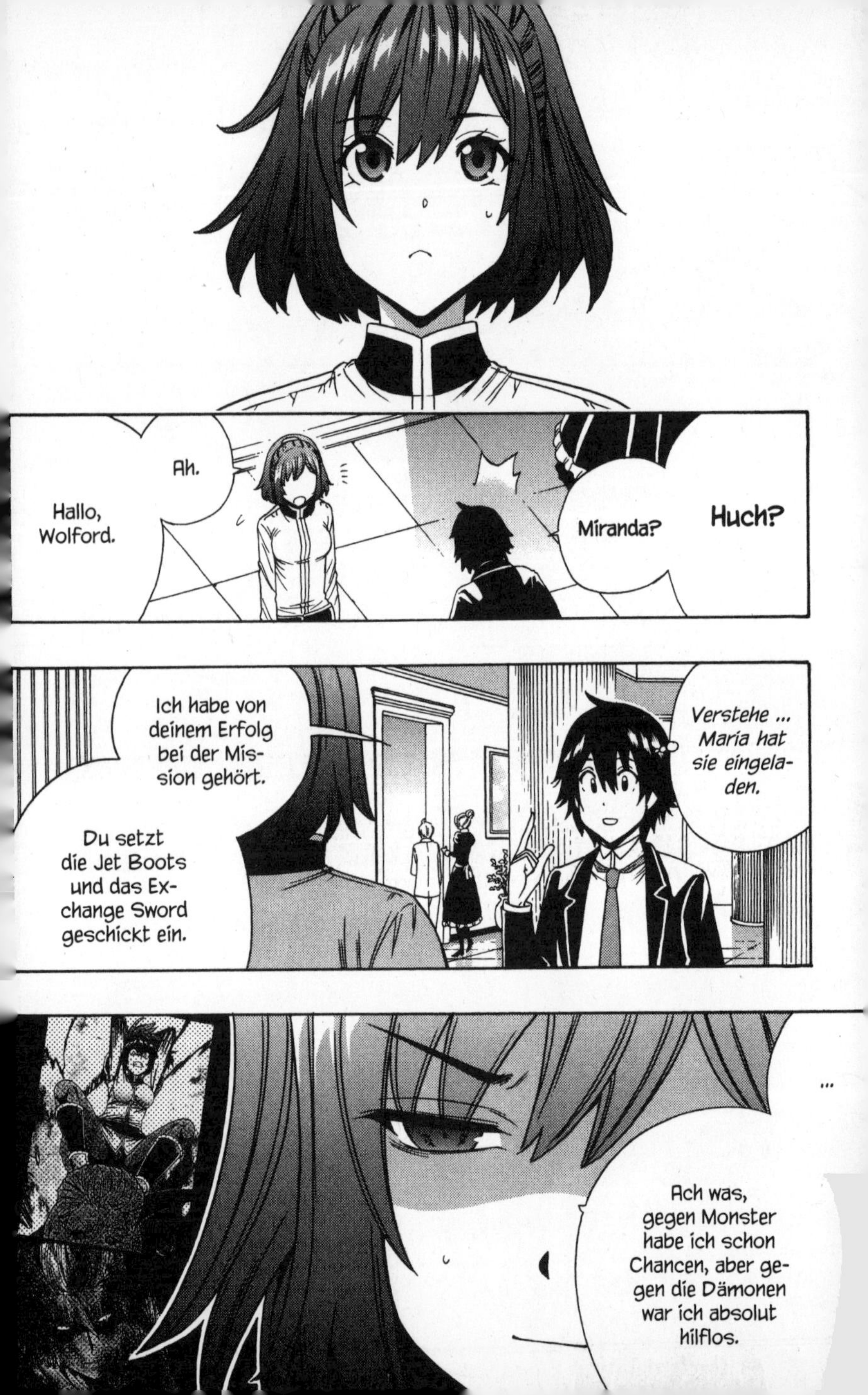
Huch?
Miranda?
Ah.
Hallo, Wolford.
Verstehe ... Maria hat sie eingeladen.
Ich habe von deinem Erfolg bei der Mission gehört.
Du setzt die Jet Boots und das Exchange Sword geschickt ein.
...
Ach was, gegen Monster habe ich schon Chancen, aber gegen die Dämonen war ich absolut hilflos.

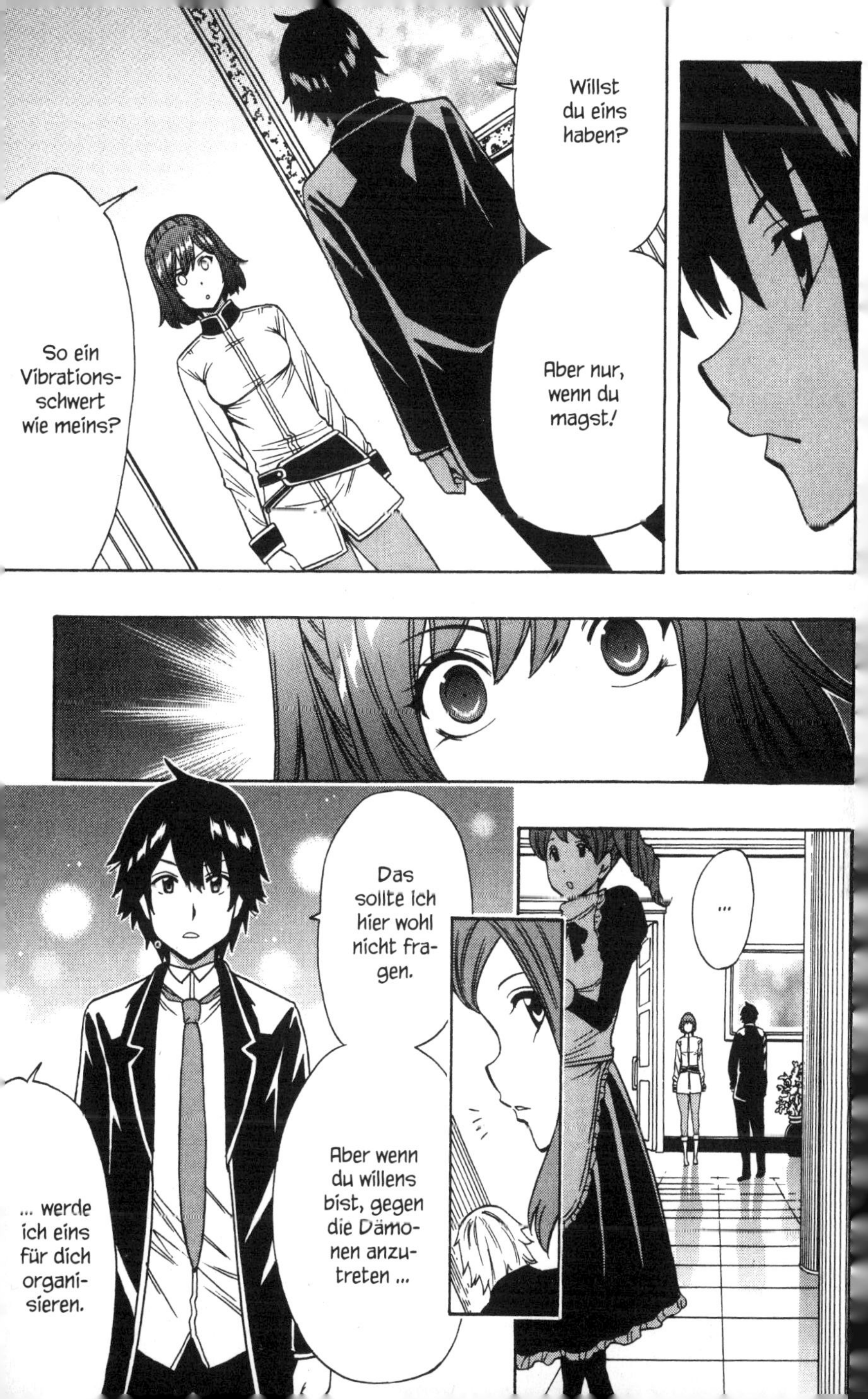
Willst du eins haben?
So ein Vibrationsschwert wie meins?
Aber nur, wenn du magst!
Das sollte ich hier wohl nicht fragen.
...
Aber wenn du willens bist, gegen die Dämonen anzutreten ...
... werde ich eins für dich organisieren.

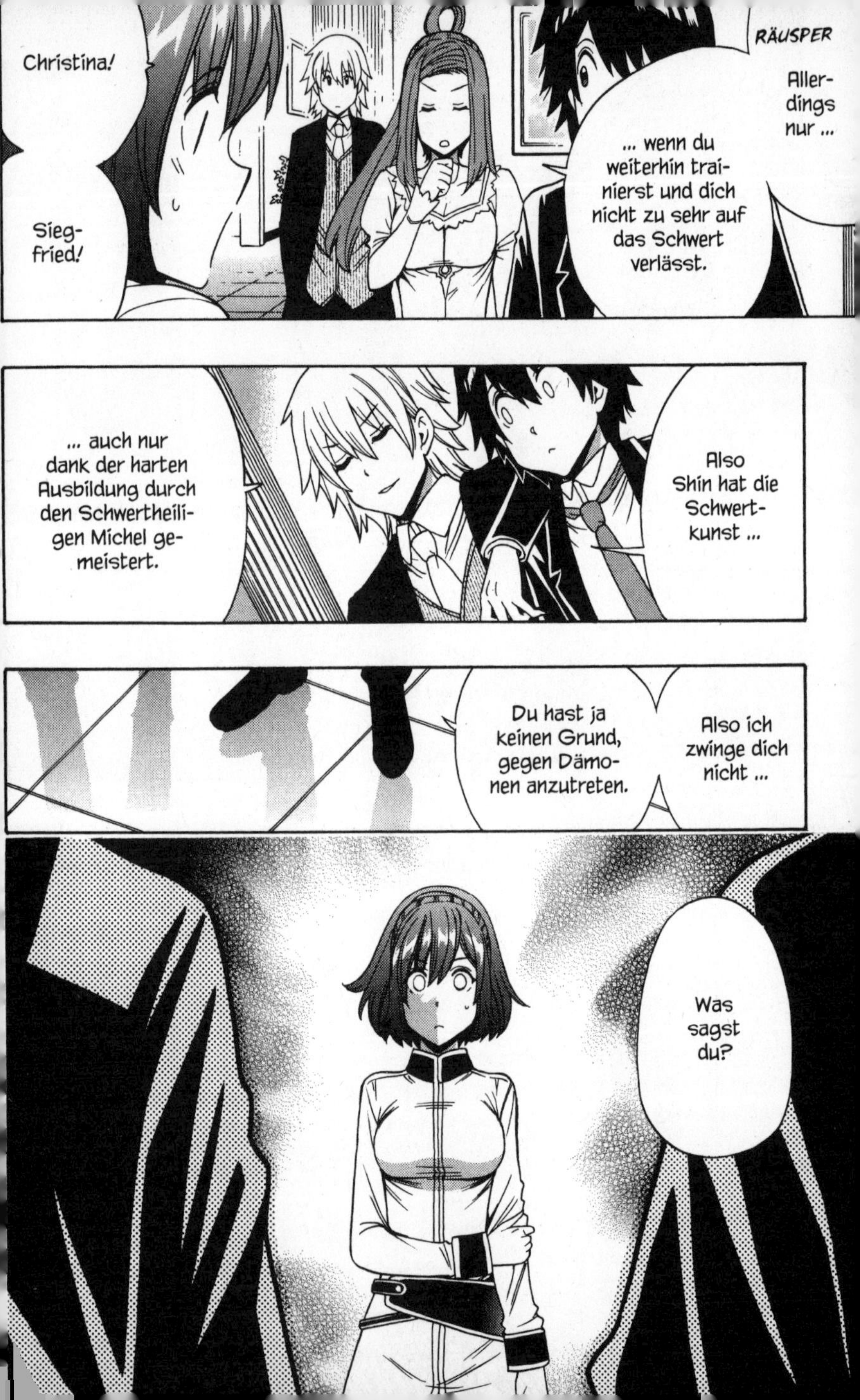
RÄUSPER
Allerdings nur ...
... wenn du weiterhin trainierst und dich nicht zu sehr auf das Schwert verlässt.
Christina!
Siegfried!
Also Shin hat die Schwertkunst ...
... auch nur dank der harten Ausbildung durch den Schwertheiligen Michel gemeistert.
Also ich zwinge dich nicht ...
Du hast ja keinen Grund, gegen Dämonen anzutreten.
Was sagst du?

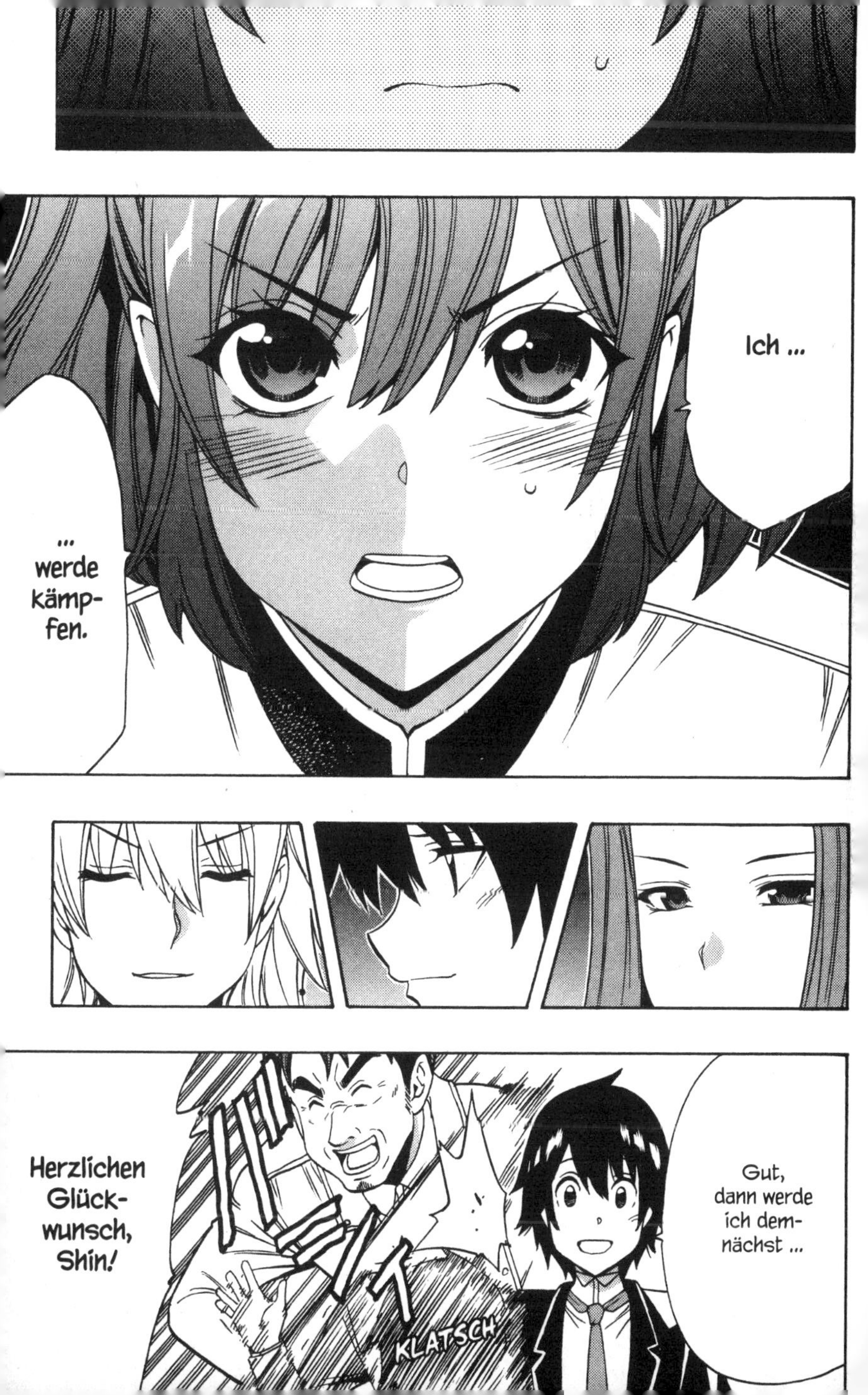
Ich ...
... werde kämp-fen.
Gut, dann werde ich dem-nächst ...
Herzlichen Glück-wunsch, Shin!
KLATSCH

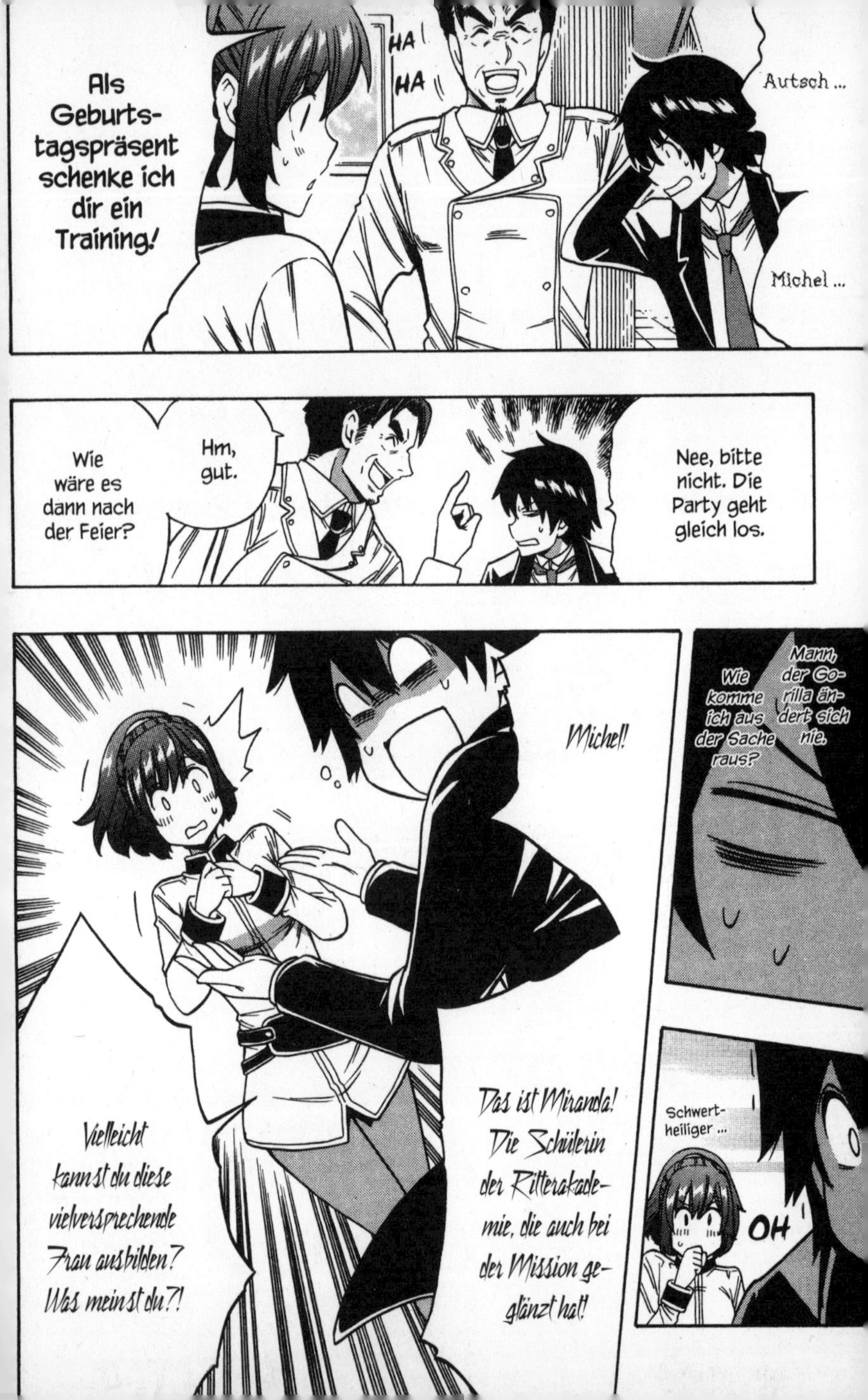

Autsch ...
Michel ...
HA
HA
Als Geburts-tagspräsent schenke ich dir ein Training!
Nee, bitte nicht. Die Party geht gleich los.
Hm, gut.
Wie wäre es dann nach der Feier?
Mann, der Gorilla ändert sich nie.
Wie komme ich aus der Sache raus?
Michel!
Das ist Miranda! Die Schülerin der Ritterakademie, die auch bei der Mission geglänzt hat!
Vielleicht kannst du diese vielversprechende Frau ausbilden? Was meinst du?!
Schwert-heiliger ...
OH

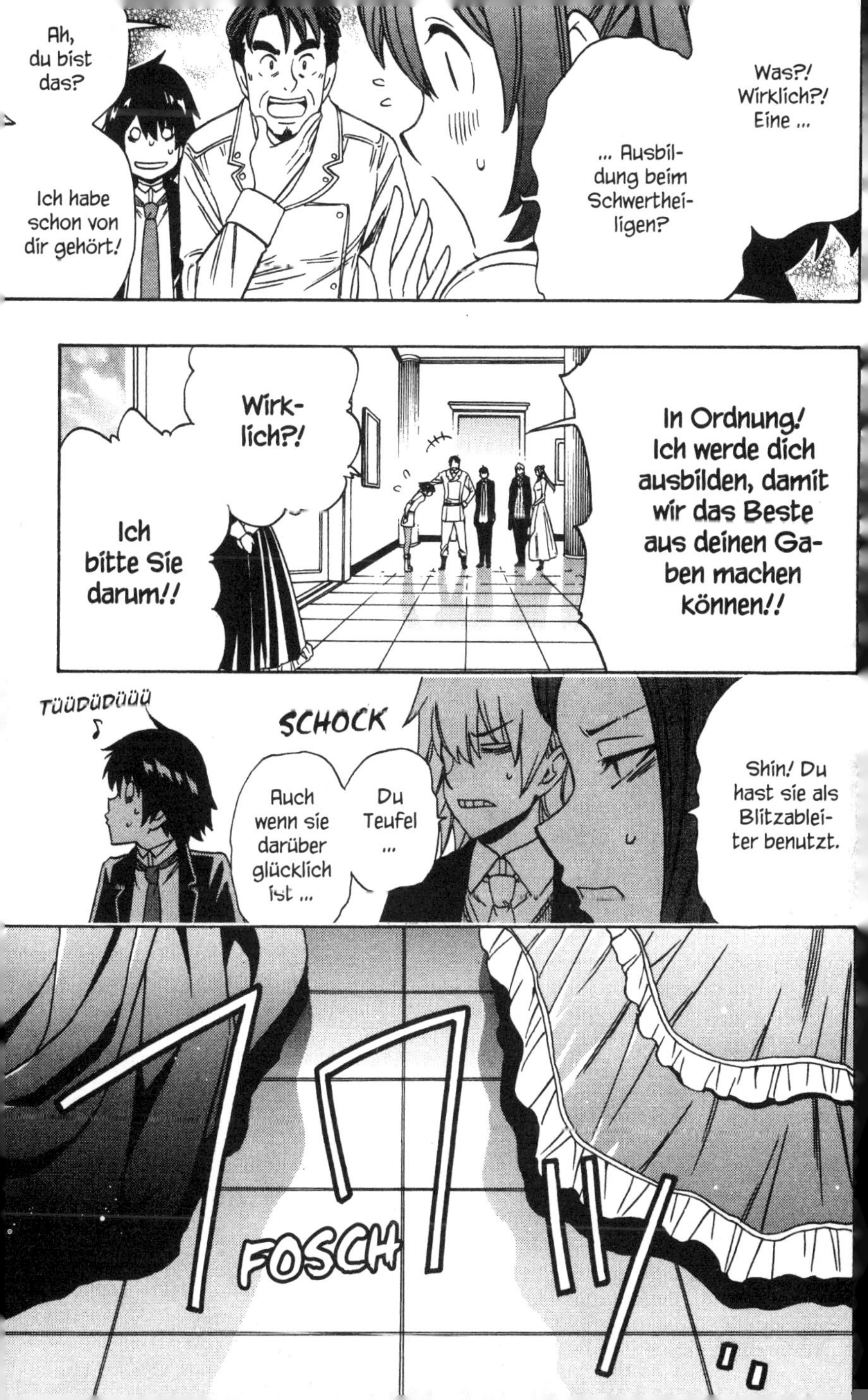
Was?! Wirklich?! Eine ...
... Ausbildung beim Schwertheiligen?
Ah, du bist das?
Ich habe schon von dir gehört!
In Ordnung! Ich werde dich ausbilden, damit wir das Beste aus deinen Gaben machen können!!
Wirklich?!
Ich bitte Sie darum!!
Shin! Du hast sie als Blitzableiter benutzt.
SCHOCK
Du Teufel ...
Auch wenn sie darüber glücklich ist ...
TÜÜDÜDÜÜÜ
FOSCH

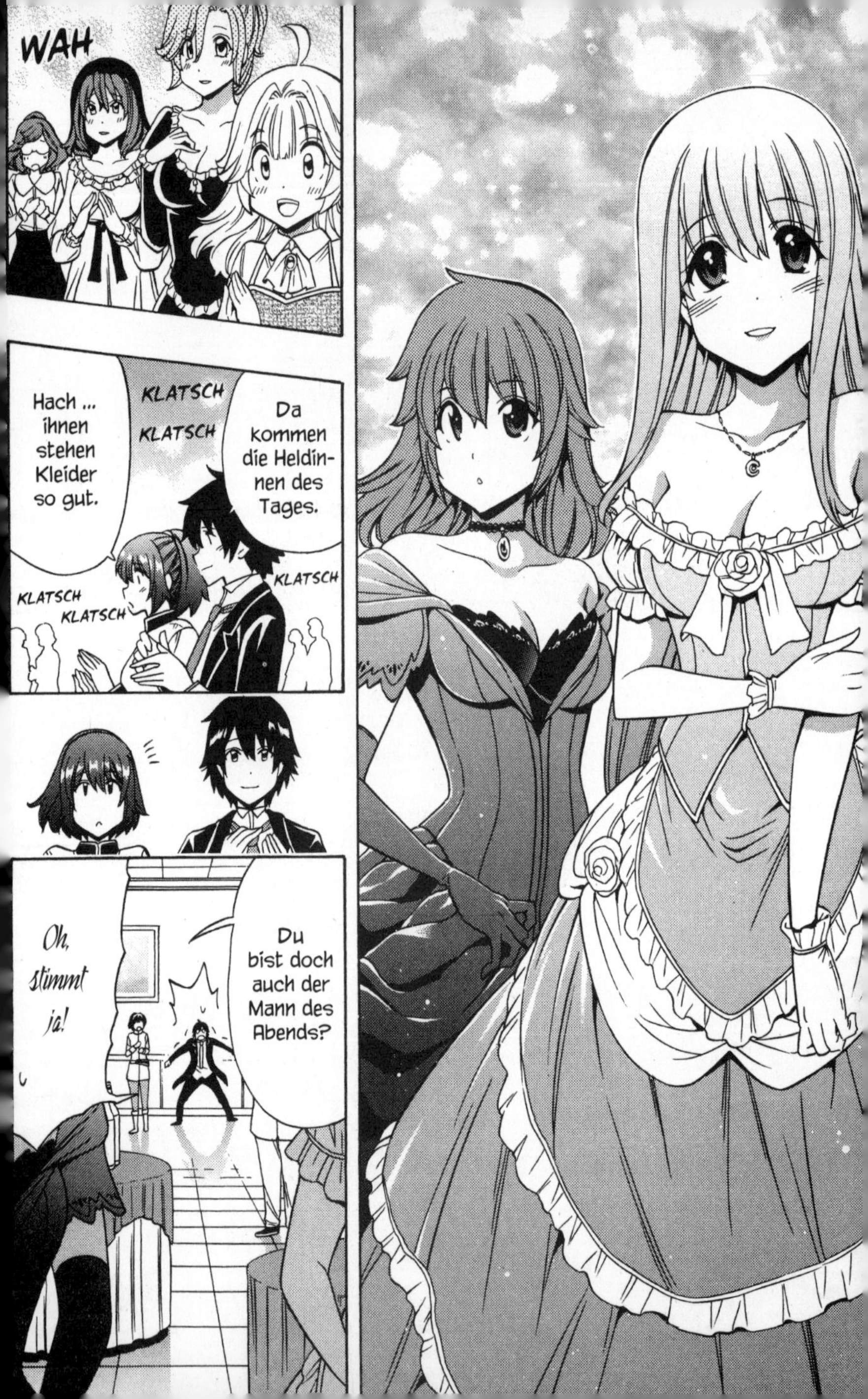
WAH
Da kommen die Heldinnen des Tages.
KLATSCH
KLATSCH
Hach ... ihnen stehen Kleider so gut.
KLATSCH
KLATSCH
KLATSCH
Du bist doch auch der Mann des Abends?
Oh, stimmt ja!

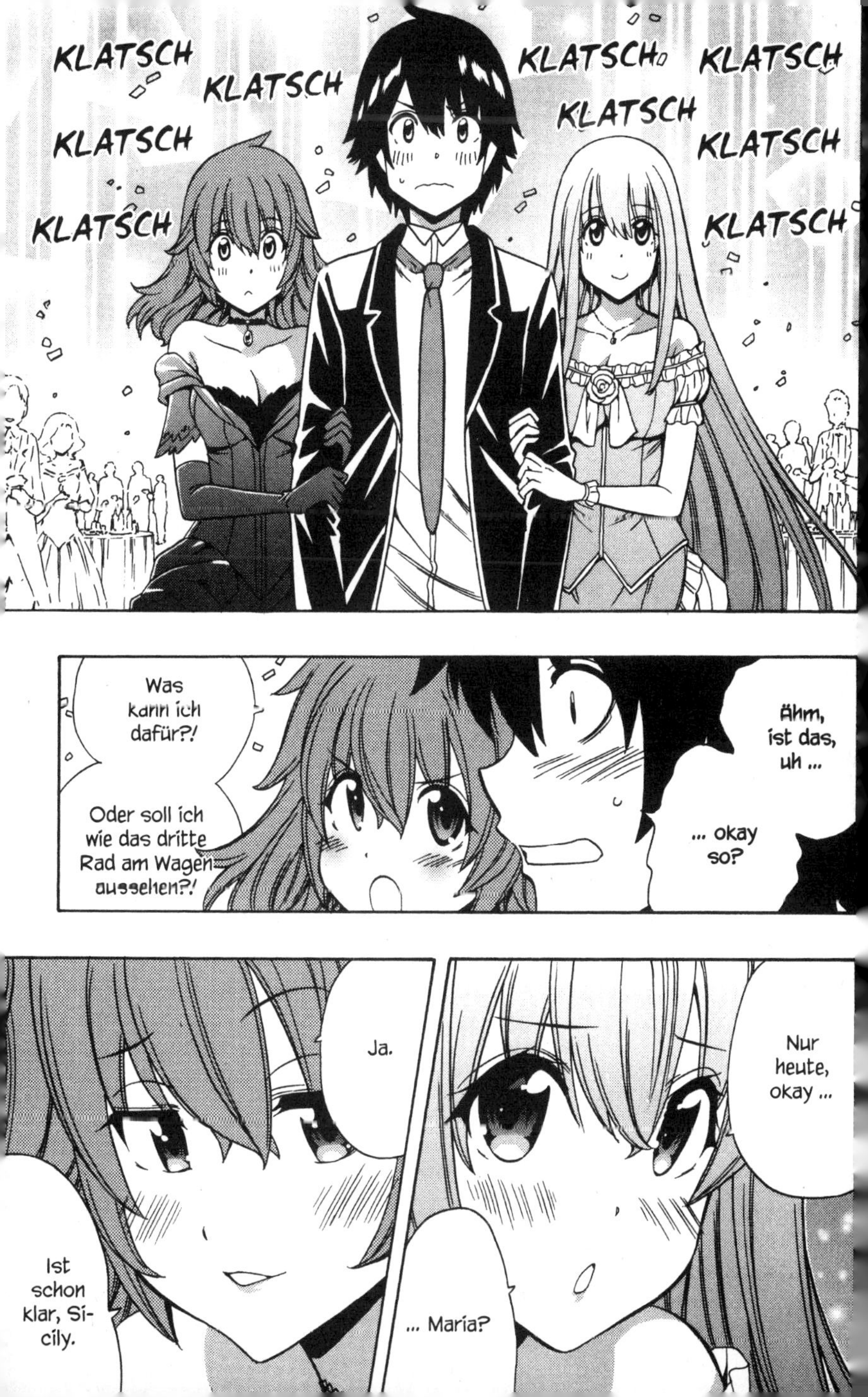
KLATSCH
KLATSCH
KLATSCH
KLATSCH
KLATSCH
KLATSCH
KLATSCH
KLATSCH
Ähm, ist das, uh ...
... okay so?
Was kann ich dafür?!
Oder soll ich wie das dritte Rad am Wagen aussehen?!
Nur heute, okay ...
... Maria?
Ja.
Ist schon klar, Sicily.

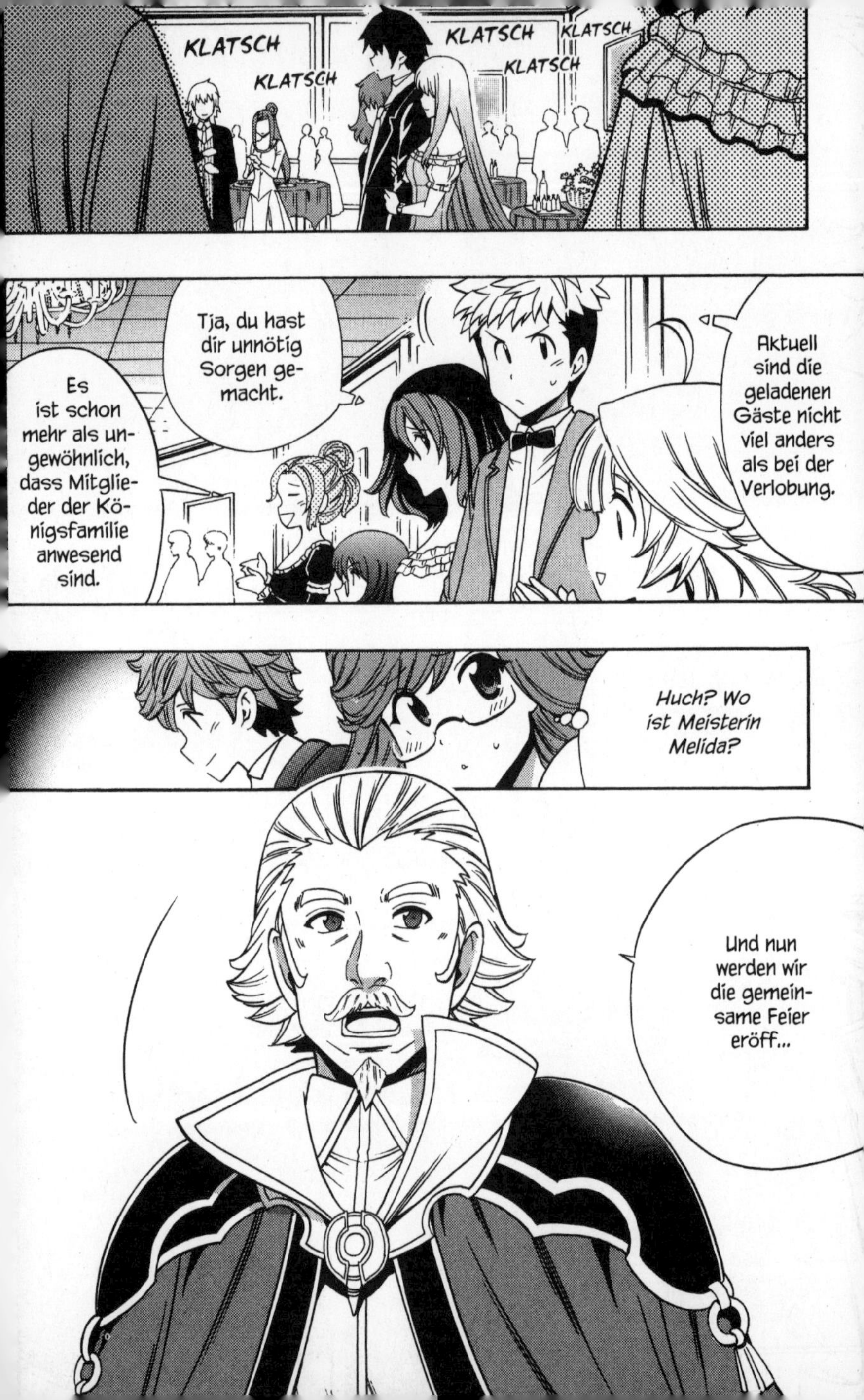
KLATSCH
KLATSCH
KLATSCH
KLATSCH
KLATSCH
Aktuell sind die geladenen Gäste nicht viel anders als bei der Verlobung.
Tja, du hast dir unnötig Sorgen gemacht.
Es ist schon mehr als ungewöhnlich, dass Mitglieder der Königsfamilie anwesend sind.
Huch? Wo ist Meisterin Melida?
Und nun werden wir die gemeinsame Feier eröff...

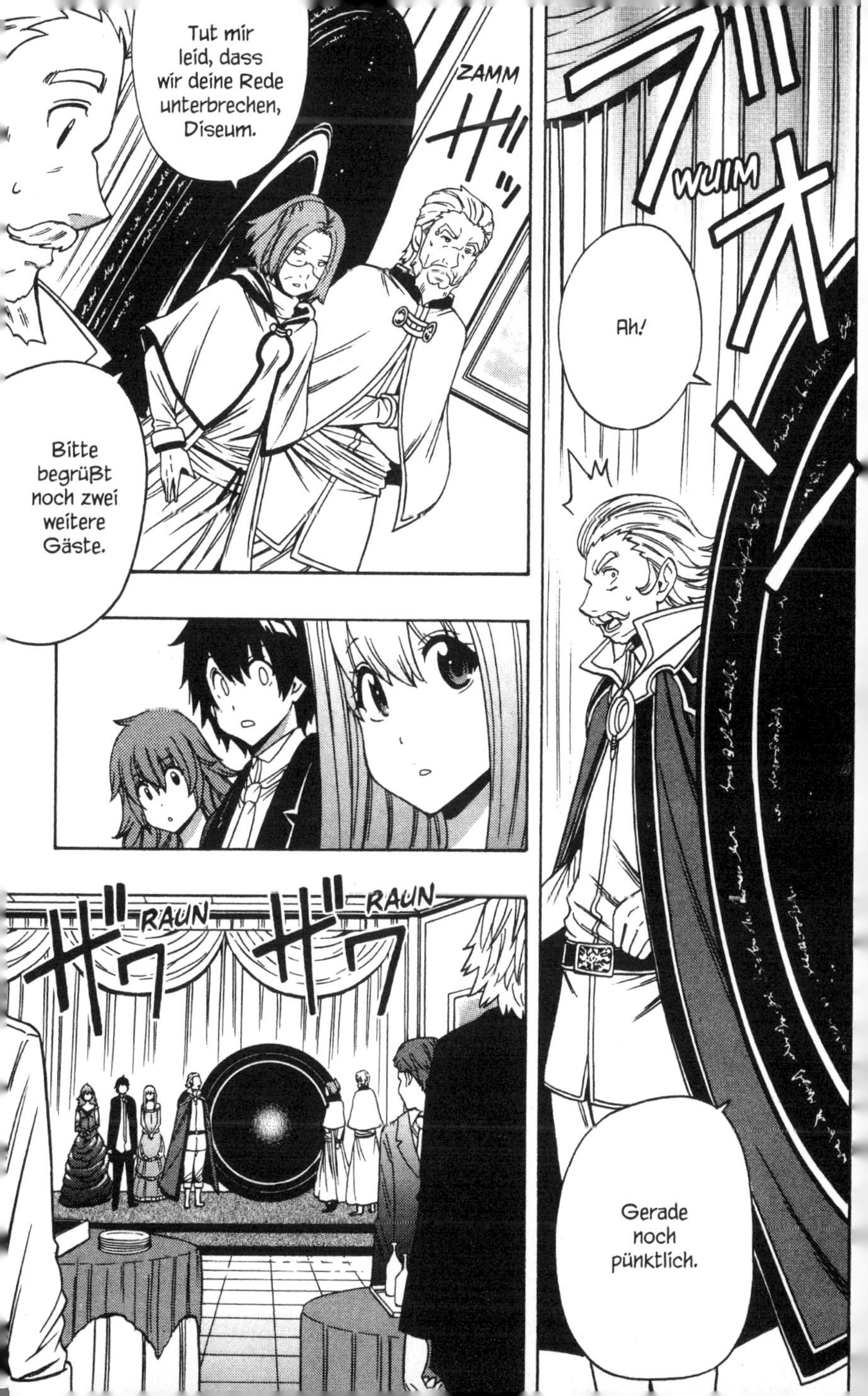
WUIM
Ah!
Gerade noch pünktlich.
ZAMM
Tut mir leid, dass wir deine Rede unterbrechen, Diseum.
Bitte begrüßt noch zwei weitere Gäste.
RAUN
RAUN

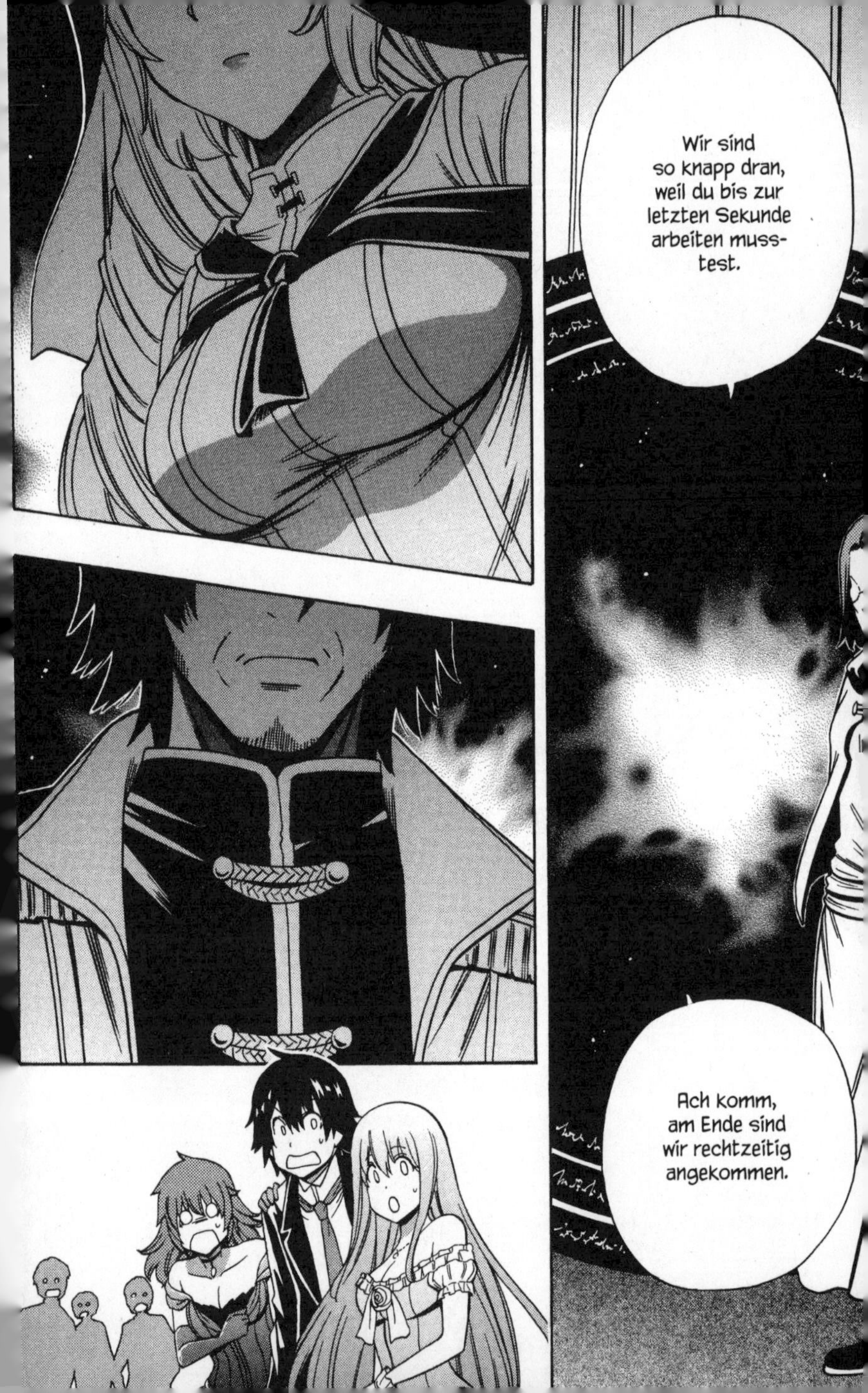
Wir sind so knapp dran, weil du bis zur letzten Sekunde arbeiten musstest.
Ach komm, am Ende sind wir rechtzeitig angekommen.

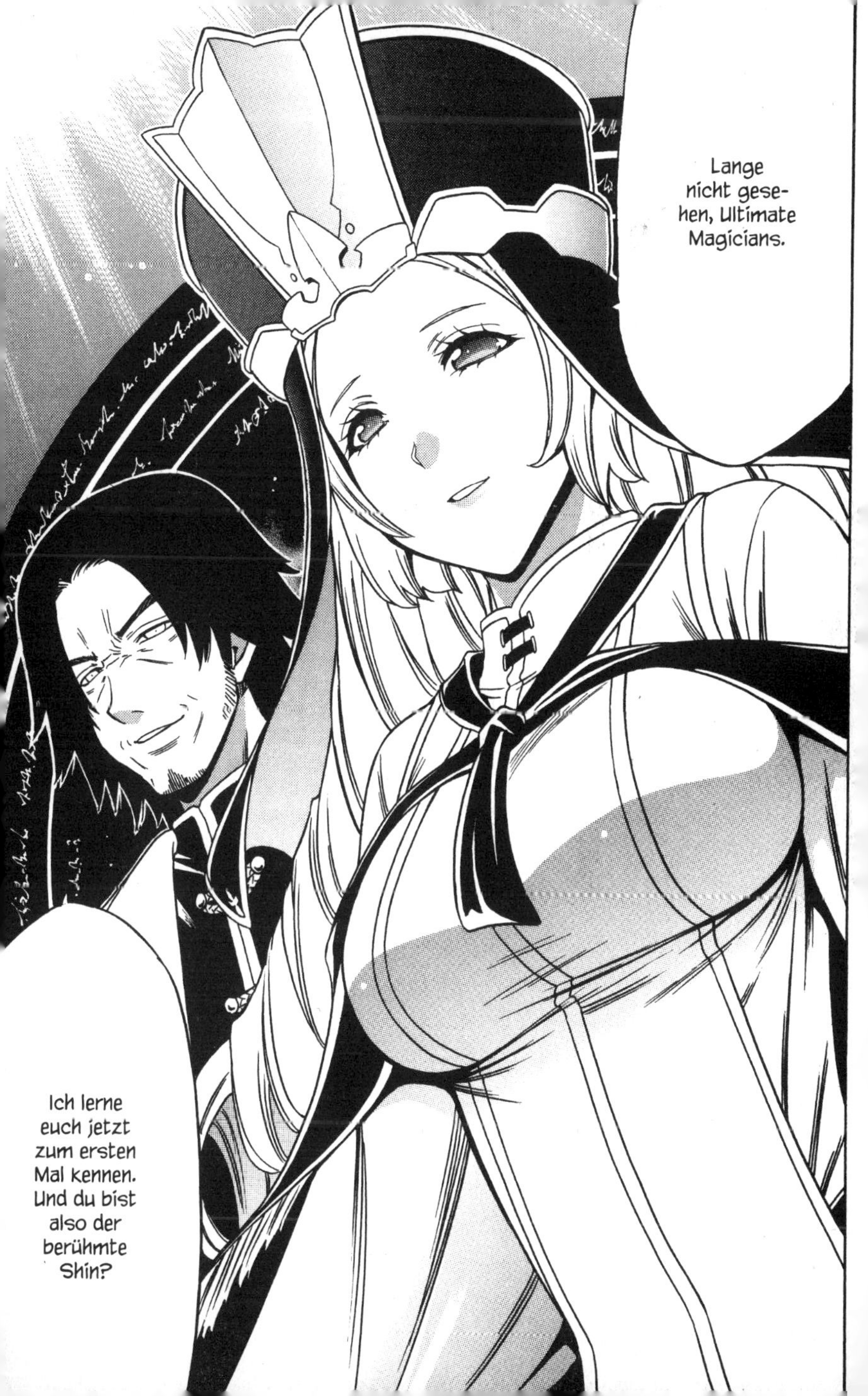
Lange nicht gesehen, Ultimate Magicians.
Ich lerne euch jetzt zum ersten Mal kennen. Und du bist also der berühmte Shin?

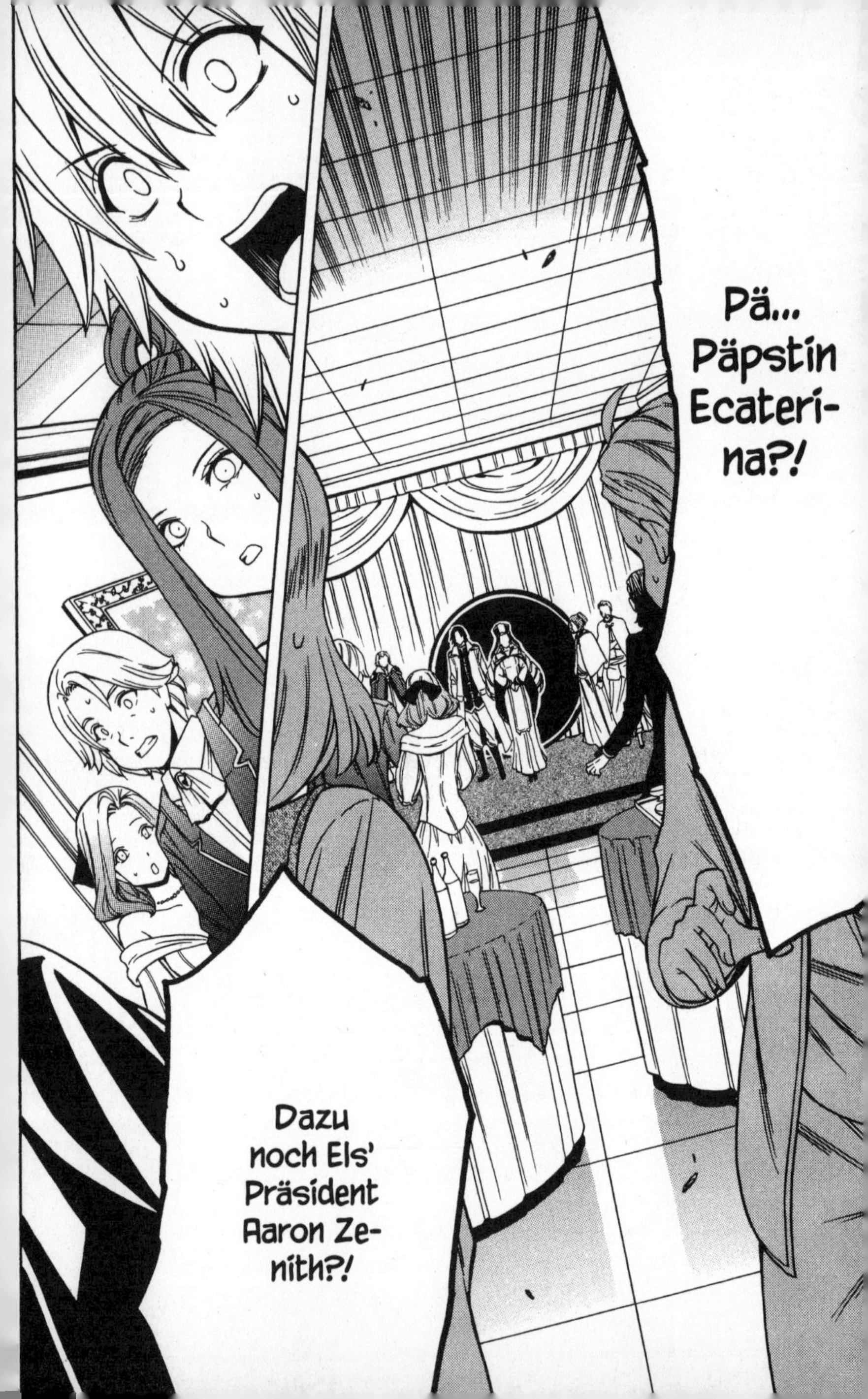
Pä... Päpstin Ecaterina?!
Dazu noch Els' Präsident Aaron Zenith?!

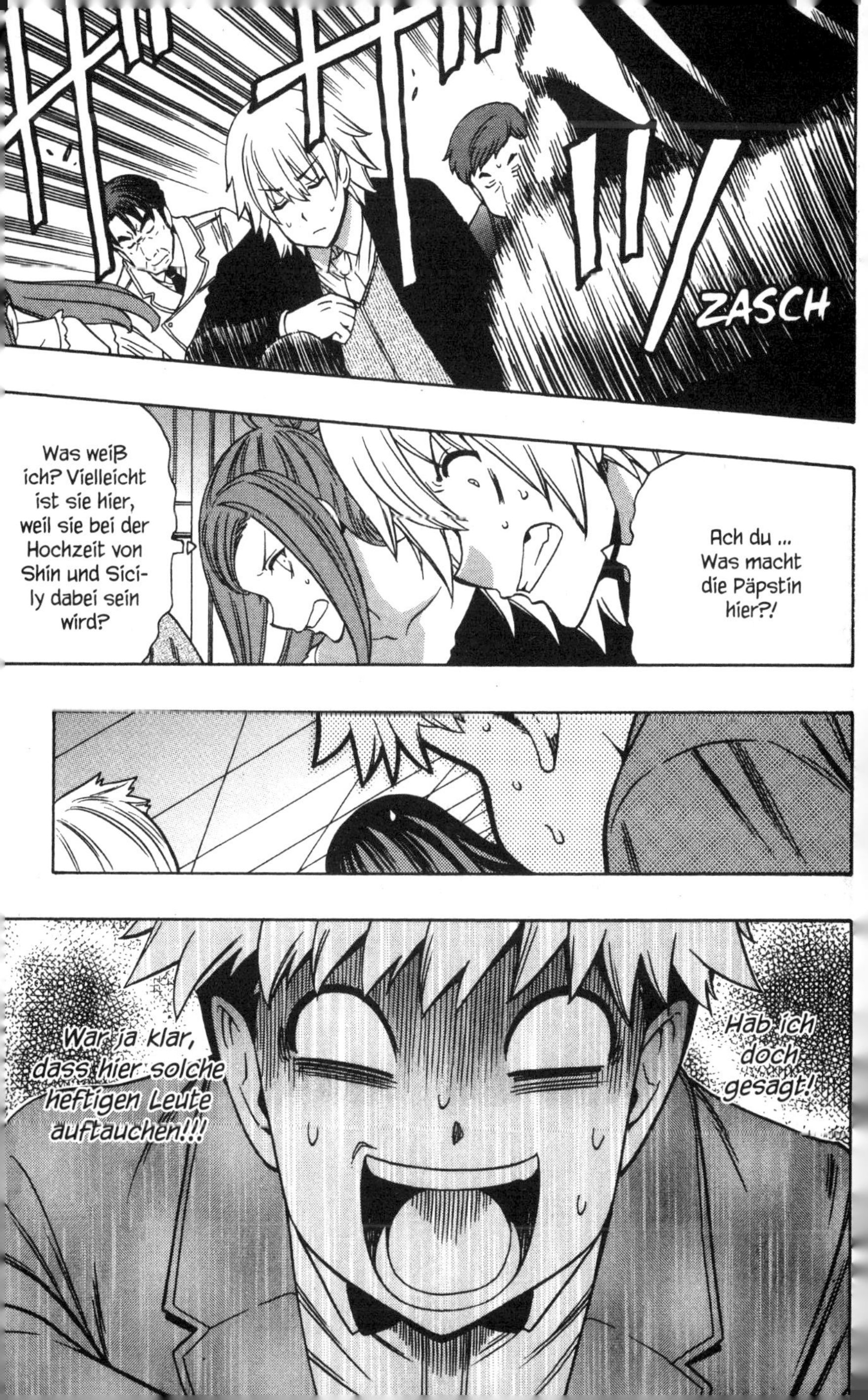
ZASCH
Ach du ... Was macht die Päpstin hier?!
Was weiß ich? Vielleicht ist sie hier, weil sie bei der Hochzeit von Shin und Sici-ly dabei sein wird?
Hab ich doch gesagt!
War ja klar, dass hier solche heftigen Leute auftauchen!!!

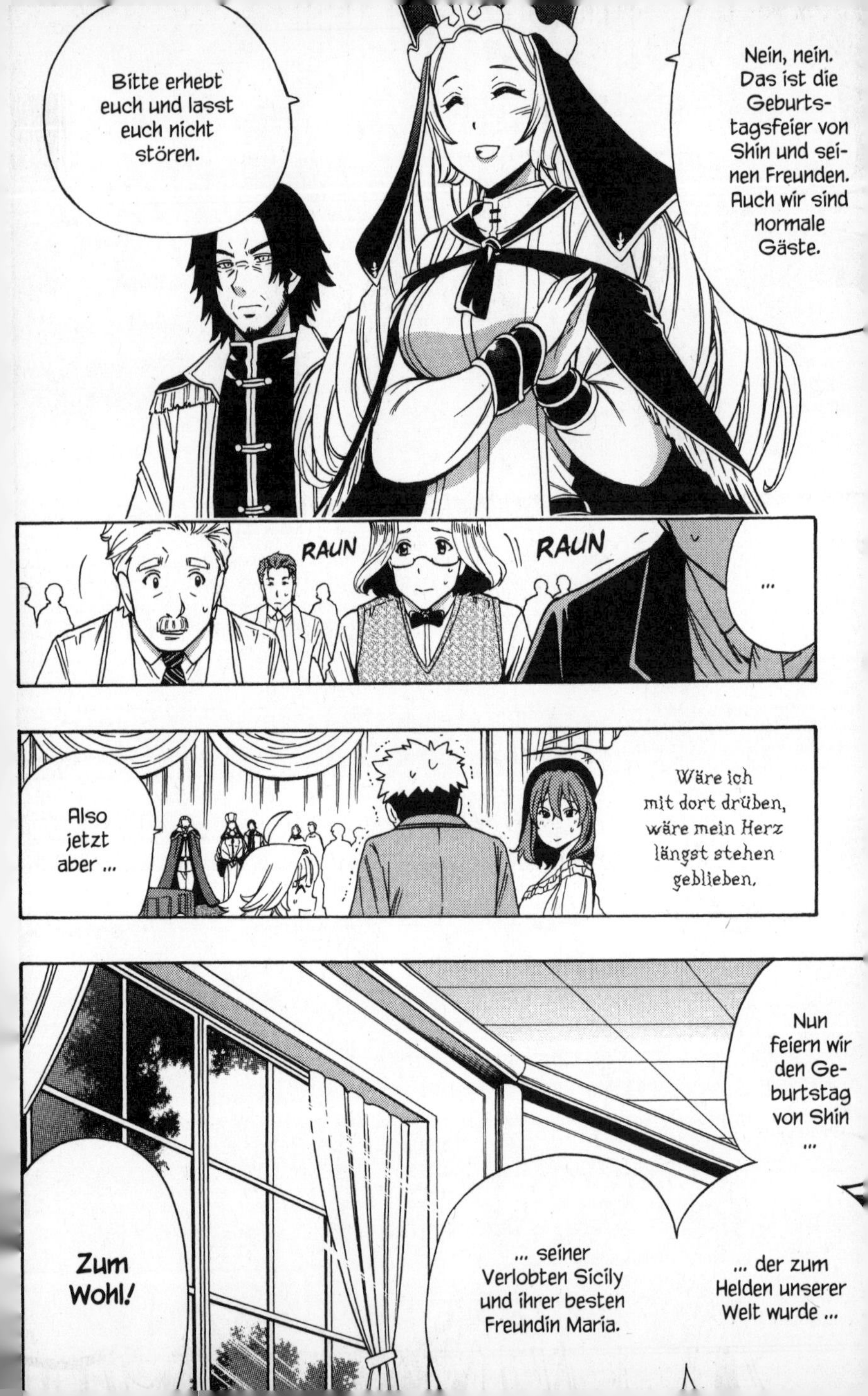
Nein, nein. Das ist die Geburtstagsfeier von Shin und seinen Freunden. Auch wir sind normale Gäste.
Bitte erhebt euch und lasst euch nicht stören.
...
RAUN
RAUN
Wäre ich mit dort drüben, wäre mein Herz längst stehen geblieben.
Also jetzt aber ...
Nun feiern wir den Geburtstag von Shin ...
... der zum Helden unserer Welt wurde ...
... seiner Verlobten Sicily und ihrer besten Freundin Maria.
Zum Wohl!

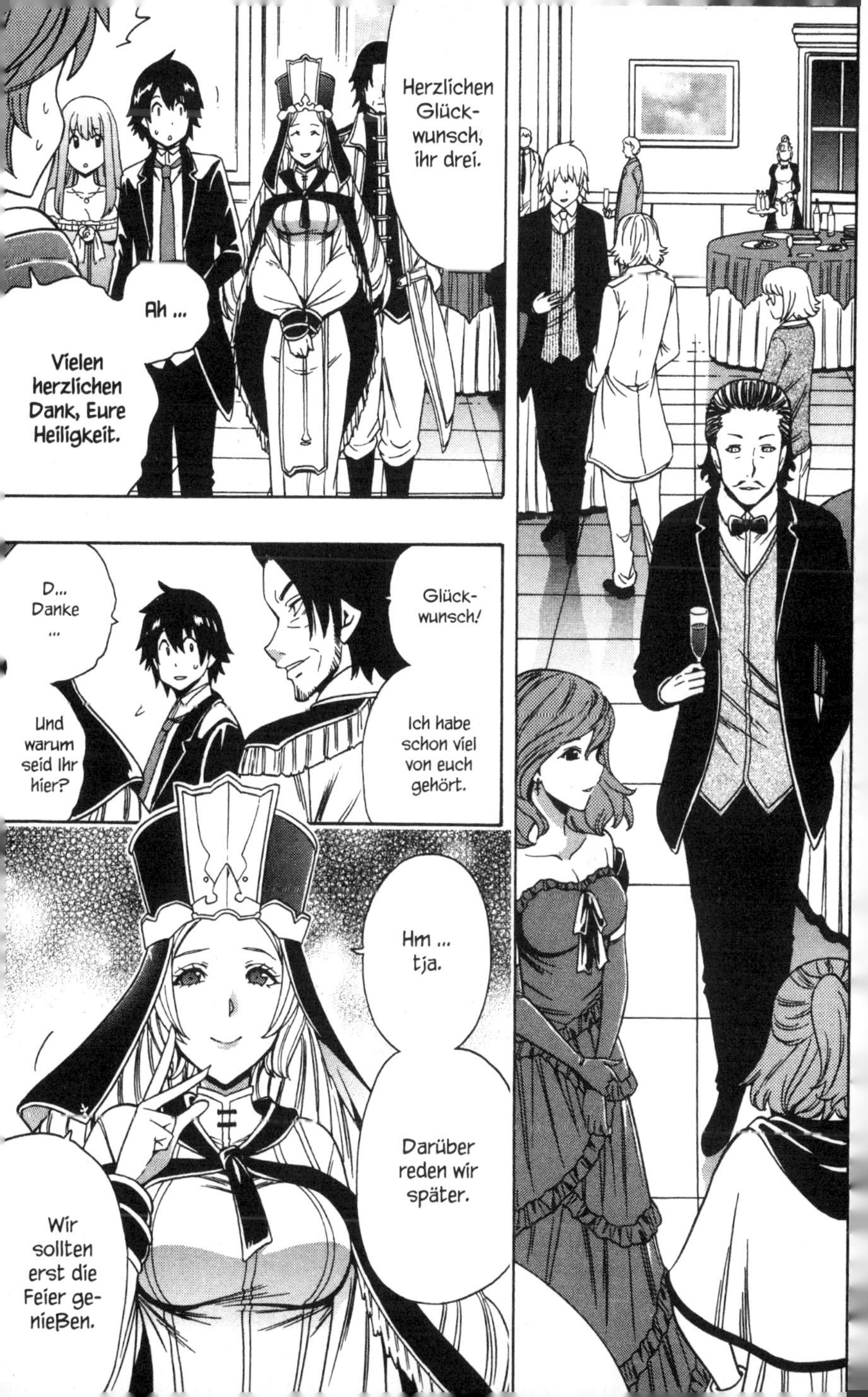
Herzlichen Glückwunsch, ihr drei.
Ah ...
Vielen herzlichen Dank, Eure Heiligkeit.
Glückwunsch!
Ich habe schon viel von euch gehört.
D... Danke ...
Und warum seid Ihr hier?
Hm ... tja.
Darüber reden wir später.
Wir sollten erst die Feier genießen.

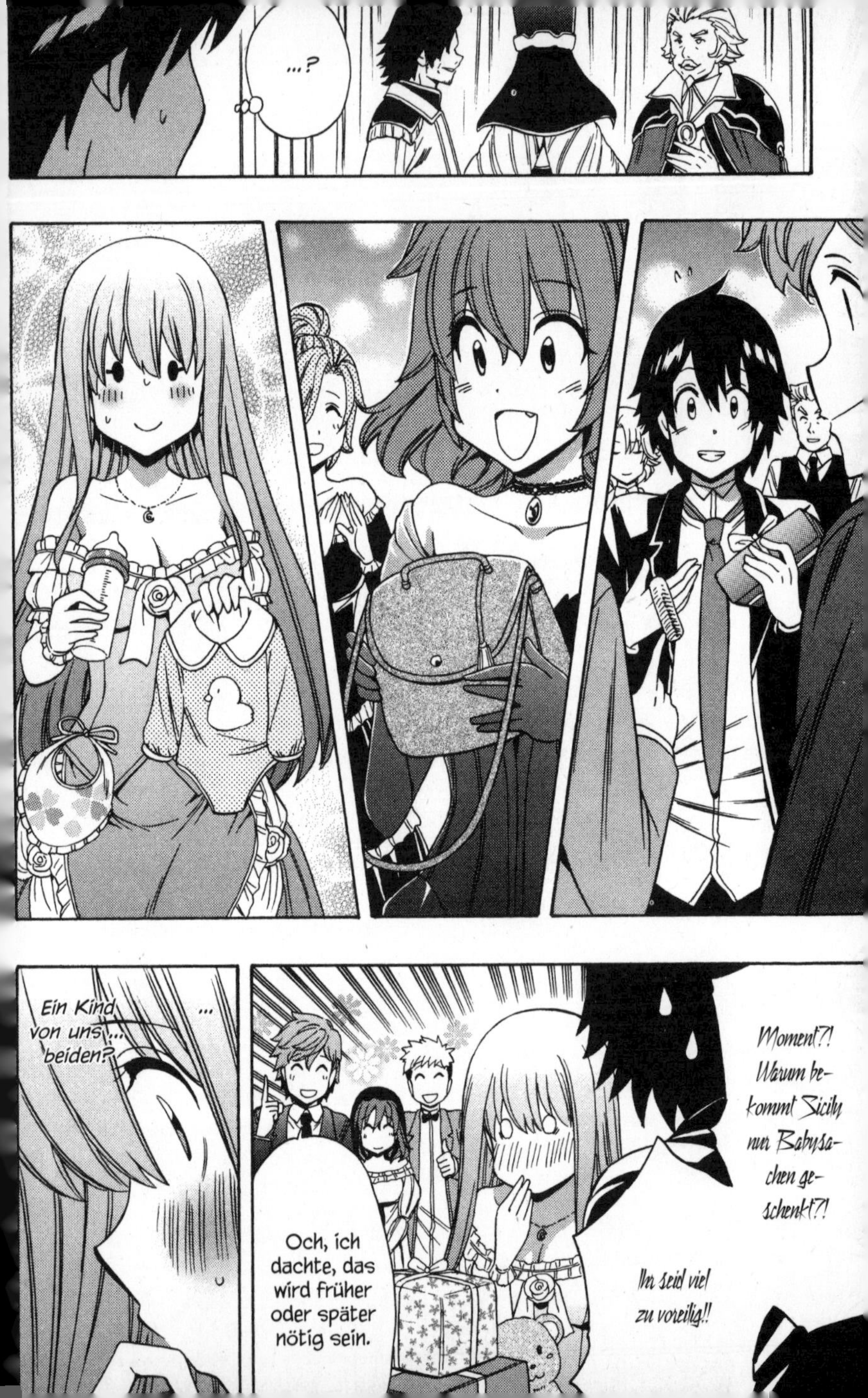
…?
Moment?! Warum bekommt Sicily nur Babysachen geschenkt?!
Ihr seid viel zu voreilig!!
Och, ich dachte, das wird früher oder später nötig sein.
…
Ein Kind von uns … beiden?

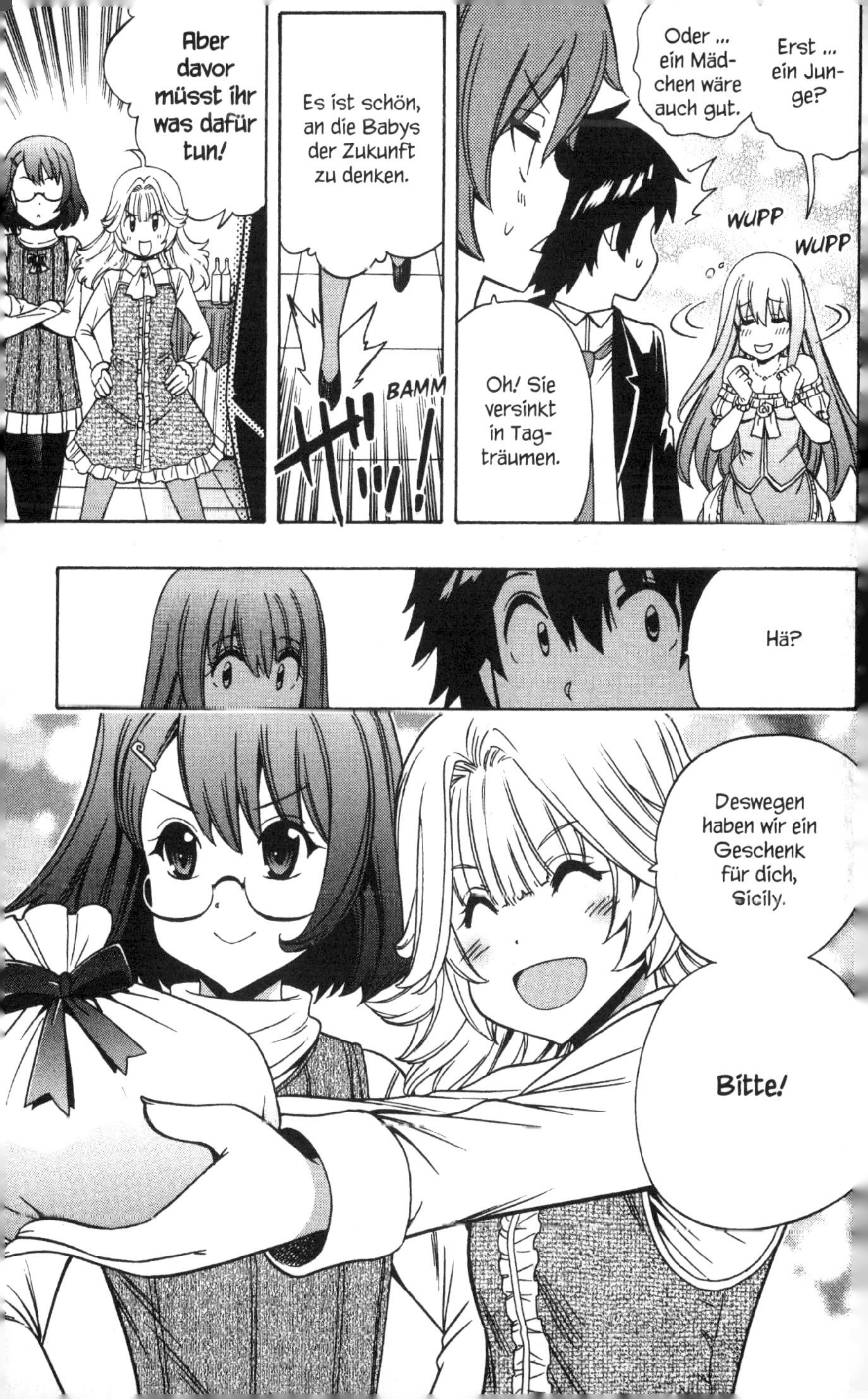
Aber davor müsst ihr was dafür tun!
Es ist schön, an die Babys der Zukunft zu denken.
BAMM
Erst ... ein Junge?
Oder ... ein Mädchen wäre auch gut.
WUPP
WUPP
Oh! Sie versinkt in Tagträumen.
Hä?
Deswegen haben wir ein Geschenk für dich, Sicily.
Bitte!

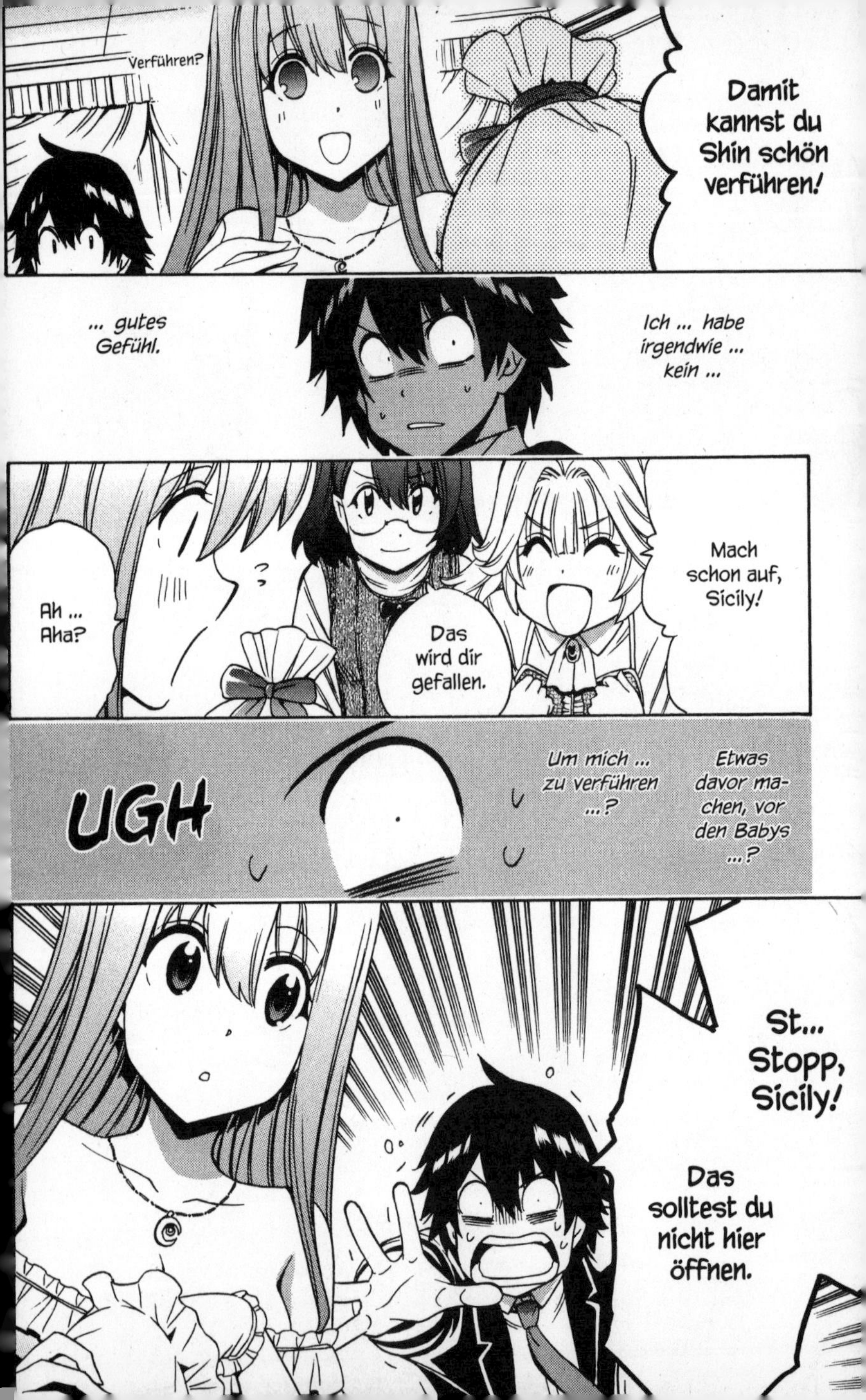
Damit kannst du Shin schön verführen!
Verführen?
Ich ... habe irgendwie ... kein ...
... gutes Gefühl.
Mach schon auf, Sicily!
Das wird dir gefallen.
Ah ... Aha?
Etwas davor ma-chen, vor den Babys ...?
Um mich ... zu verführen ...?
UGH
St... Stopp, Sicily!
Das solltest du nicht hier öffnen.

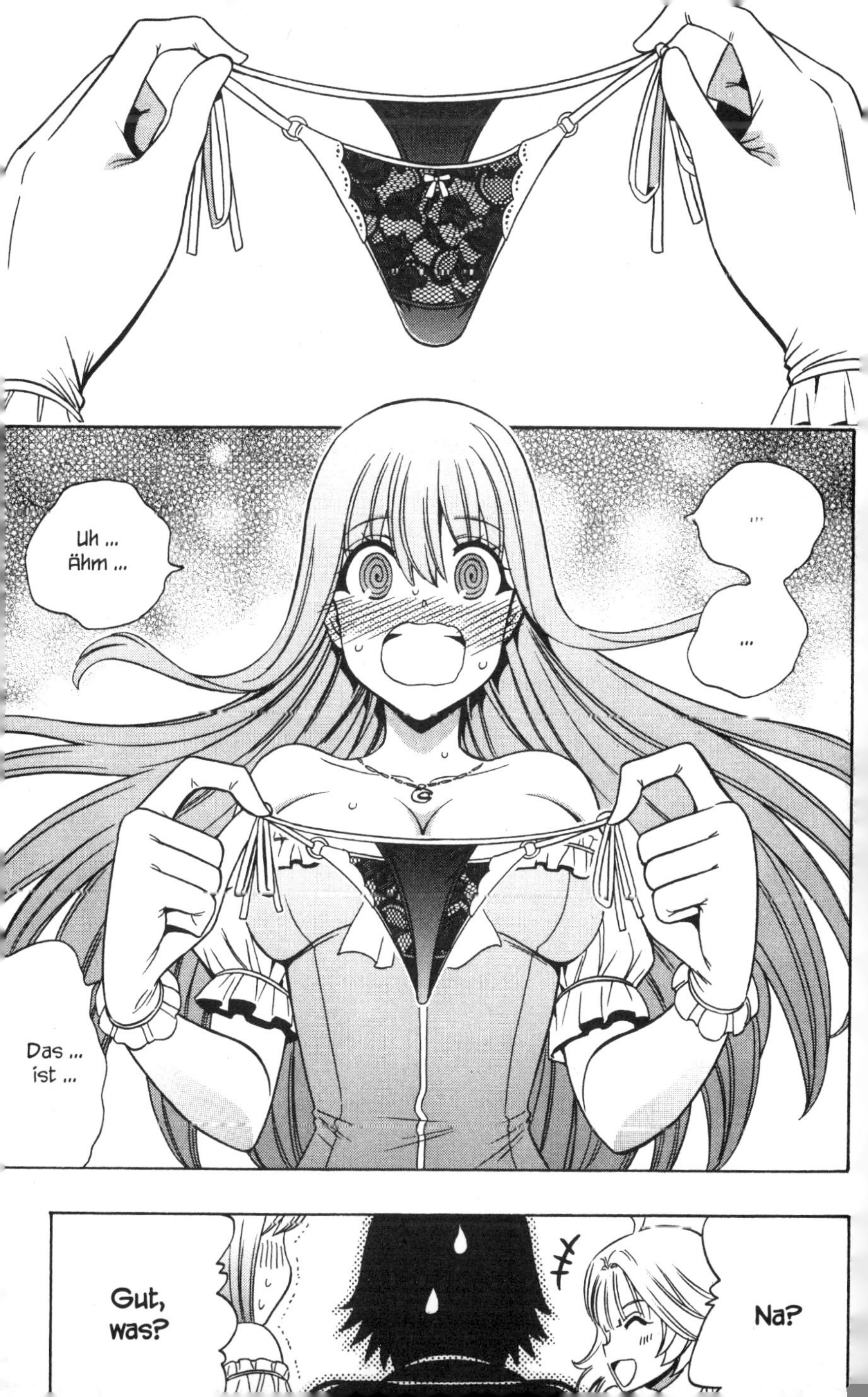
...
...
Uh ...
Ähm ...
Das ...
ist ...
Na?
Gut,
was?

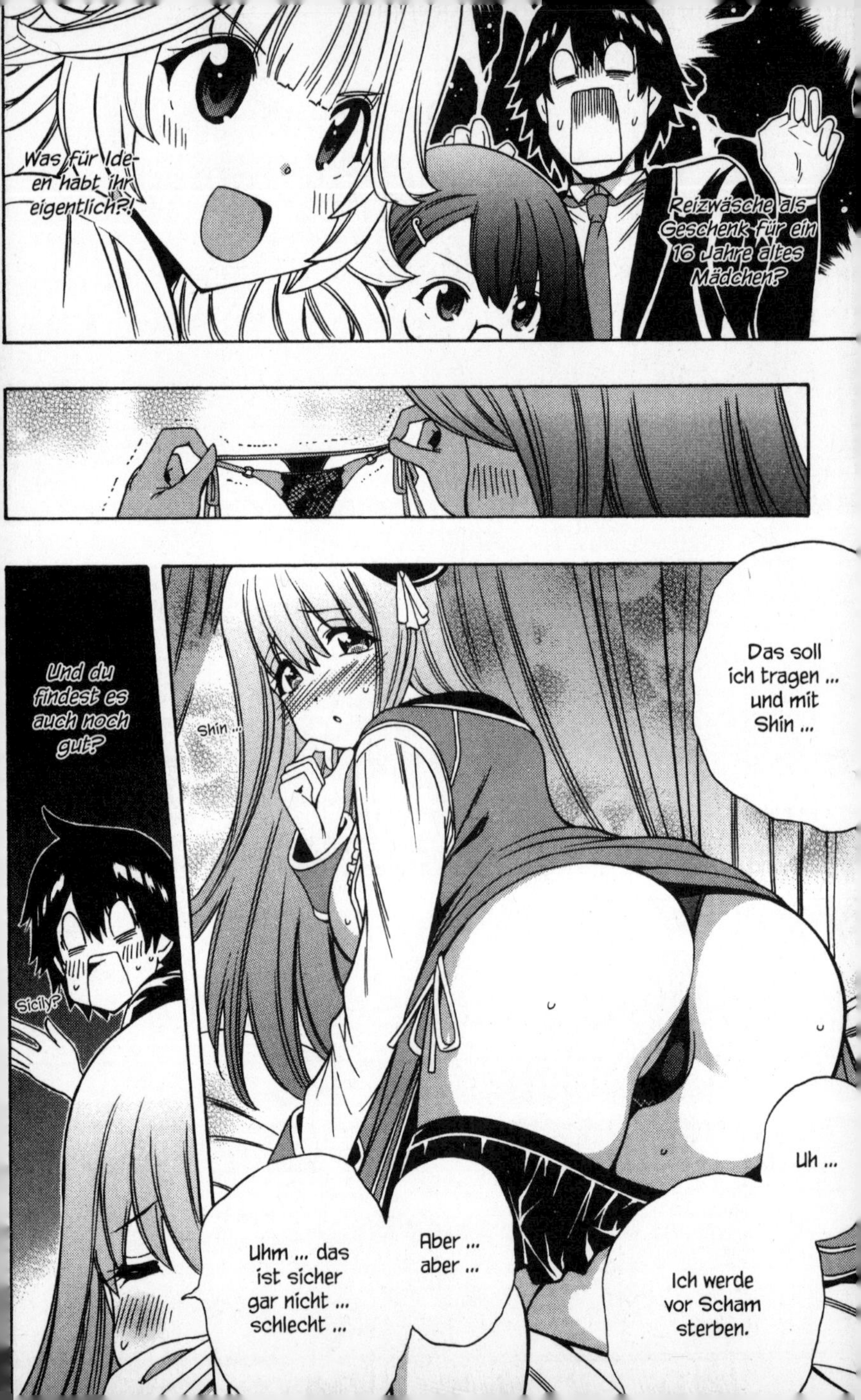
Reizwäsche als Geschenk für ein 16 Jahre altes Mädchen?
Was für Ide-en habt ihr eigentlich?!
Das soll ich tragen ... und mit Shin ...
Shin ...
Und du findest es auch noch gut?
Sicily?
Uh ...
Ich werde vor Scham sterben.
Aber ... aber ...
Uhm ... das ist sicher gar nicht ... schlecht ...

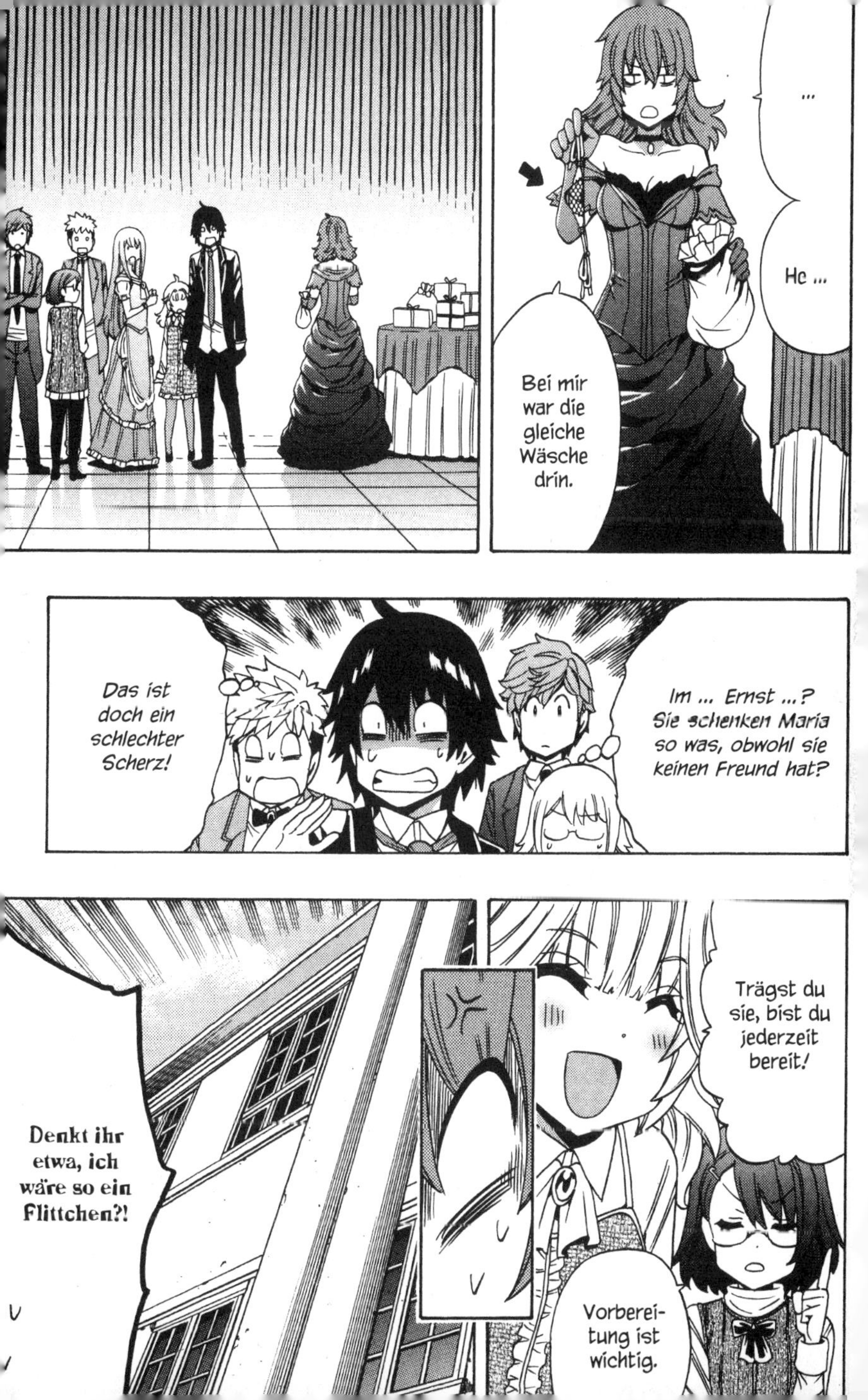
...
He ...
Bei mir war die gleiche Wäsche drin.
Im ... Ernst ...? Sie schenken Maria so was, obwohl sie keinen Freund hat?
Das ist doch ein schlechter Scherz!
Trägst du sie, bist du jederzeit bereit!
Vorbereitung ist wichtig.
Denkt ihr etwa, ich wäre so ein Flittchen?!

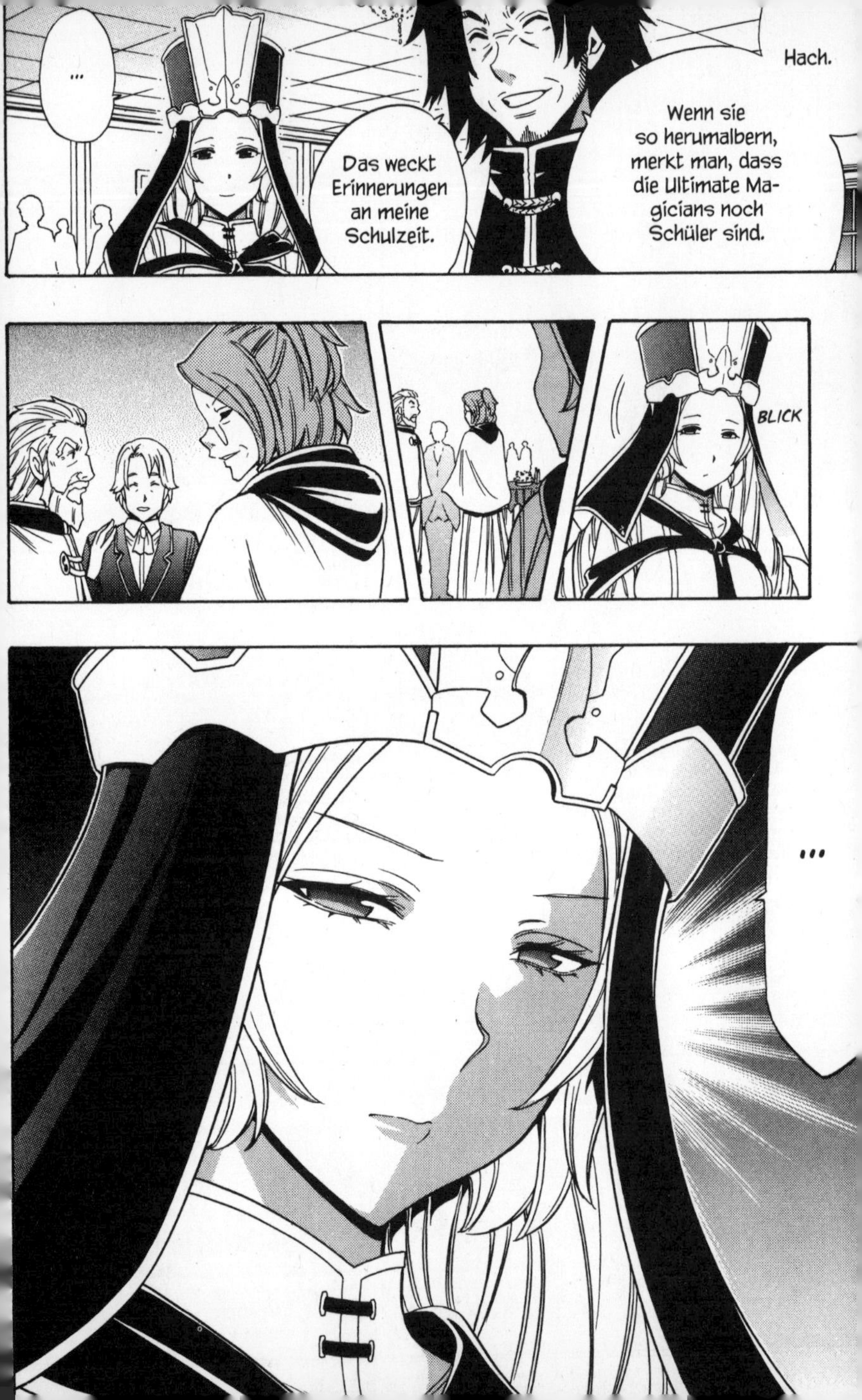
Hach.
Wenn sie so herumalbern, merkt man, dass die Ultimate Magicians noch Schüler sind.
Das weckt Erinnerungen an meine Schulzeit.
...
BLICK
...

Wise Man's Grandchild

Wise Man's Grandchild

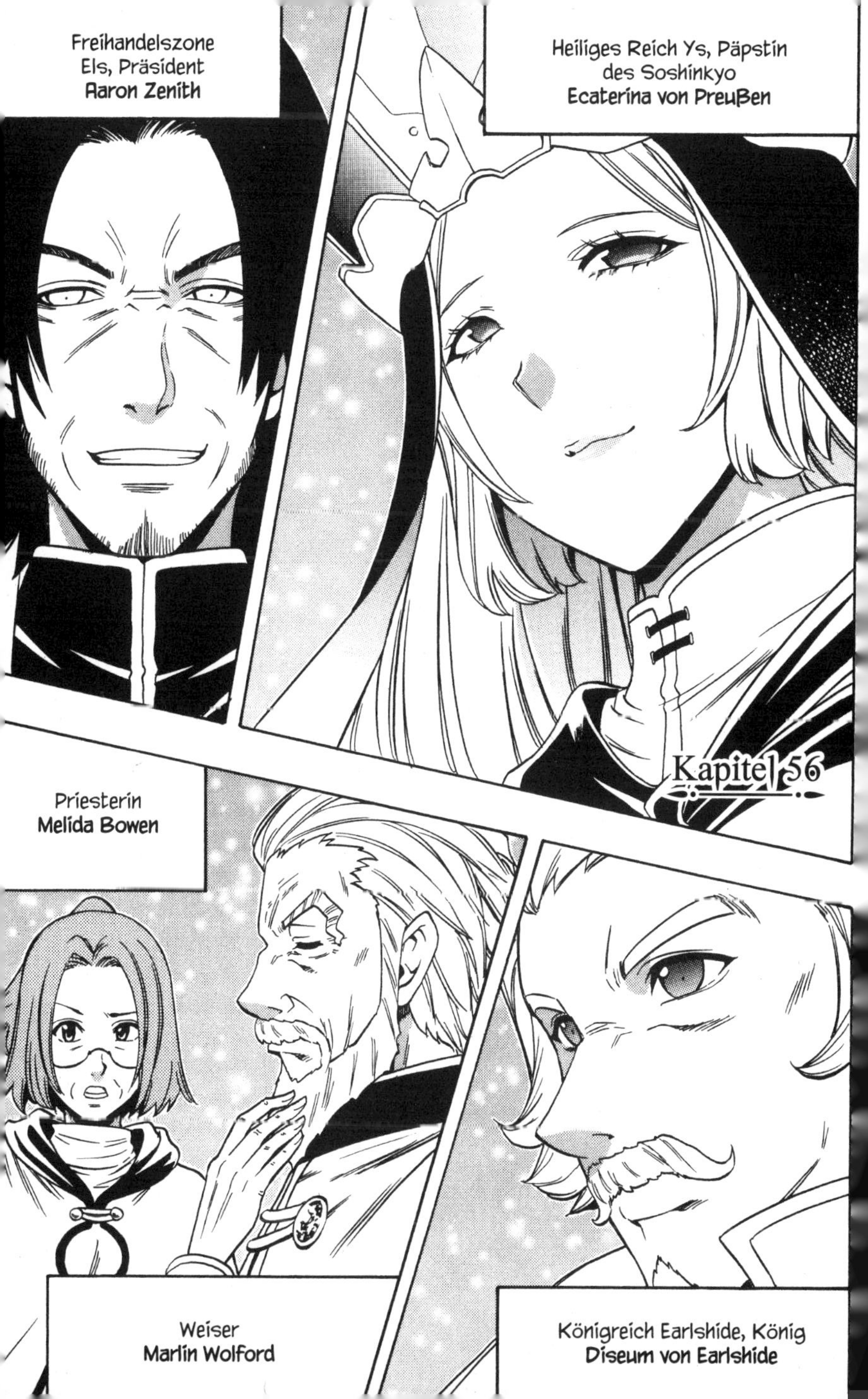

Heiliges Reich Ys, Päpstin des Soshinkyo
Ecaterina von Preußen
Freihandelszone Els, Präsident
Aaron Zenith
Kapitel 56
Priesterin
Melida Bowen
Königreich Earlshide, König
Diseum von Earlshide
Weiser
Marlin Wolford

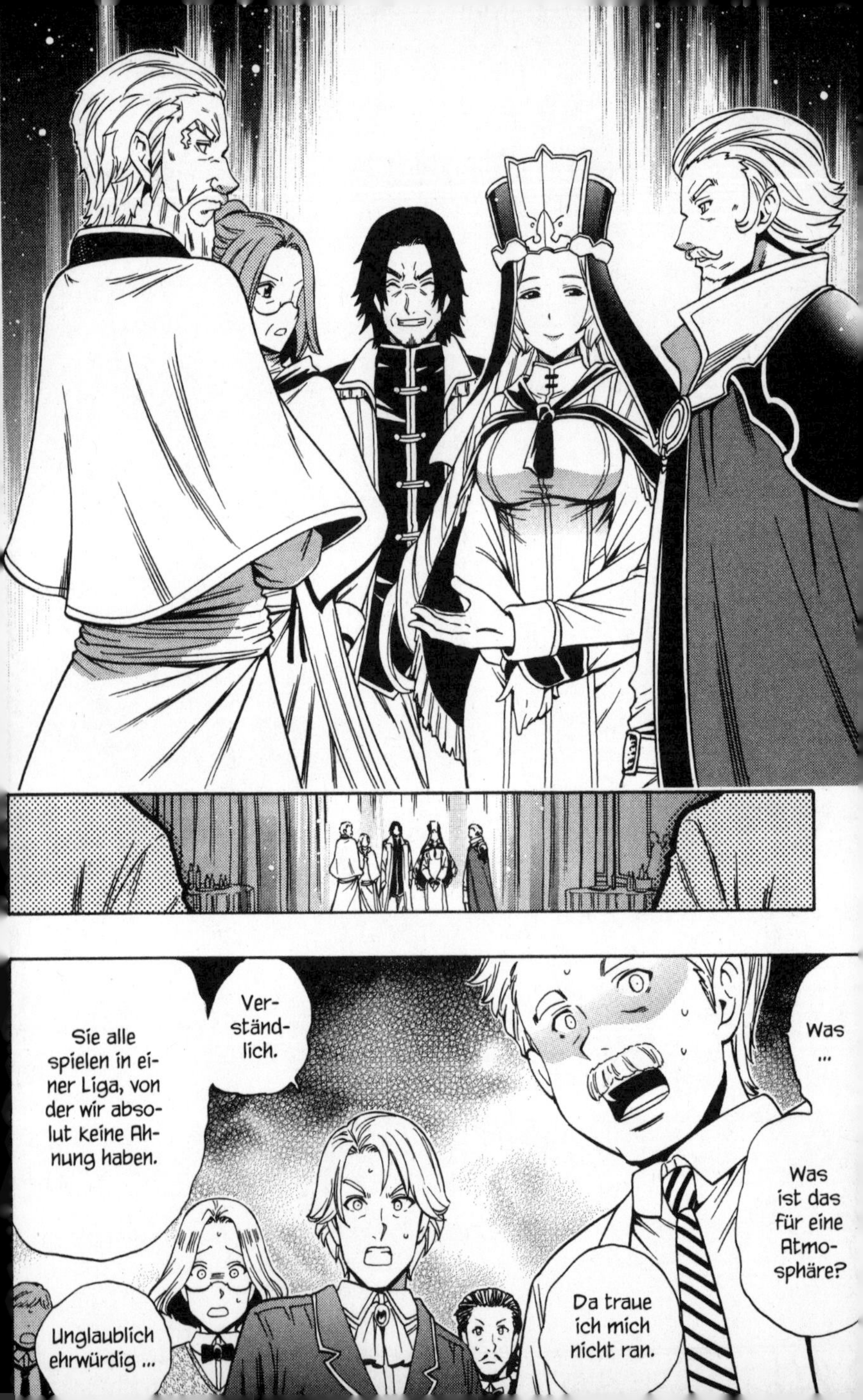
Was ...
Was ist das für eine Atmosphäre?
Verständlich.
Sie alle spielen in einer Liga, von der wir absolut keine Ahnung haben.
Da traue ich mich nicht ran.
Unglaublich ehrwürdig ...

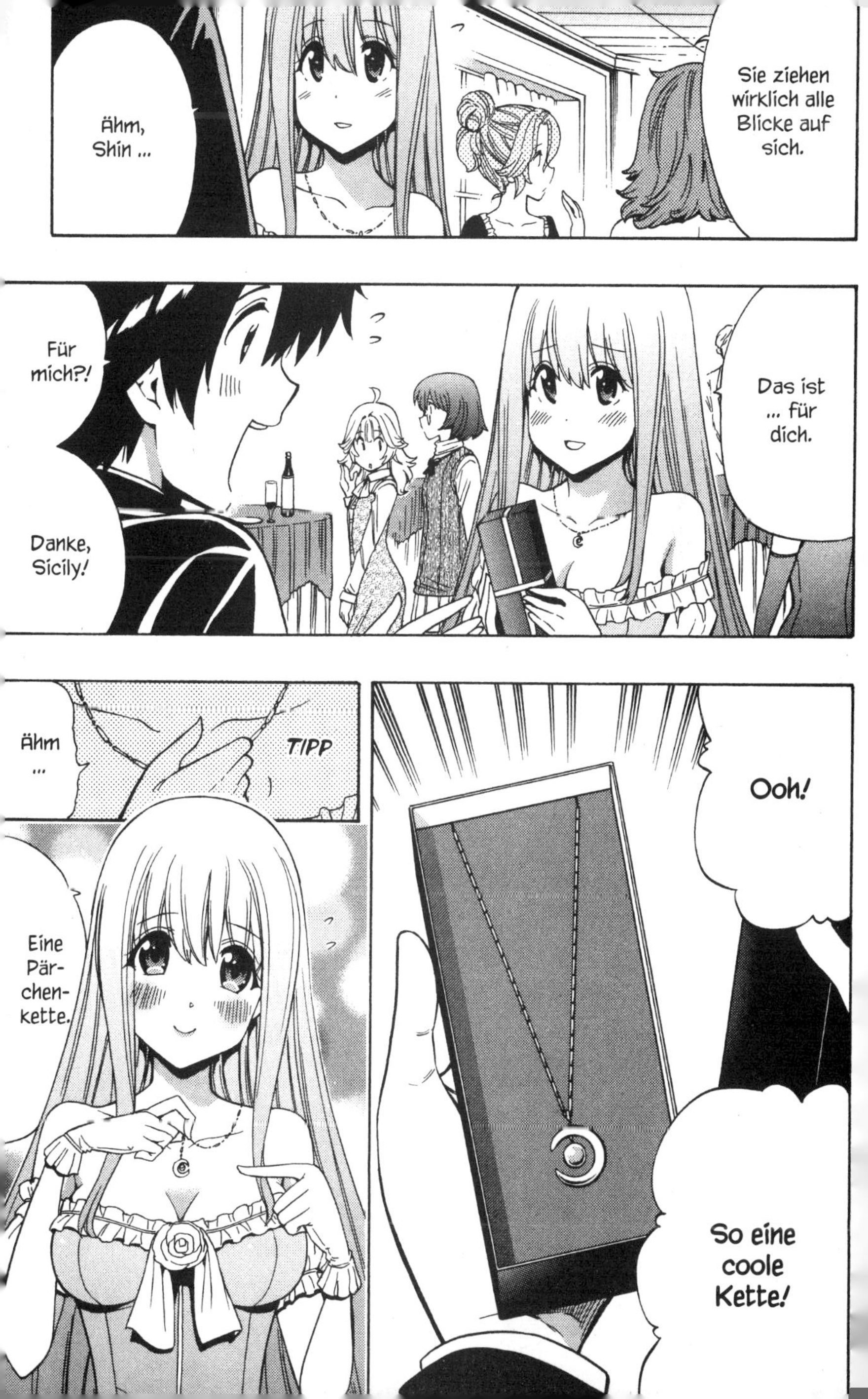
Sie ziehen wirklich alle Blicke auf sich.
Ähm, Shin ...
Das ist ... für dich.
Für mich?!
Danke, Sicily!
Ooh!
So eine coole Kette!
Ähm ...
TIPP
Eine Pärchen-kette.

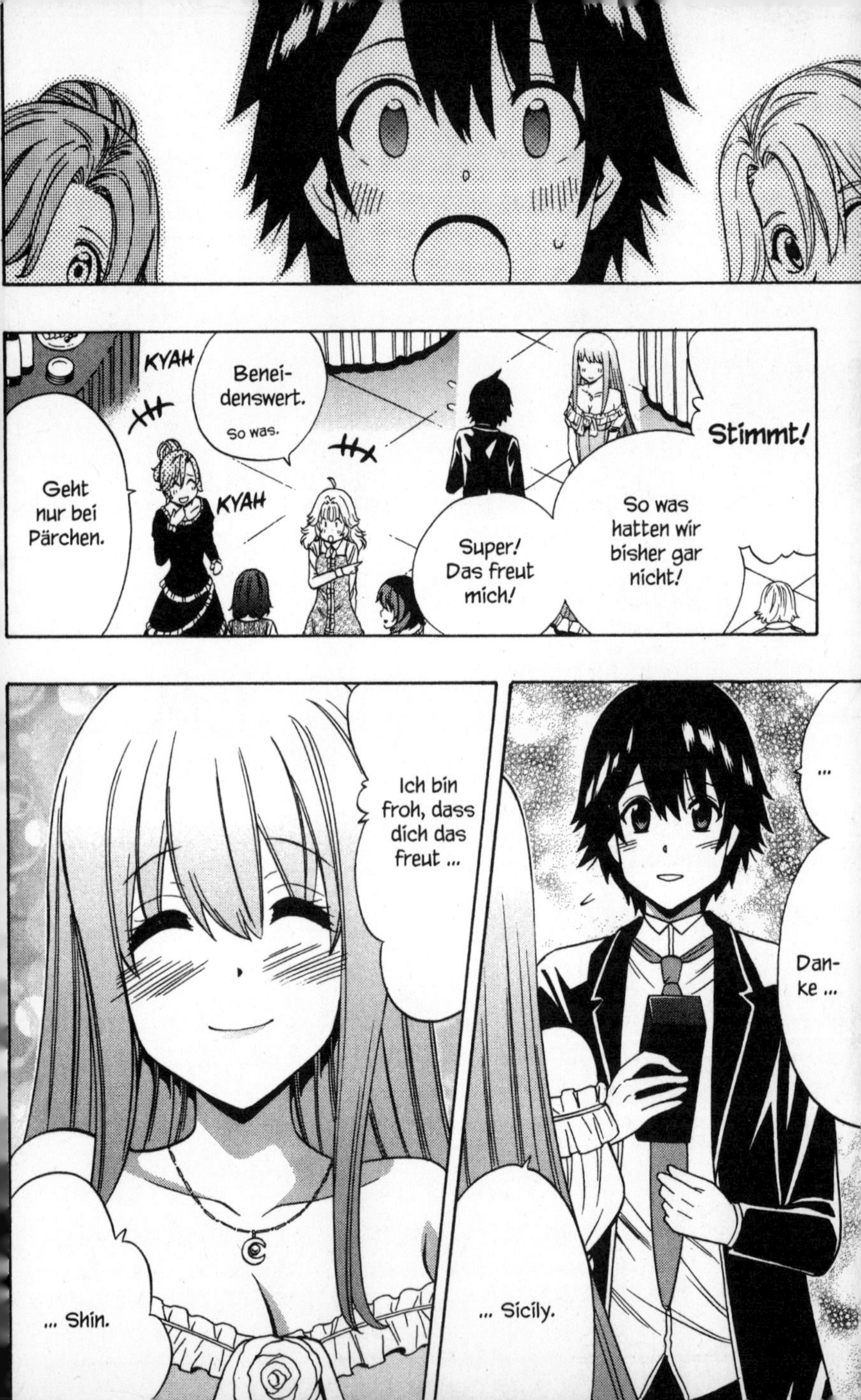
Stimmt!
So was hatten wir bisher gar nicht!
Super! Das freut mich!
Benei-denswert.
So was.
KYAH
KYAH
Geht nur bei Pärchen.
...
Dan-ke ...
... Sicily.
Ich bin froh, dass dich das freut ...
... Shin.

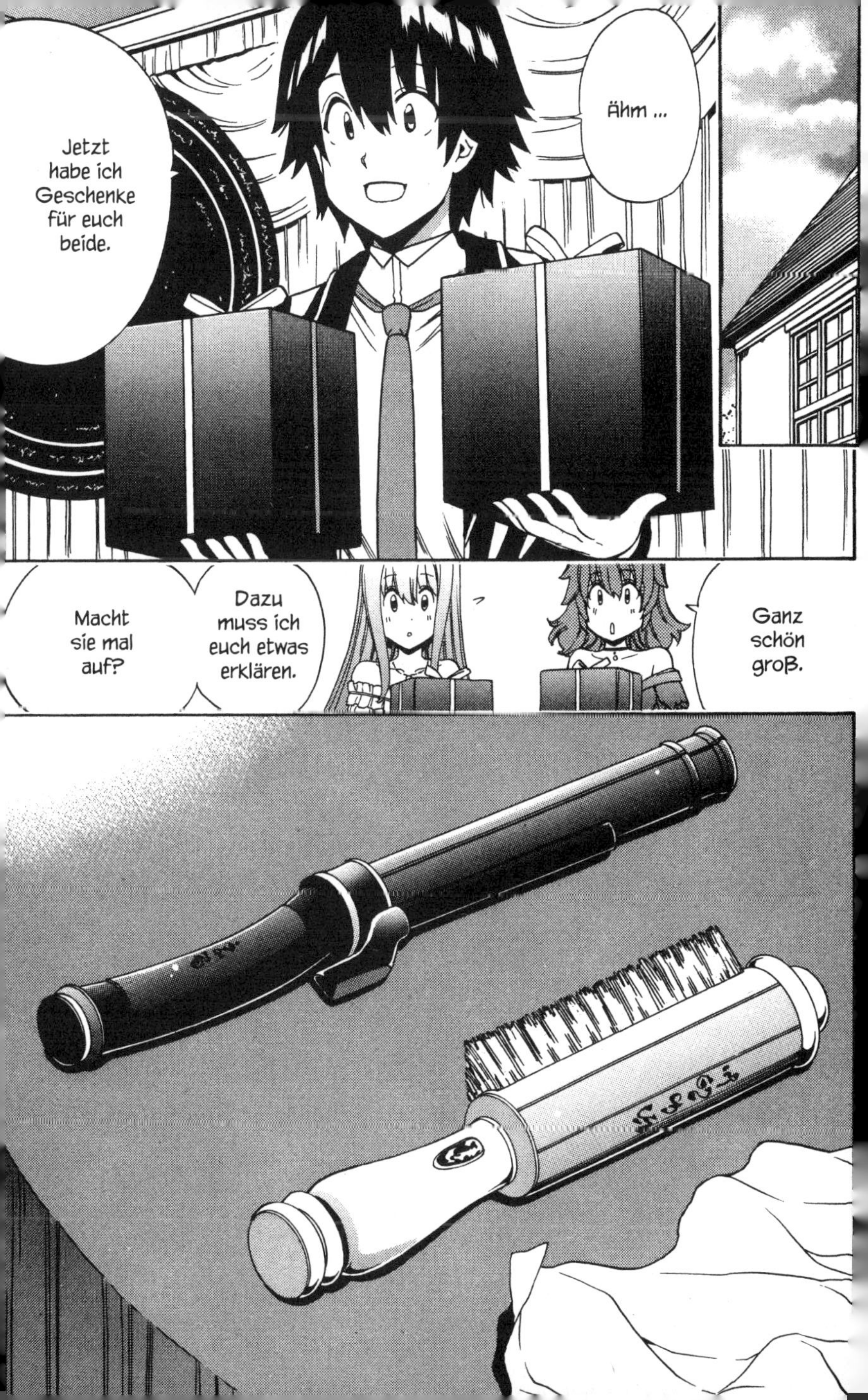

Ähm ...
Jetzt habe ich Geschenke für euch beide.
Ganz schön groß.
Dazu muss ich euch etwas erklären.
Macht sie mal auf?

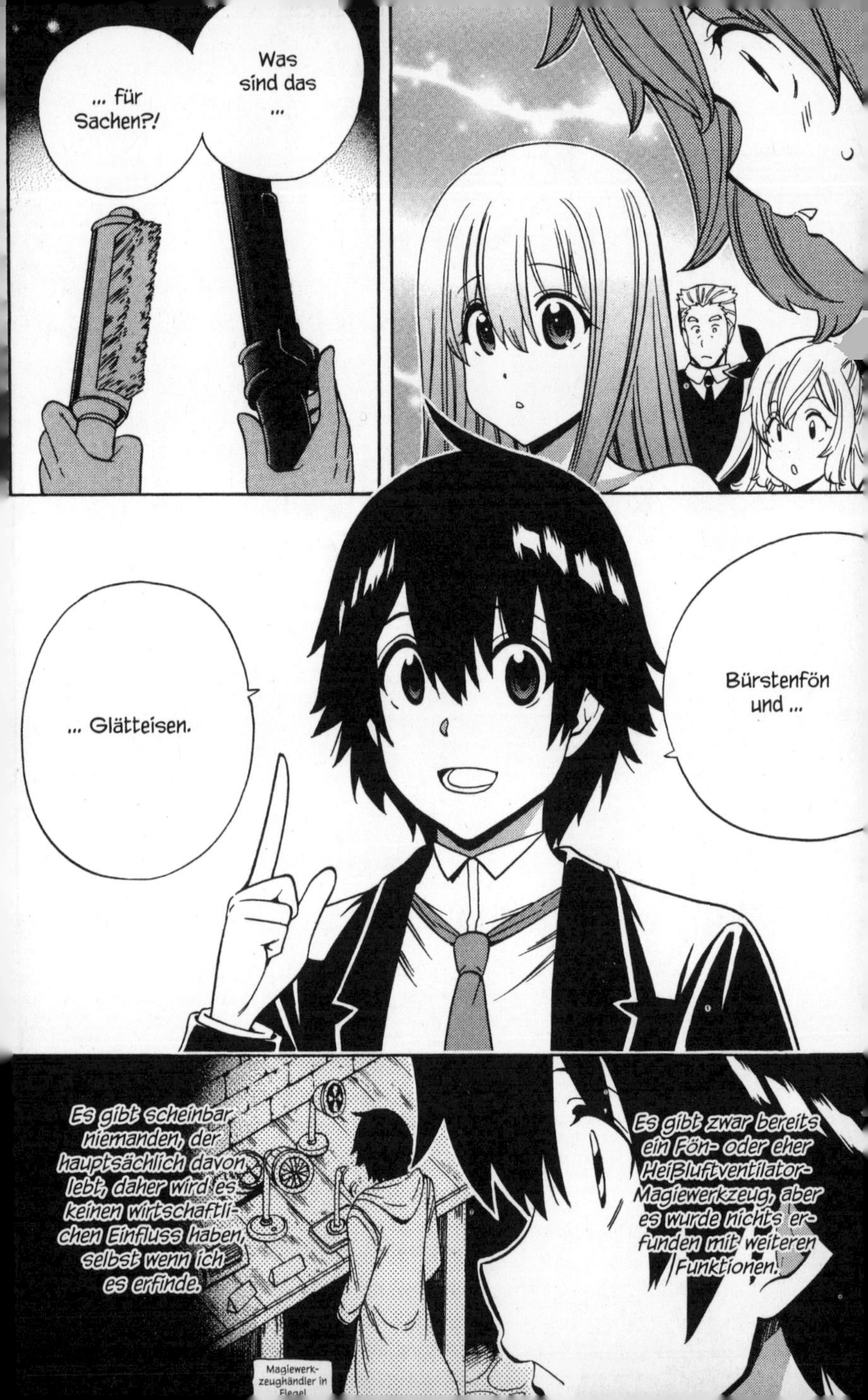
Was sind das ...
... für Sachen?!
Bürstenfön und ...
... Glätteisen.
Es gibt zwar bereits ein Fön- oder eher Heißluftventilator-Magiewerkzeug, aber es wurde nichts erfunden mit weiteren Funktionen.
Es gibt scheinbar niemanden, der hauptsächlich davon lebt, daher wird es keinen wirtschaftlichen Einfluss haben, selbst wenn ich es erfinde.
Magiewerkzeughändler in Flegel

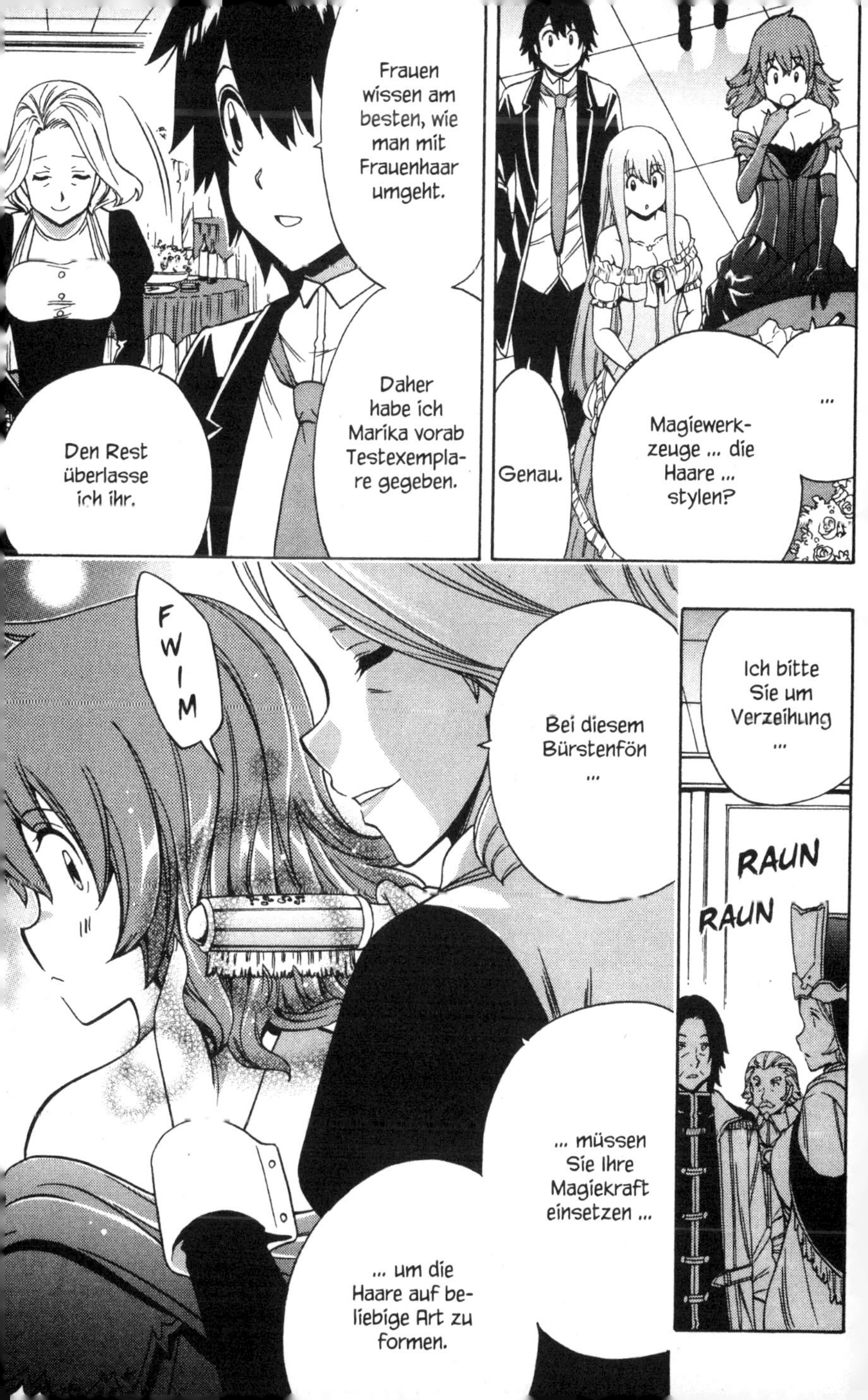
Frauen wissen am besten, wie man mit Frauenhaar umgeht.
Daher habe ich Marika vorab Testexemplare gegeben.
Den Rest überlasse ich ihr.
...
Magiewerkzeuge ... die Haare ... stylen?
Genau.
FWIM
Ich bitte Sie um Verzeihung ...
Bei diesem Bürstenfön ...
RAUN
RAUN
... müssen Sie Ihre Magiekraft einsetzen ...
... um die Haare auf beliebige Art zu formen.

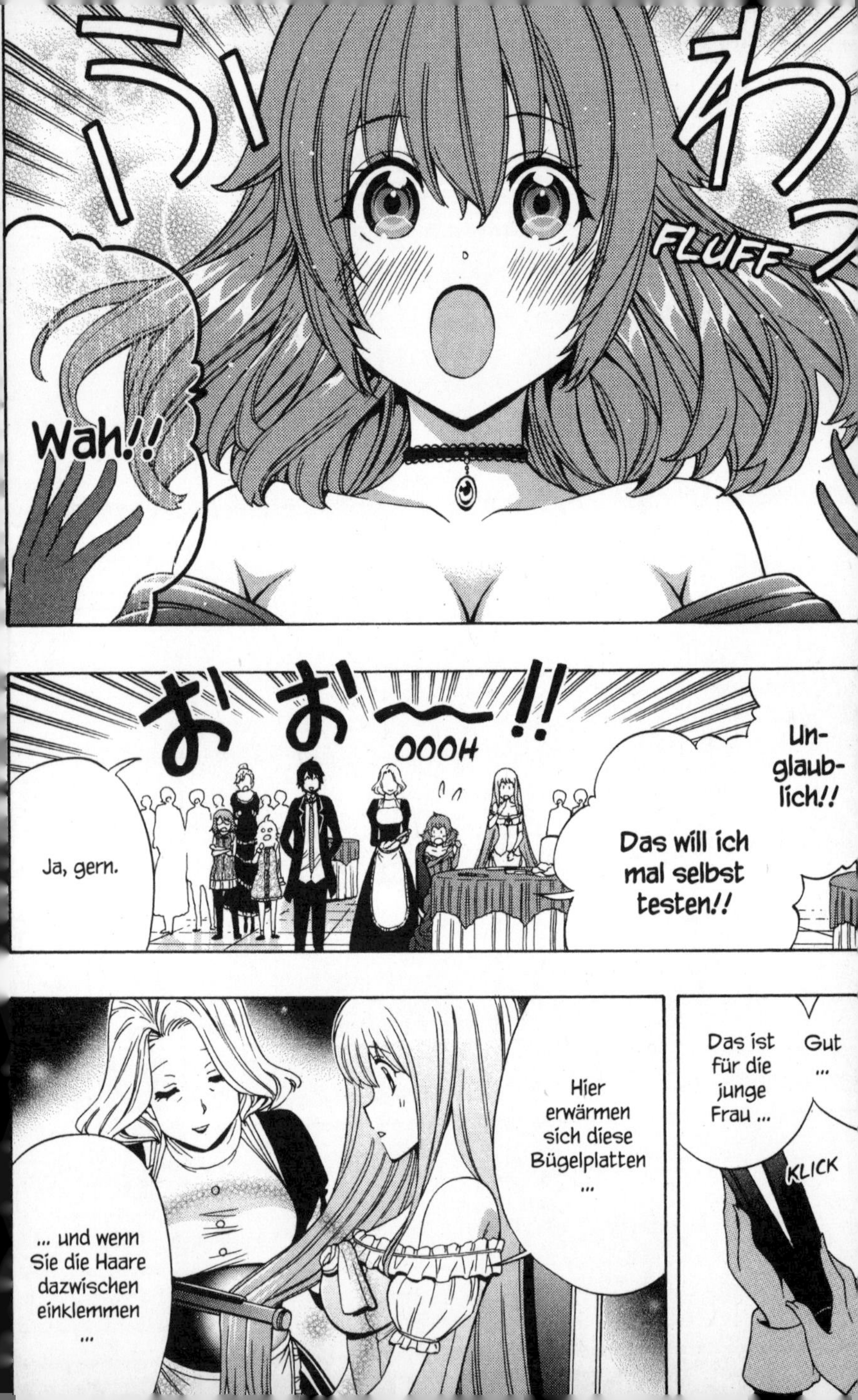

うわっ
FLUFF
Wah!!
Un-glaub-lich!!
Das will ich mal selbst testen!!
おお〜〜!!
OOOH
Ja, gern.
Gut ...
Das ist für die junge Frau ...
KLICK
Hier erwärmen sich diese Bügelplatten ...
... und wenn Sie die Haare dazwischen einklemmen ...

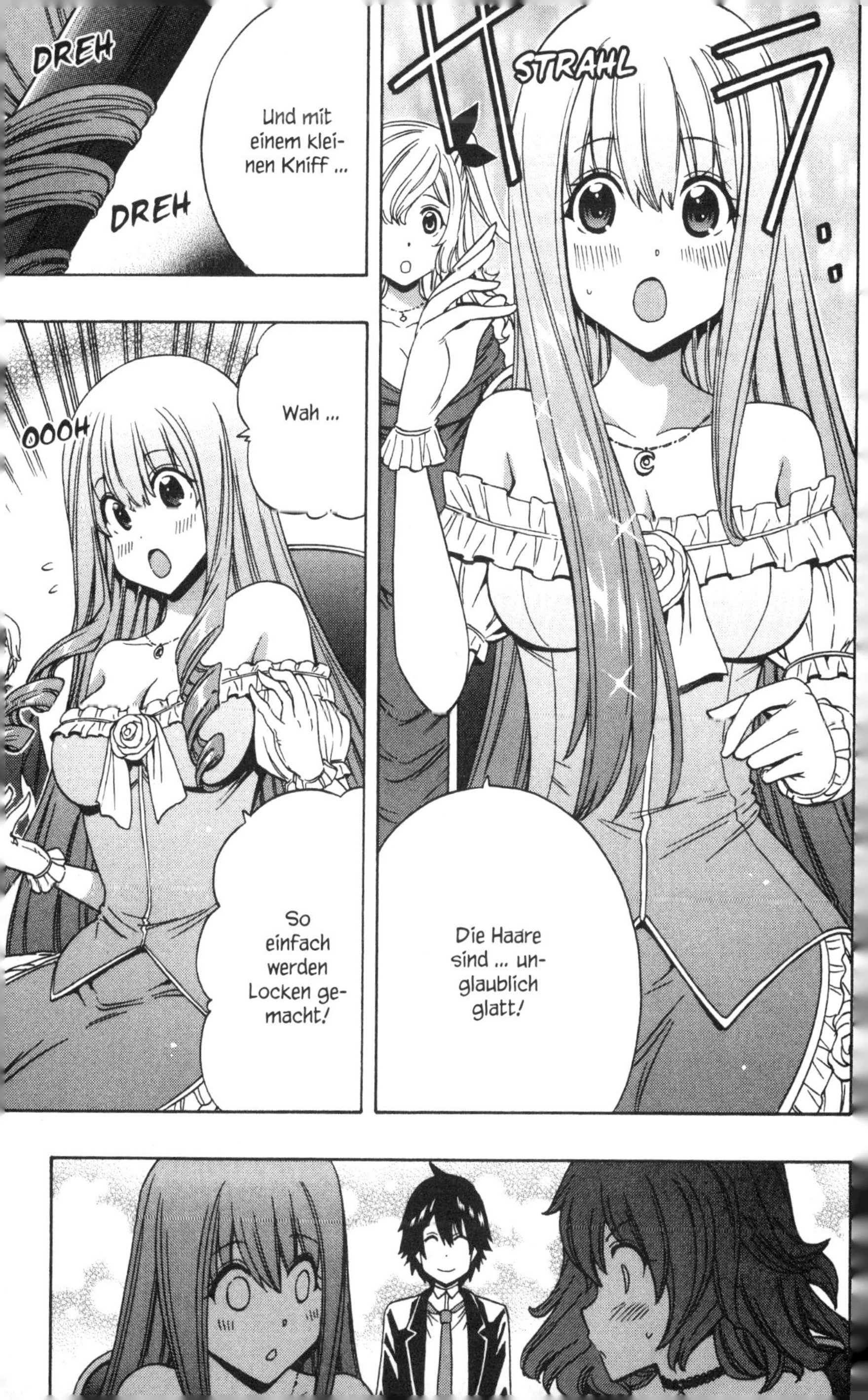
STRAHL
DREH
Und mit einem klei-nen Kniff ...
DREH
Die Haare sind ... un-glaublich glatt!
Wah ...
OOOH
So einfach werden Locken ge-macht!

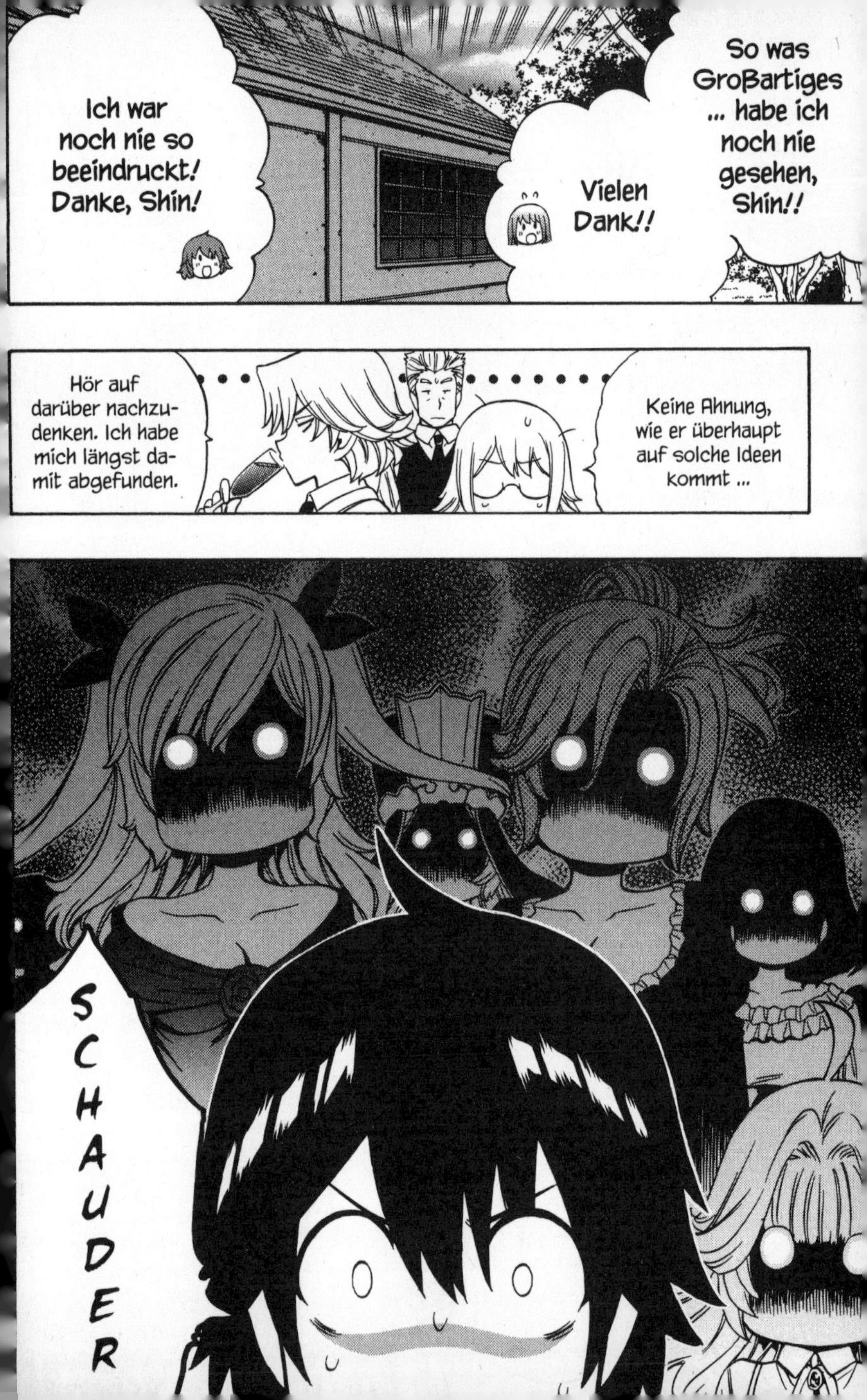
So was Großartiges ... habe ich noch nie gesehen, Shin!!
Vielen Dank!!
Ich war noch nie so beeindruckt! Danke, Shin!
Keine Ahnung, wie er überhaupt auf solche Ideen kommt ...
....
Hör auf darüber nachzudenken. Ich habe mich längst damit abgefunden.
SCHAUDER

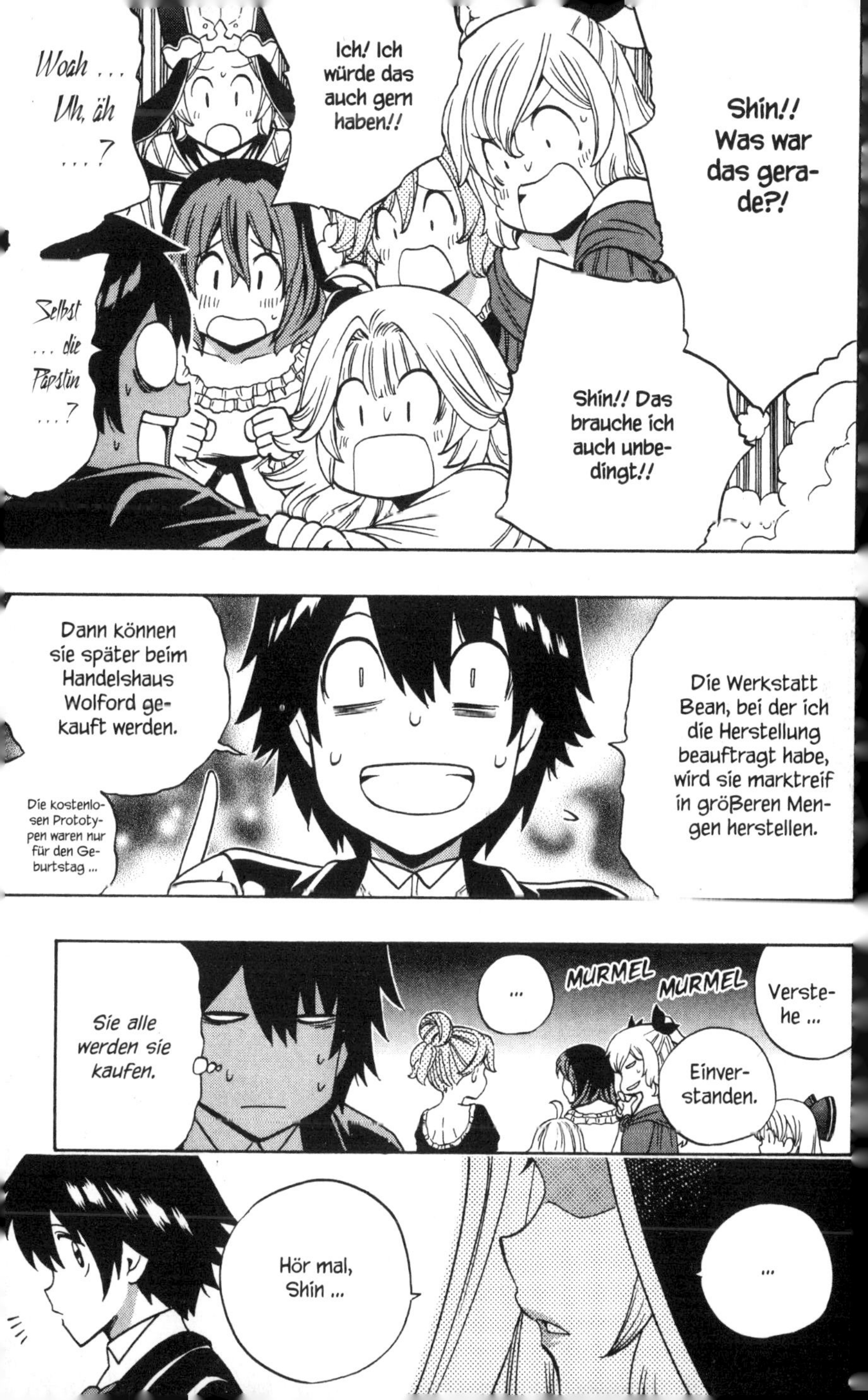

Shin!! Was war das gerade?!
Ich! Ich würde das auch gern haben!!
Woah ... Uh, äh ...?
Shin!! Das brauche ich auch unbedingt!!
Selbst ... die Päpstin ...?
Die Werkstatt Bean, bei der ich die Herstellung beauftragt habe, wird sie marktreif in größeren Mengen herstellen.
Dann können sie später beim Handelshaus Wolford gekauft werden.
Die kostenlosen Prototypen waren nur für den Geburtstag ...
Verstehe ...
MURMEL MURMEL
...
Einverstanden.
Sie alle werden sie kaufen.
...
Hör mal, Shin ...

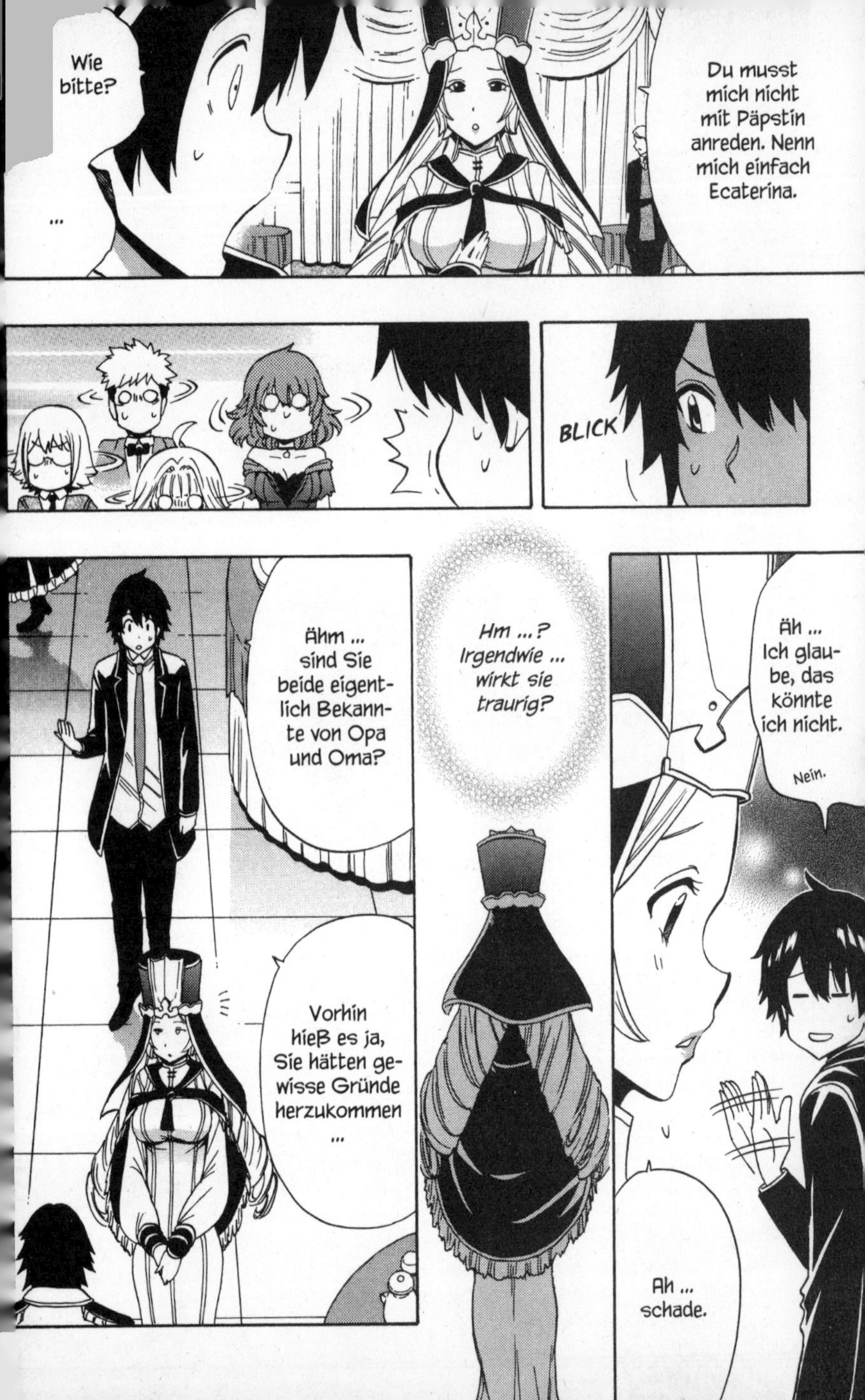
Du musst mich nicht mit Päpstin anreden. Nenn mich einfach Ecaterina.
Wie bitte?
...
BLICK
Äh ... Ich glau-be, das könnte ich nicht.
Nein.
Ah ... schade.
Hm ...? Irgendwie ... wirkt sie traurig?
Ähm ... sind Sie beide eigent-lich Bekann-te von Opa und Oma?
Vorhin hieß es ja, Sie hätten ge-wisse Gründe herzukommen ...

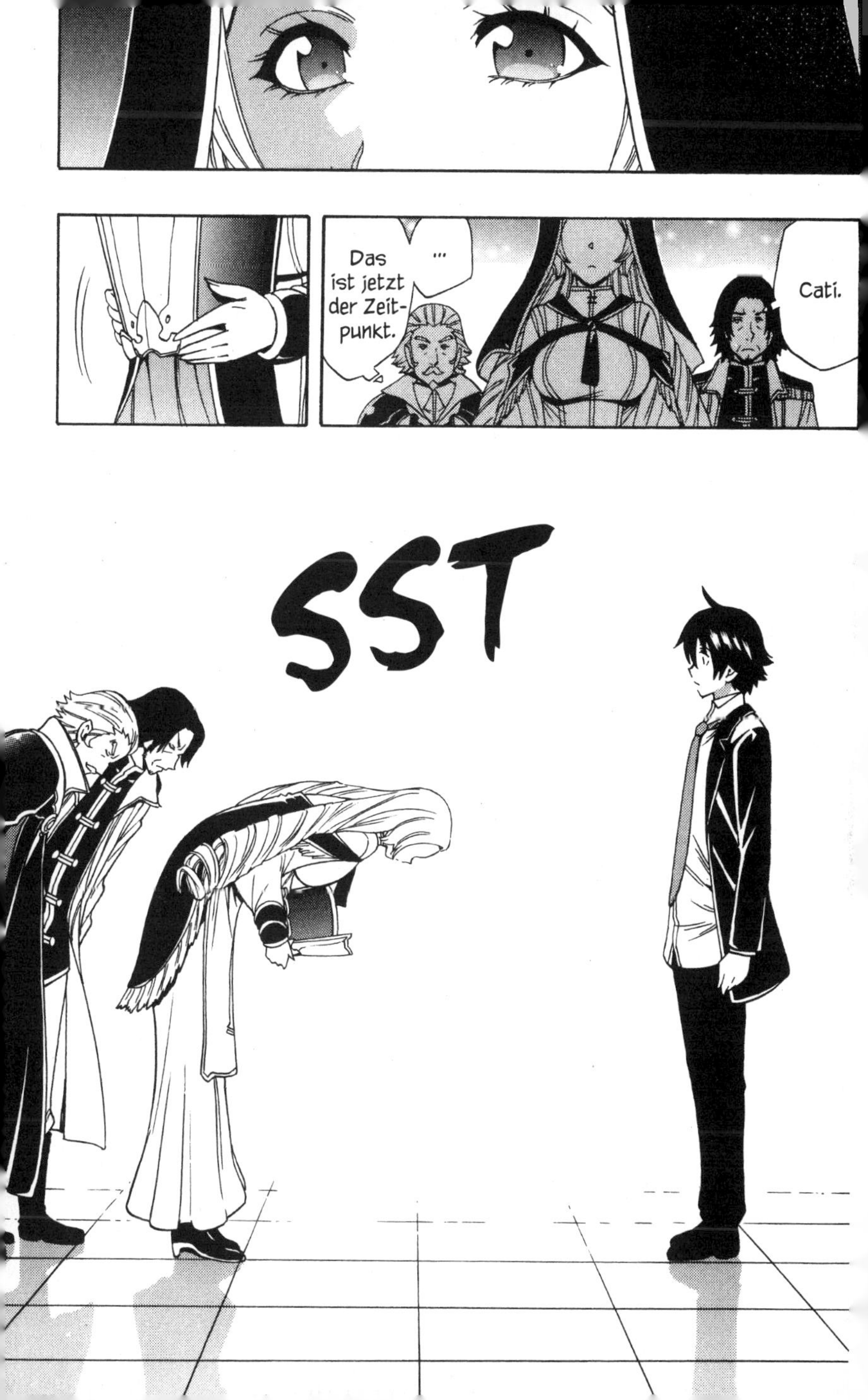
Cati.
...
Das ist jetzt der Zeitpunkt.
SST

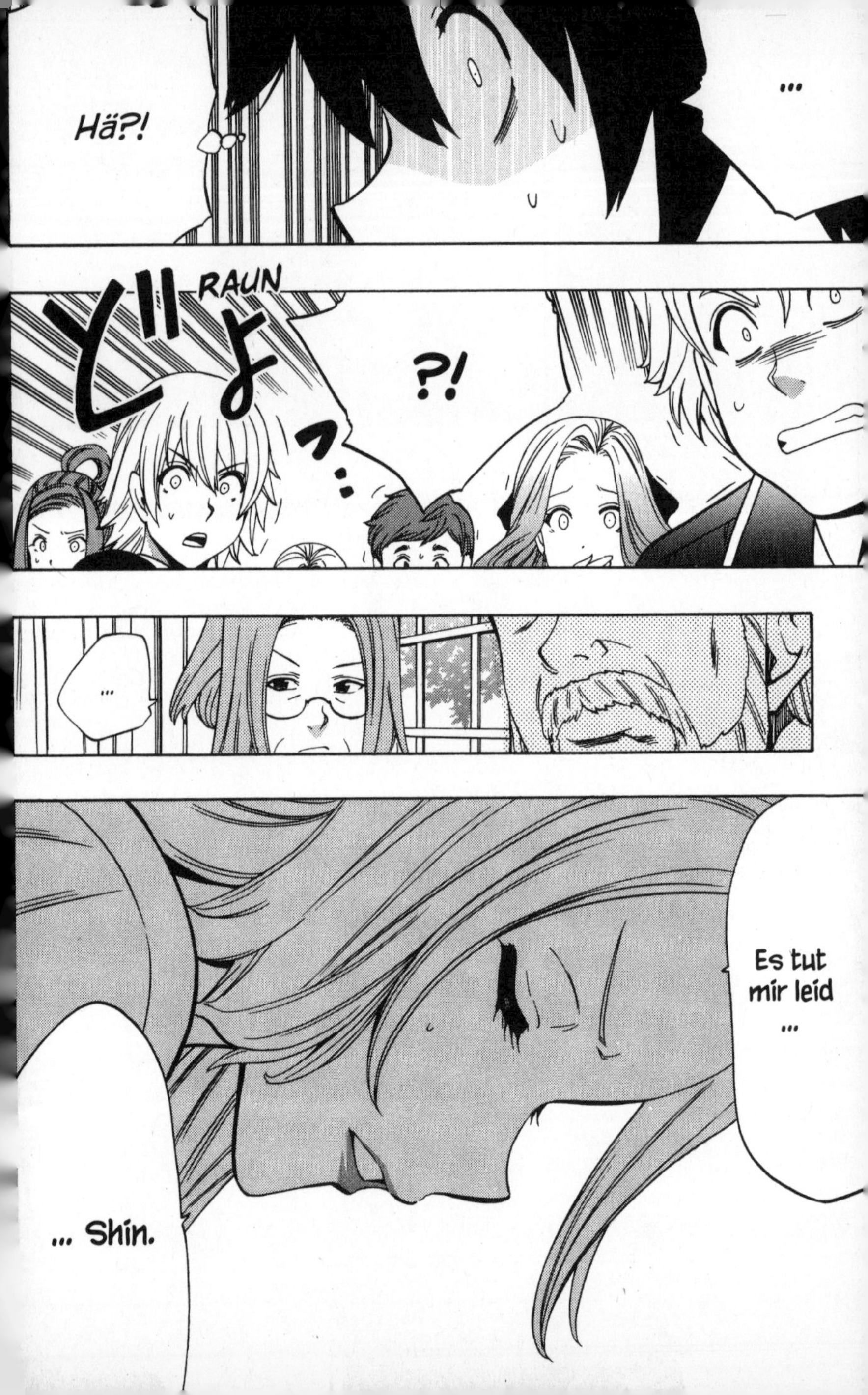

...
Hä?!
RAUN
?!
...
Es tut mir leid ...
... Shin.

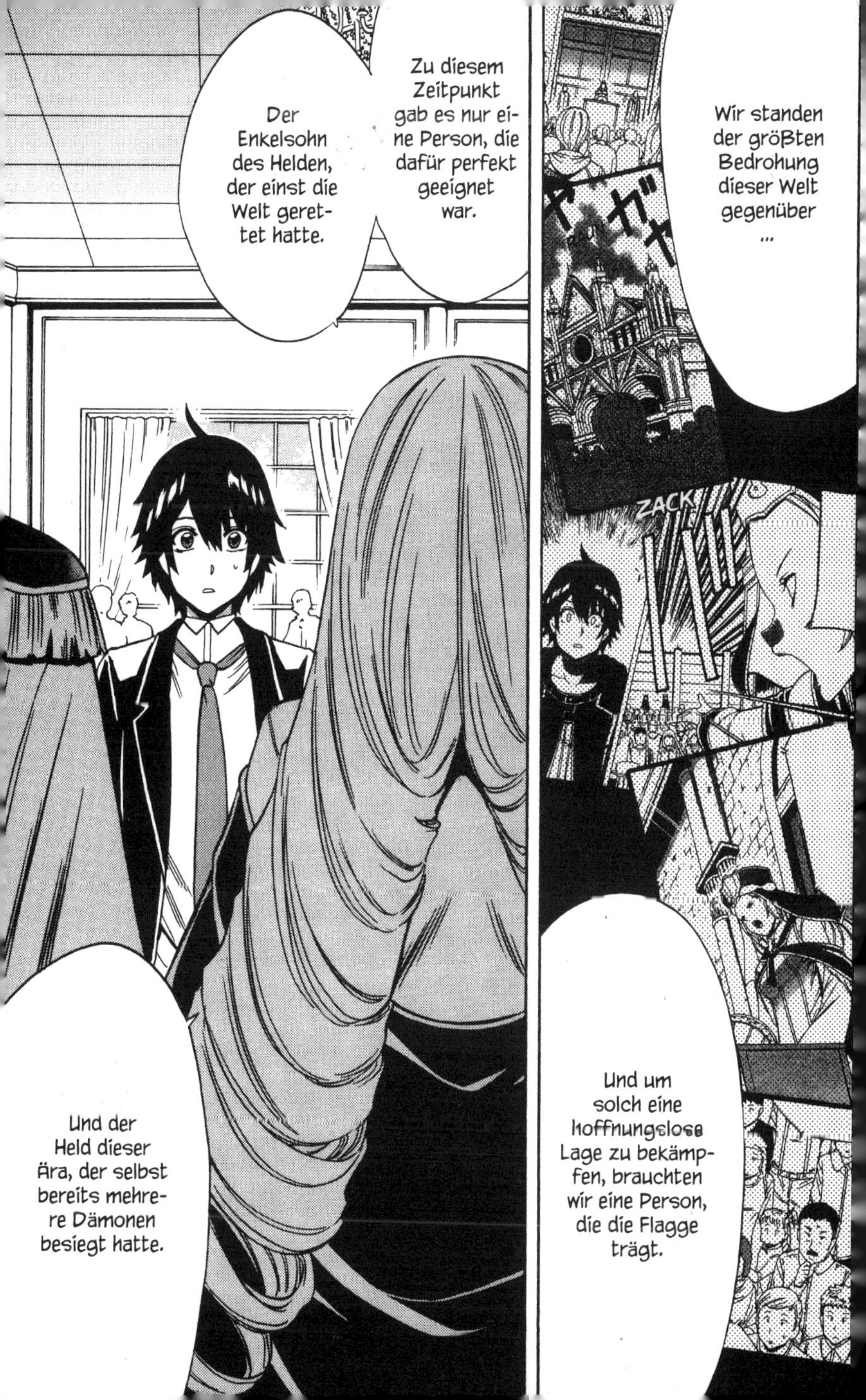
Wir standen der größten Bedrohung dieser Welt gegenüber ...
ZACK
Und um solch eine hoffnungslose Lage zu bekämpfen, brauchten wir eine Person, die die Flagge trägt.
Zu diesem Zeitpunkt gab es nur eine Person, die dafür perfekt geeignet war.
Der Enkelsohn des Helden, der einst die Welt gerettet hatte.
Und der Held dieser Ära, der selbst bereits mehrere Dämonen besiegt hatte.

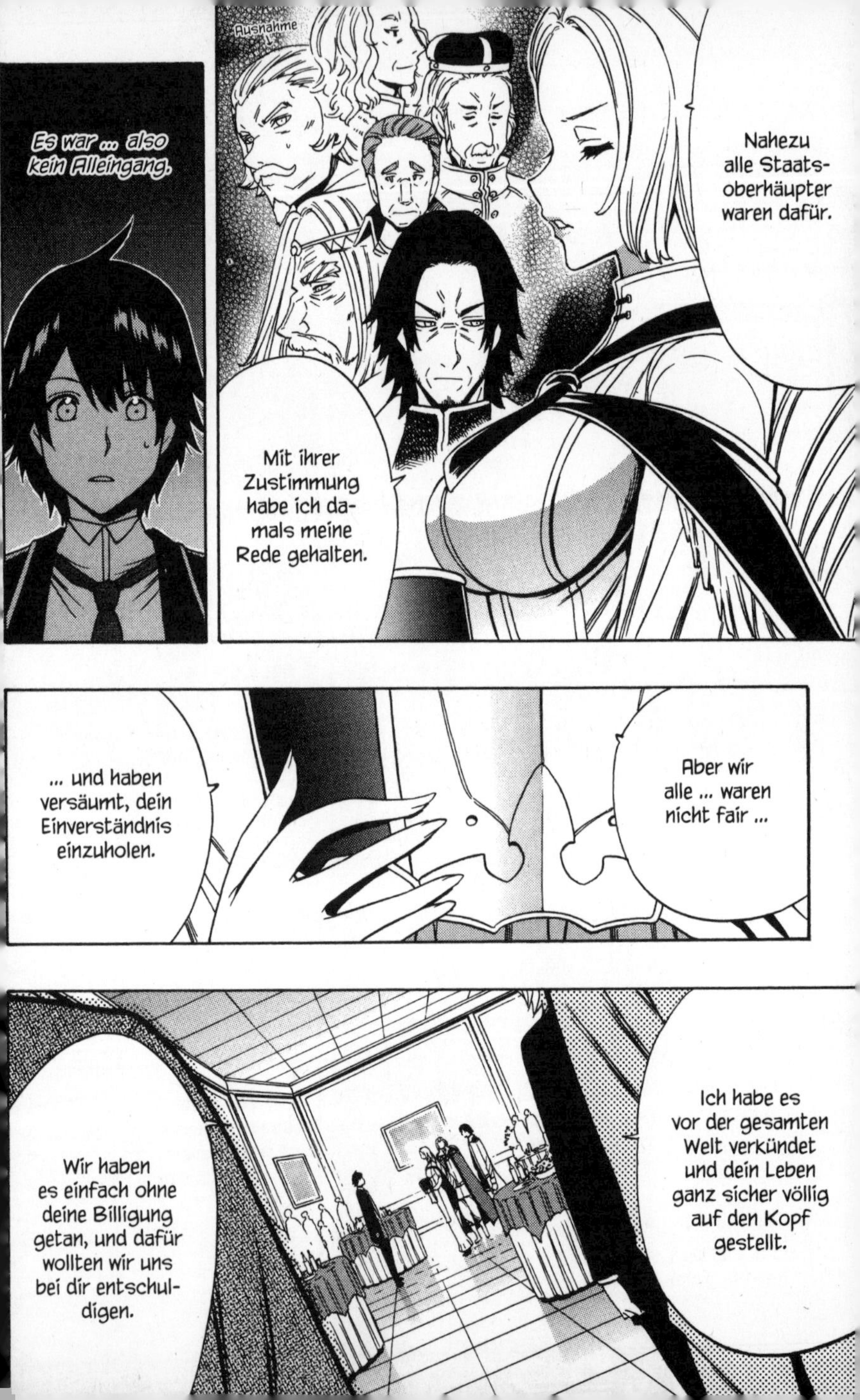

Nahezu alle Staatsoberhäupter waren dafür.
Ausnahme
Mit ihrer Zustimmung habe ich damals meine Rede gehalten.
Es war ... also kein Alleingang.
Aber wir alle ... waren nicht fair ...
... und haben versäumt, dein Einverständnis einzuholen.
Ich habe es vor der gesamten Welt verkündet und dein Leben ganz sicher völlig auf den Kopf gestellt.
Wir haben es einfach ohne deine Billigung getan, und dafür wollten wir uns bei dir entschuldigen.

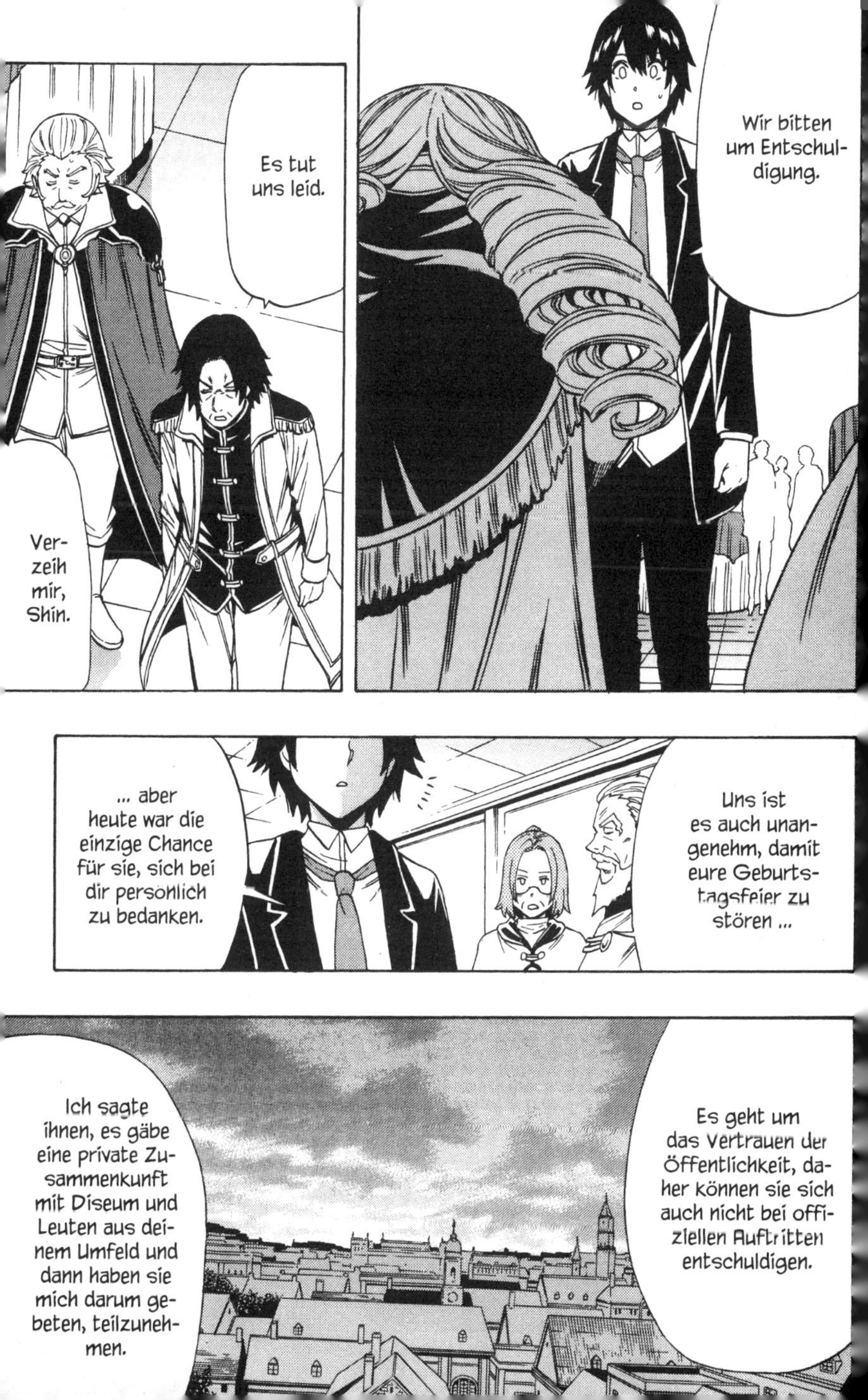
Wir bitten um Entschuldigung.
Es tut uns leid.
Verzeih mir, Shin.
Uns ist es auch unangenehm, damit eure Geburtstagsfeier zu stören ...
... aber heute war die einzige Chance für sie, sich bei dir persönlich zu bedanken.
Es geht um das Vertrauen der Öffentlichkeit, daher können sie sich auch nicht bei offiziellen Auftritten entschuldigen.
Ich sagte ihnen, es gäbe eine private Zusammenkunft mit Diseum und Leuten aus deinem Umfeld und dann haben sie mich darum gebeten, teilzunehmen.

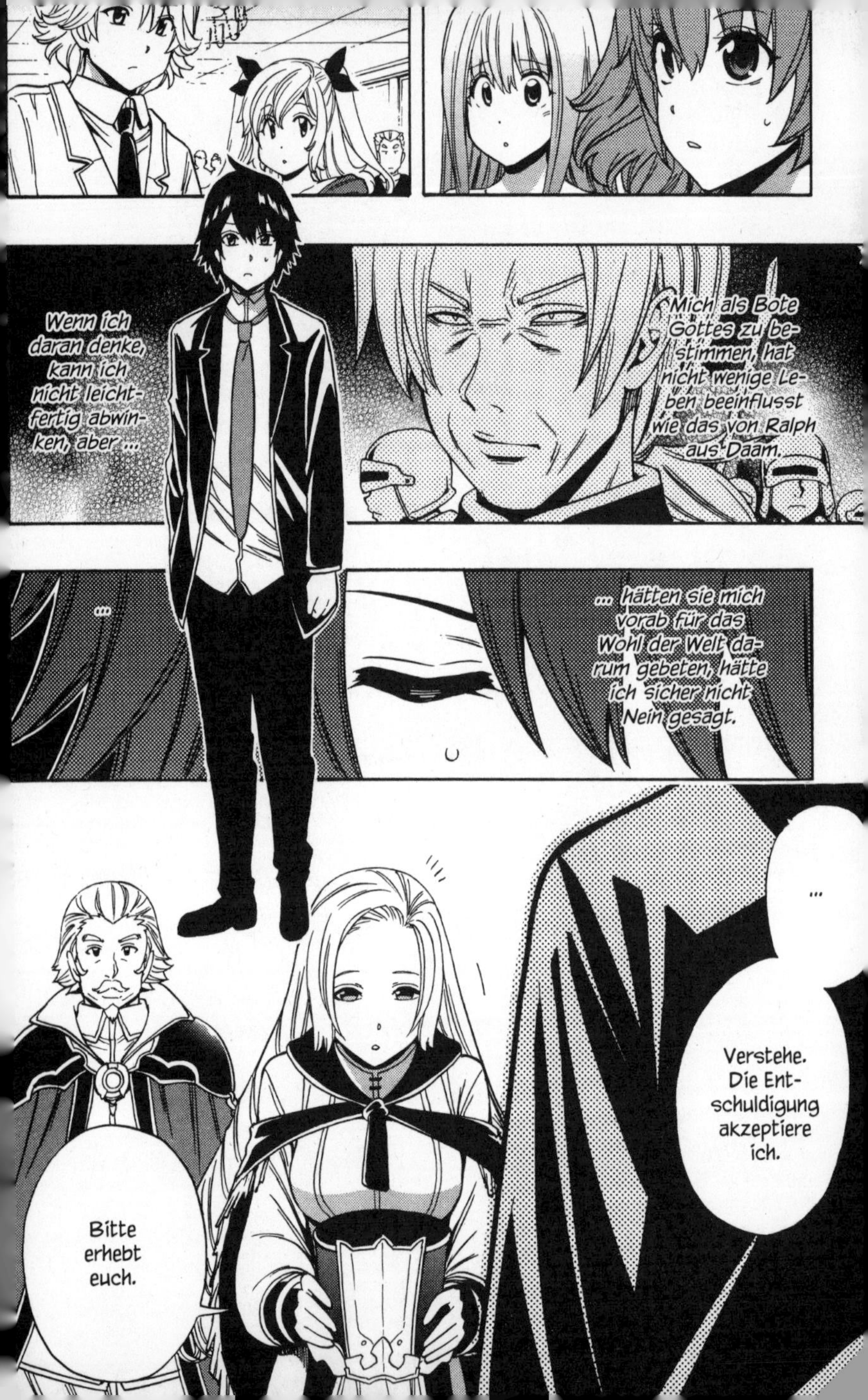
Mich als Bote Gottes zu bestimmen, hat nicht wenige Leben beeinflusst wie das von Ralph aus Daam.
Wenn ich daran denke, kann ich nicht leichtfertig abwinken, aber ...
... hätten sie mich vorab für das Wohl der Welt darum gebeten, hätte ich sicher nicht Nein gesagt.
...
...
Verstehe. Die Entschuldigung akzeptiere ich.
Bitte erhebt euch.

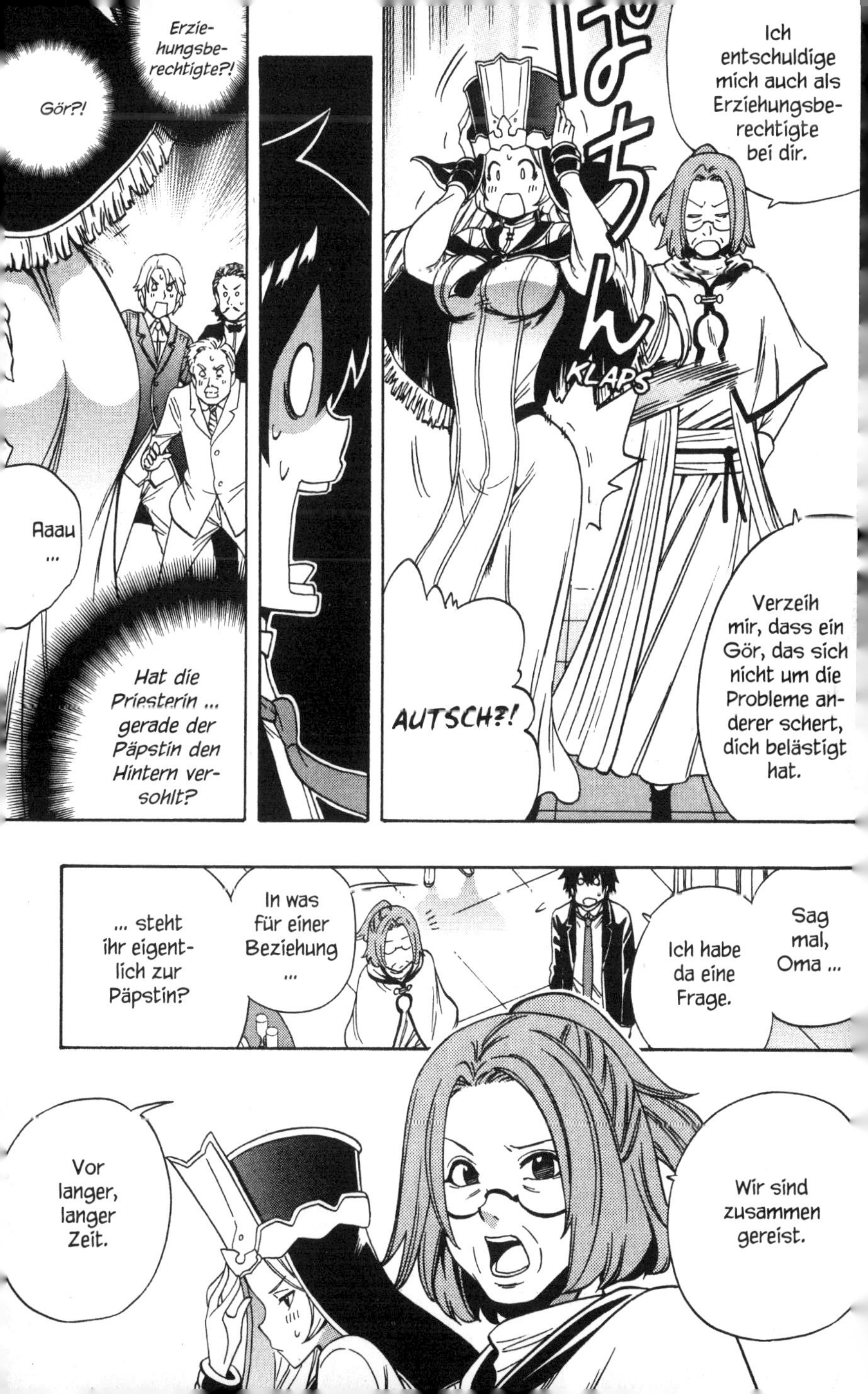

Ich entschuldige mich auch als Erziehungsberechtigte bei dir.
ぱちん
KLAPS
AUTSCH?!
Verzeih mir, dass ein Gör, das sich nicht um die Probleme anderer schert, dich belästigt hat.
Erziehungsberechtigte?!
Gör?!
Aaau ...
Hat die Priesterin ... gerade der Päpstin den Hintern versohlt?
Sag mal, Oma ...
Ich habe da eine Frage.
In was für einer Beziehung ...
... steht ihr eigentlich zur Päpstin?
Wir sind zusammen gereist.
Vor langer, langer Zeit.

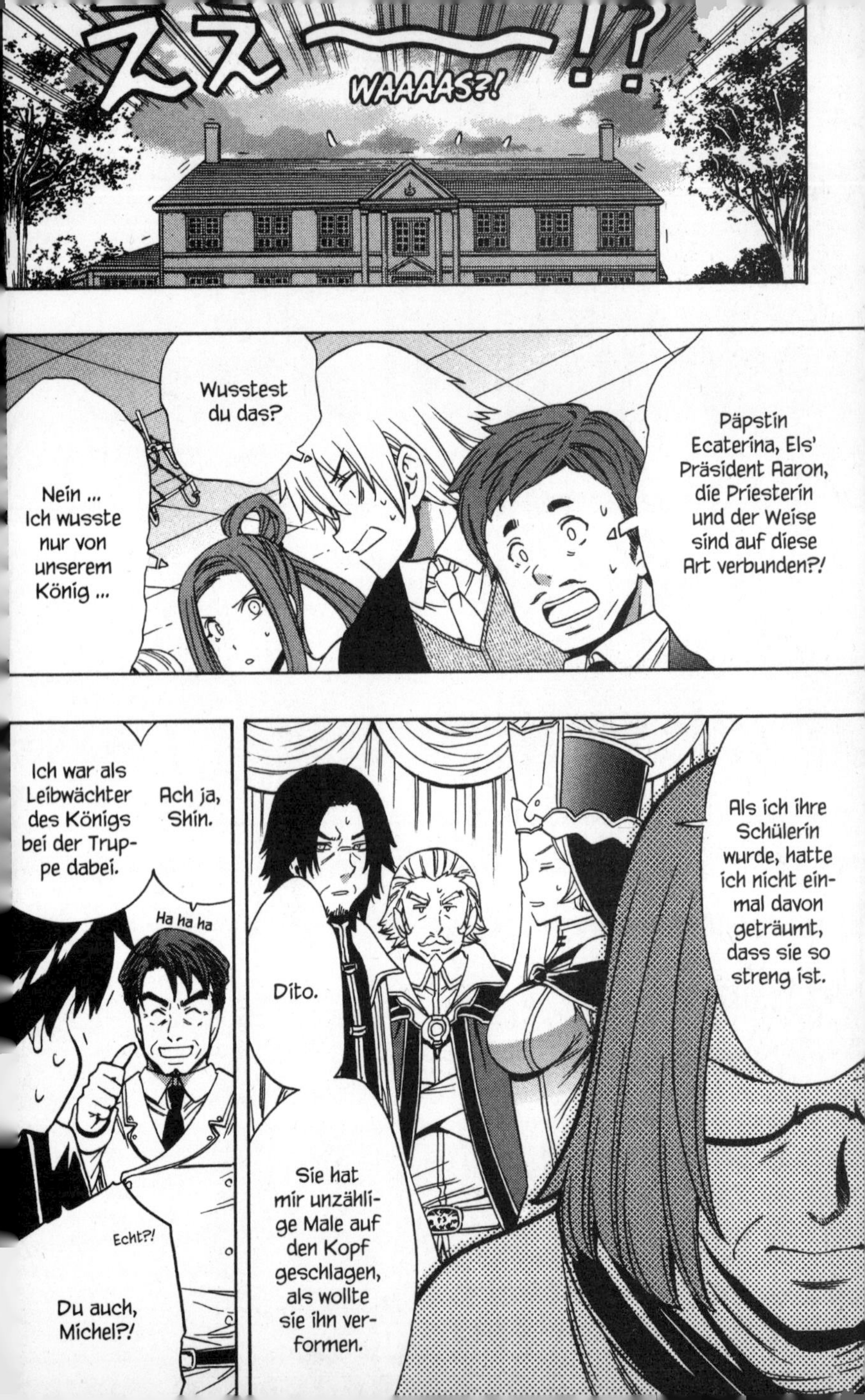

ええーー!?
WAAAAS?!
Päpstin Ecaterina, Els' Präsident Aaron, die Priesterin und der Weise sind auf diese Art verbunden?!
Wusstest du das?
Nein ... Ich wusste nur von unserem König ...
Als ich ihre Schülerin wurde, hatte ich nicht einmal davon geträumt, dass sie so streng ist.
Dito.
Sie hat mir unzählige Male auf den Kopf geschlagen, als wollte sie ihn verformen.
Ach ja, Shin.
Ich war als Leibwächter des Königs bei der Truppe dabei.
Ha ha ha
Echt?!
Du auch, Michel?!

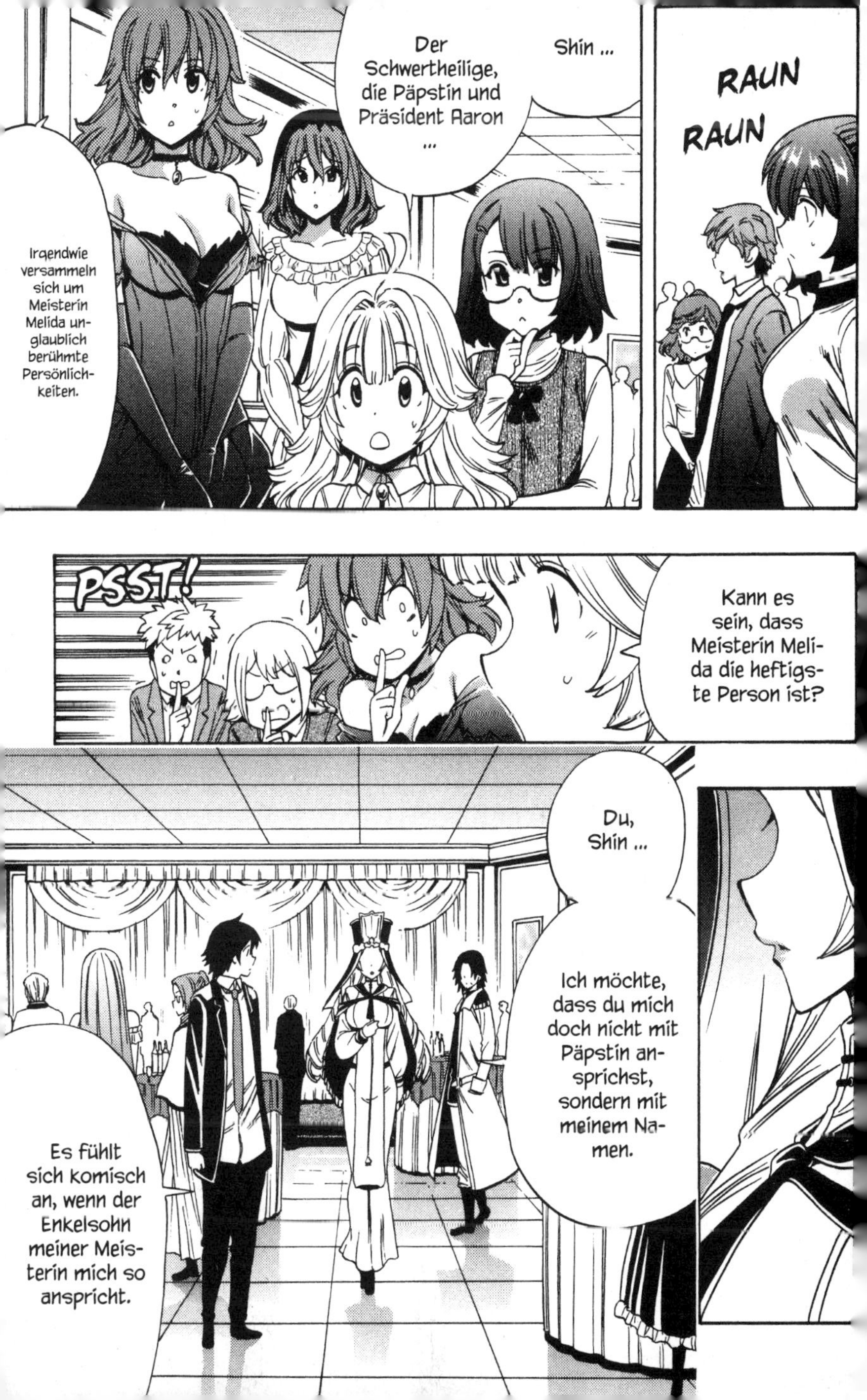
RAUN
RAUN
Shin ...
Der Schwertheilige, die Päpstin und Präsident Aaron ...
Irgendwie versammeln sich um Meisterin Melida unglaublich berühmte Persönlichkeiten.
Kann es sein, dass Meisterin Melida die heftigste Person ist?
PSST!
Du, Shin ...
Ich möchte, dass du mich doch nicht mit Päpstin ansprichst, sondern mit meinem Namen.
Es fühlt sich komisch an, wenn der Enkelsohn meiner Meisterin mich so anspricht.

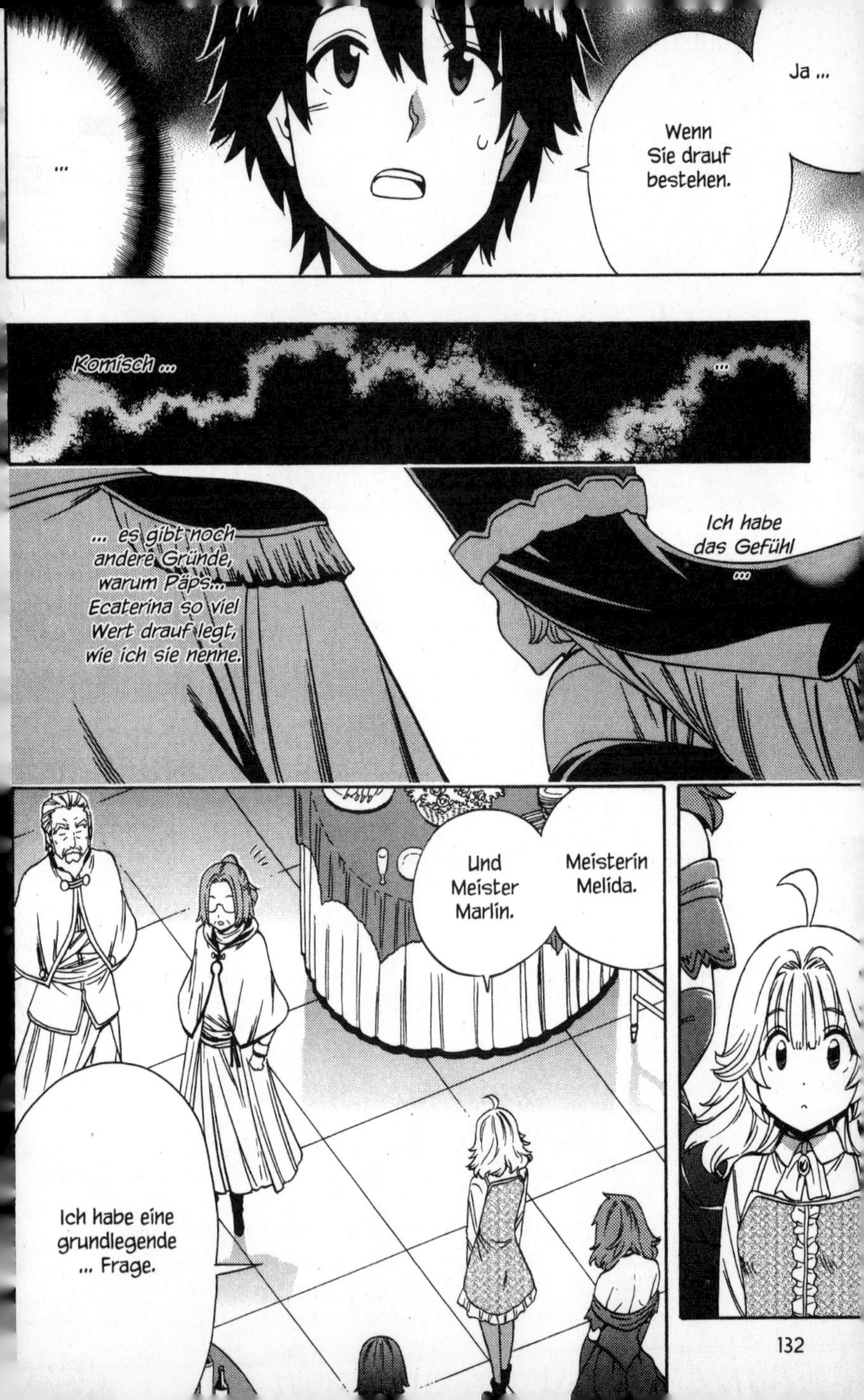

Ja ...
Wenn Sie drauf bestehen.
...
...
Komisch ...
Ich habe das Gefühl ...
... es gibt noch andere Gründe, warum Päps... Ecaterina so viel Wert drauf legt, wie ich sie nenne.
Meisterin Melida.
Und Meister Marlin.
Ich habe eine grundlegende ... Frage.

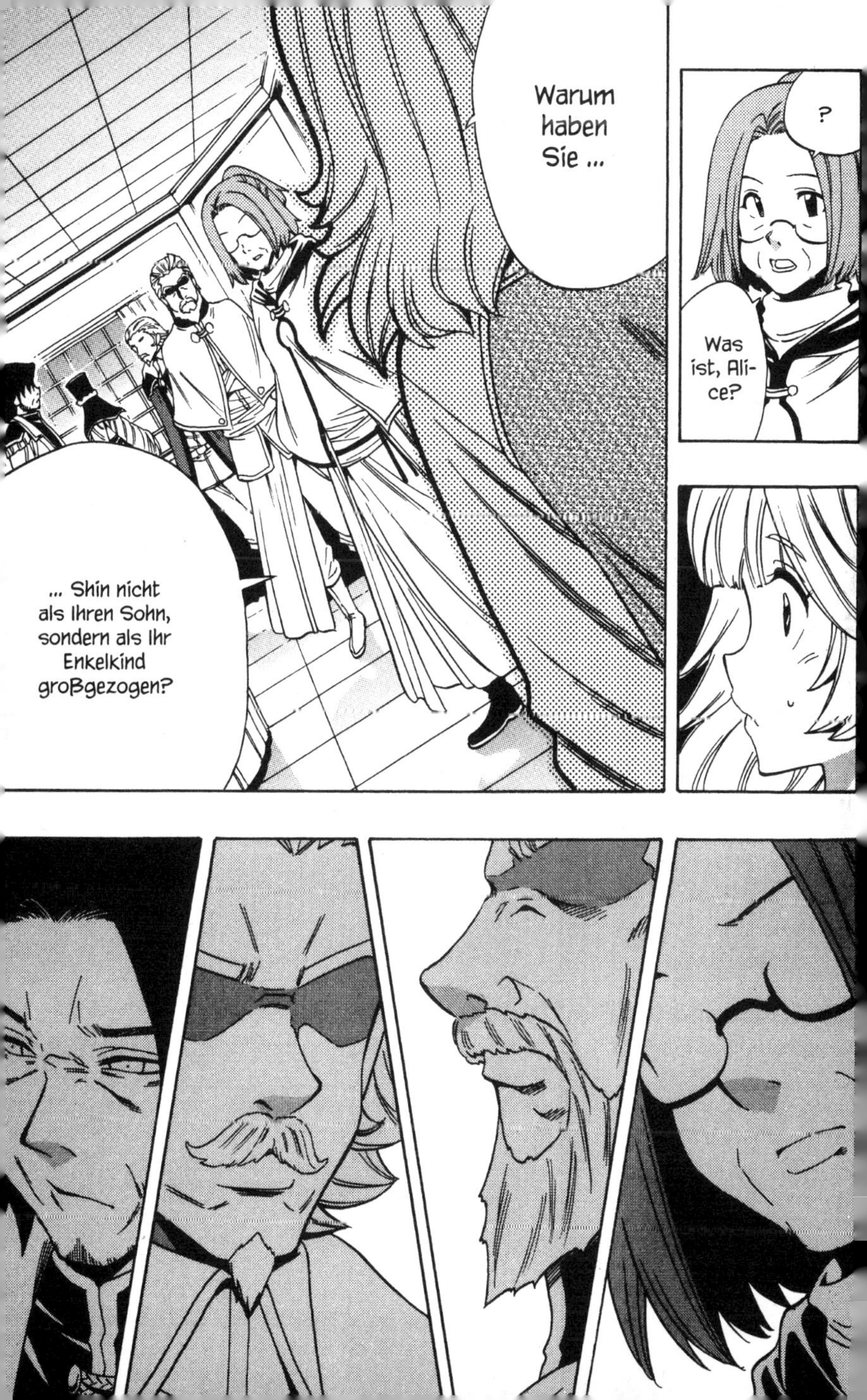
?
Was ist, Ali-ce?
Warum haben Sie ...
... Shin nicht als Ihren Sohn, sondern als Ihr Enkelkind großgezogen?

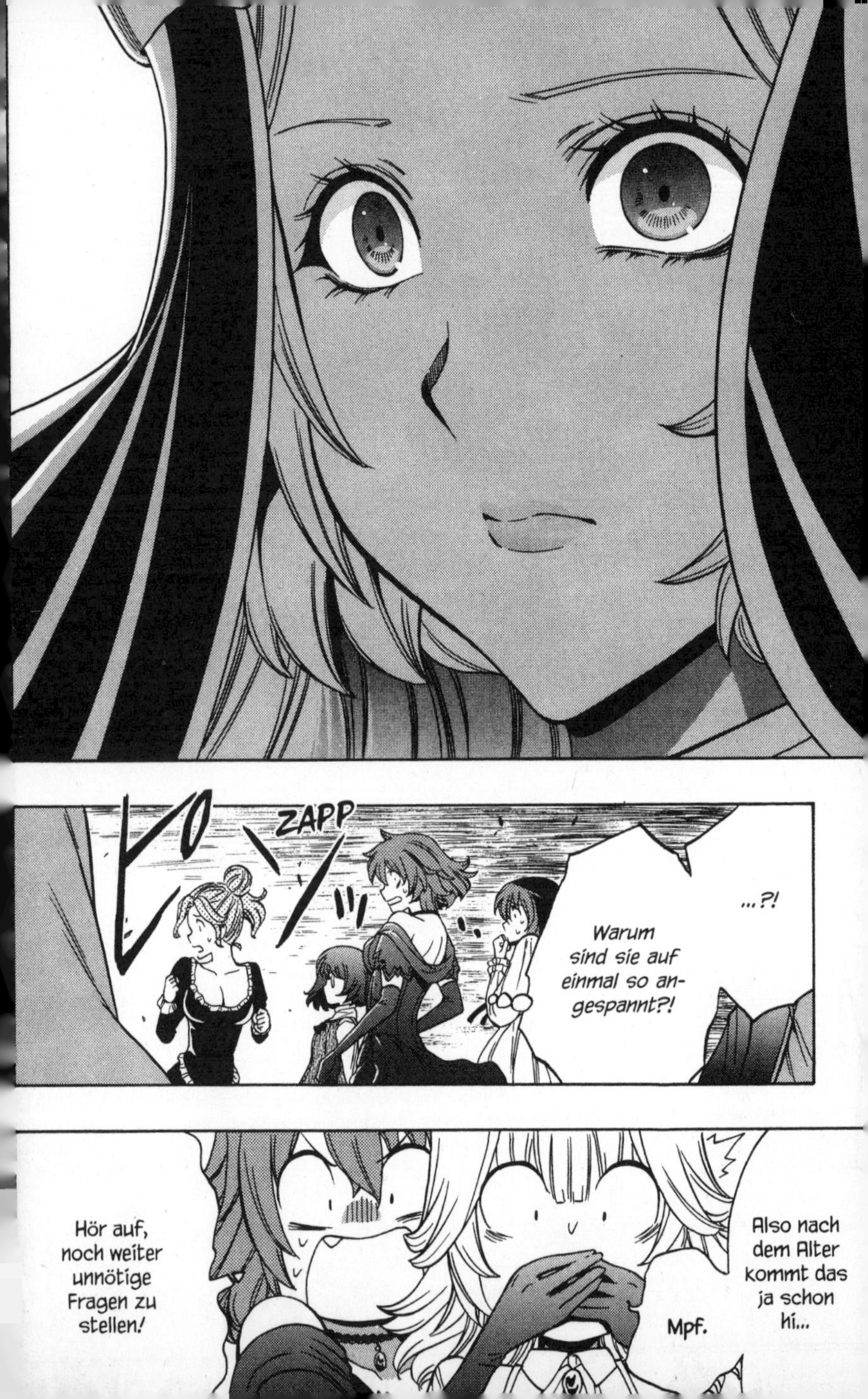
ZAPP
...?!
Warum sind sie auf einmal so angespannt?!
Also nach dem Alter kommt das ja schon hi...
Mpf.
Hör auf, noch weiter unnötige Fragen zu stellen!

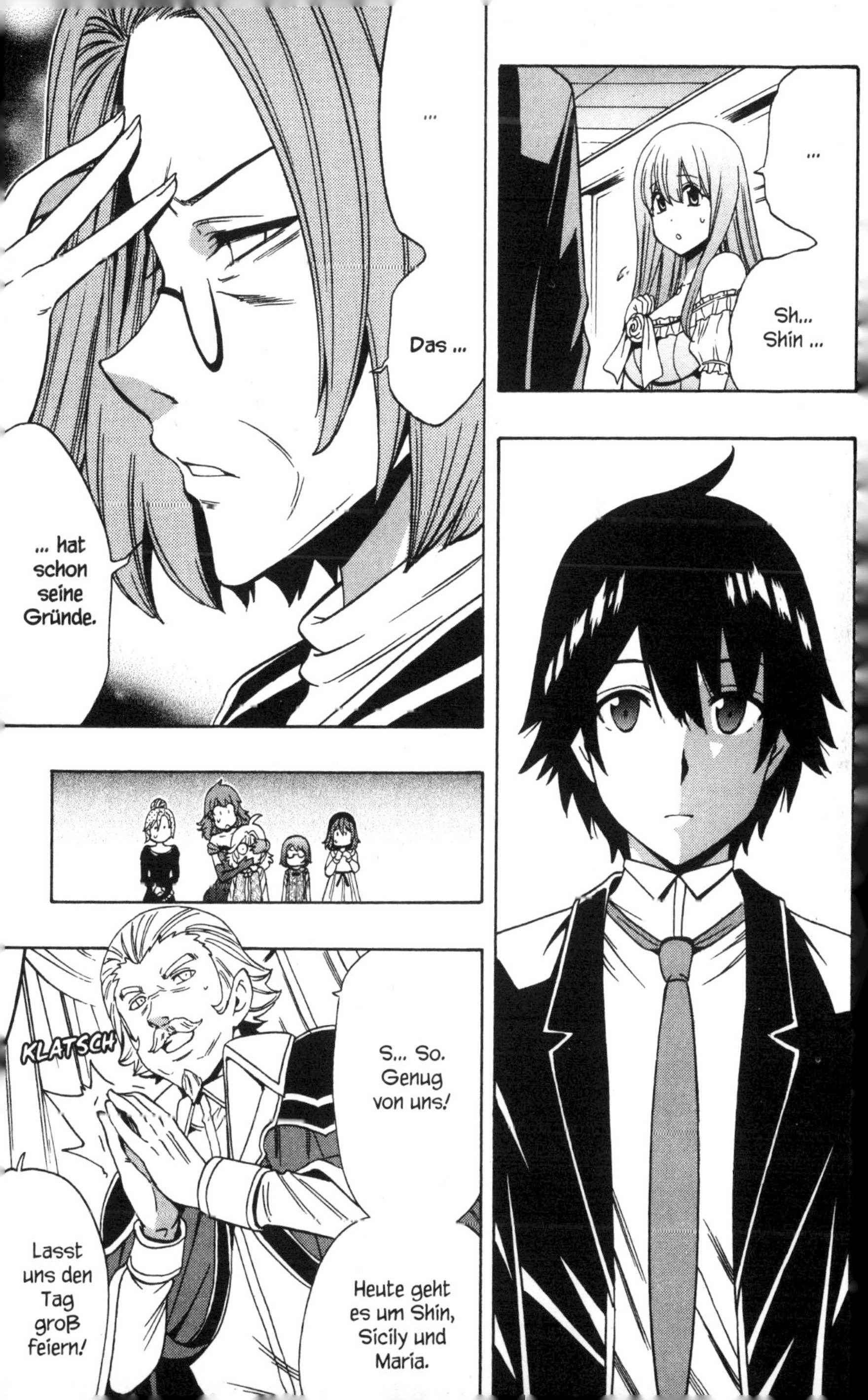
...
Sh... Shin ...
...
Das ...
... hat schon seine Gründe.
S... So. Genug von uns!
KLATSCH
Heute geht es um Shin, Sicily und Maria.
Lasst uns den Tag groß feiern!

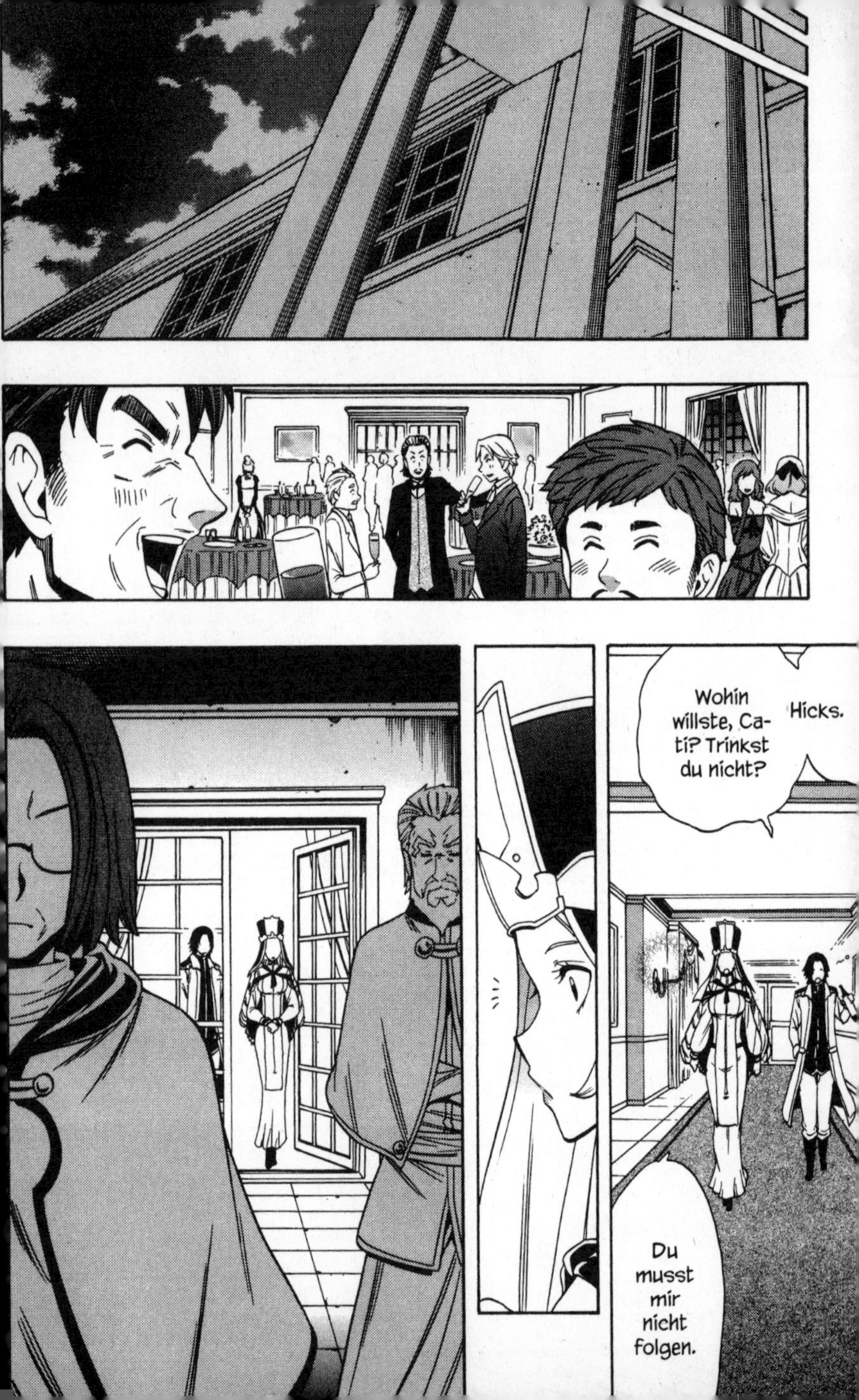
Hicks.
Wohin willste, Cati? Trinkst du nicht?
Du musst mir nicht folgen.

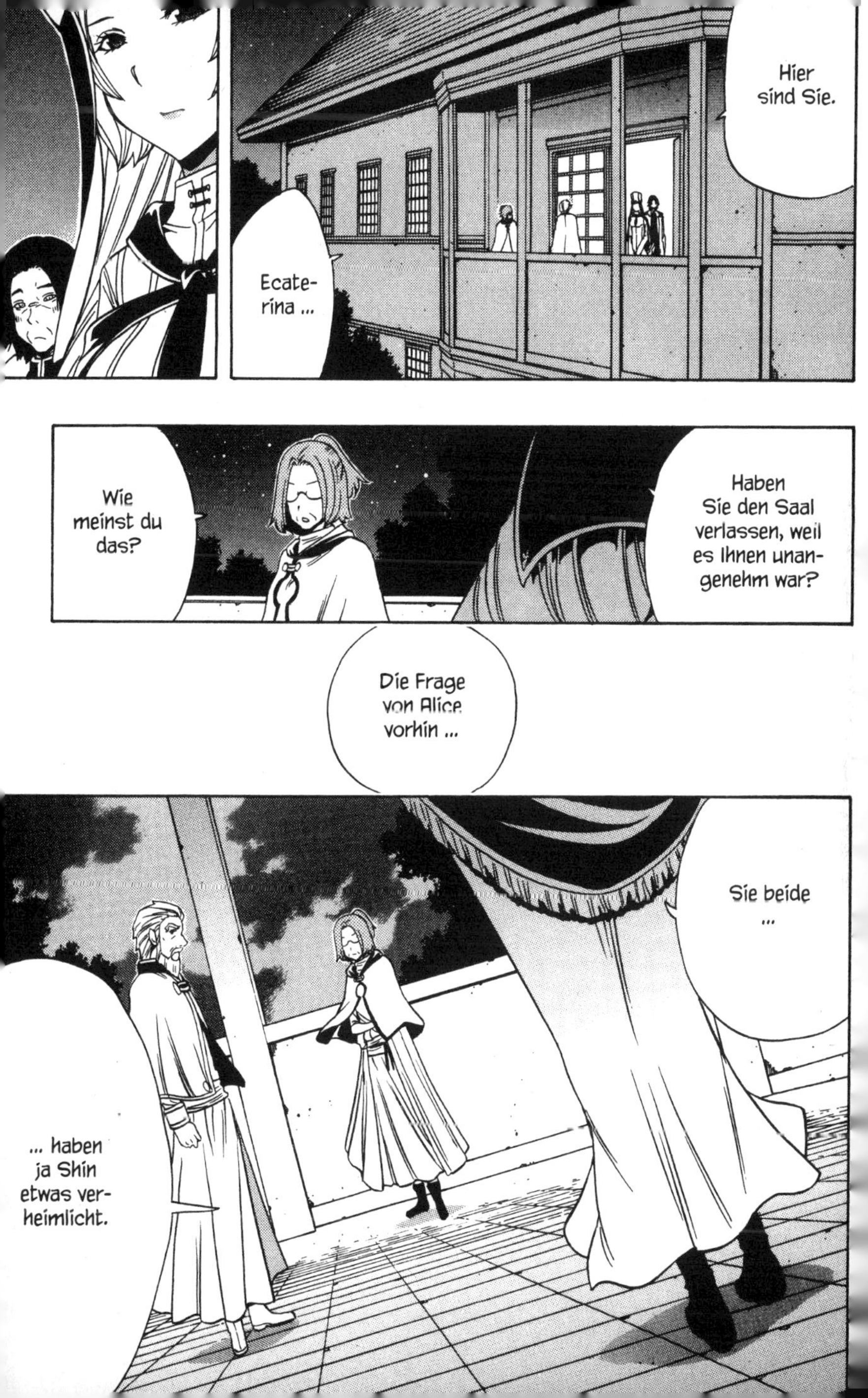
Hier sind Sie.
Ecaterina ...
Haben Sie den Saal verlassen, weil es Ihnen unangenehm war?
Wie meinst du das?
Die Frage von Alice vorhin ...
Sie beide ...
... haben ja Shin etwas verheimlicht.

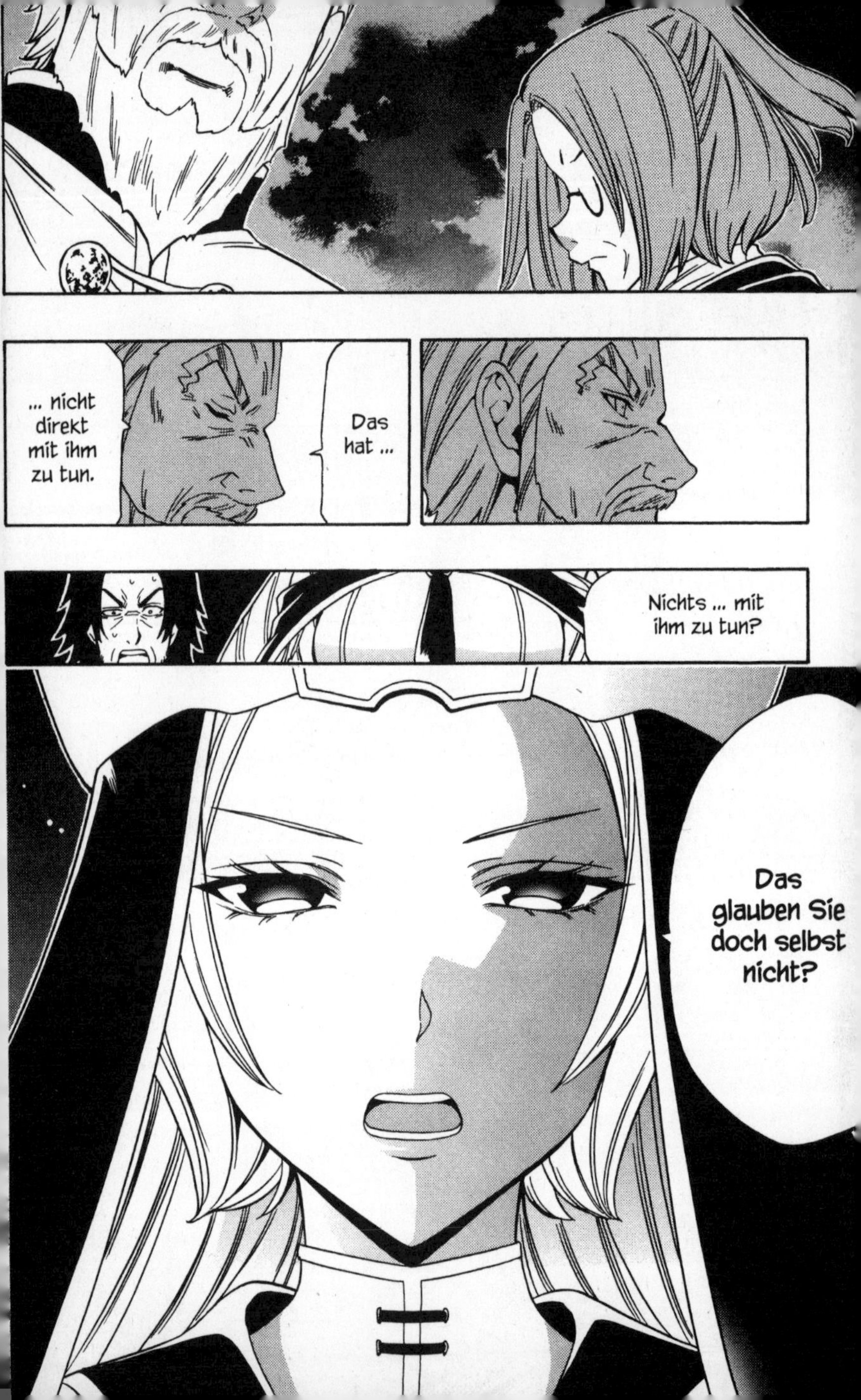
Das hat ...
... nicht direkt mit ihm zu tun.
Nichts ... mit ihm zu tun?
Das glauben Sie doch selbst nicht?

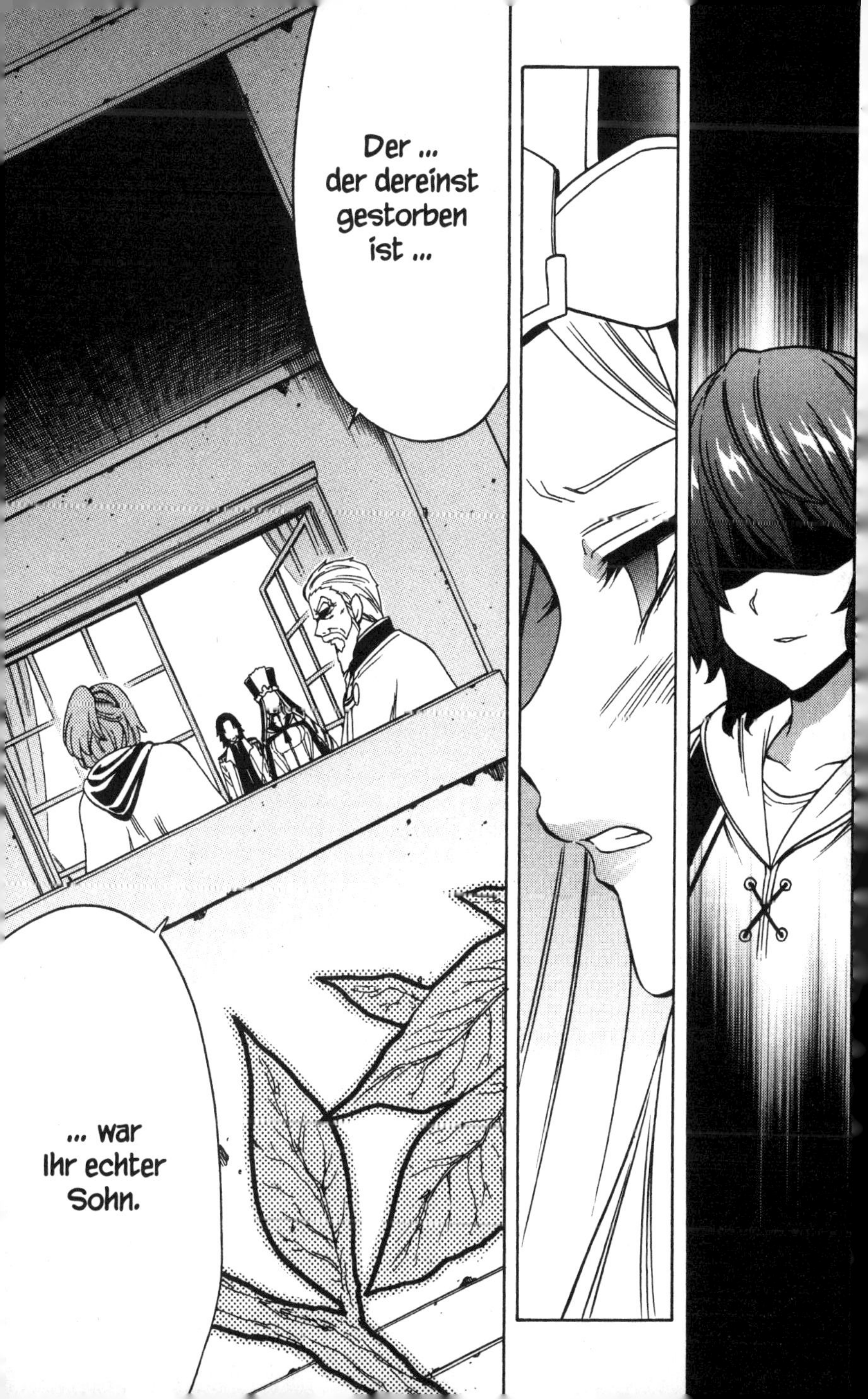
Der ... der dereinst gestorben ist ...
... war Ihr echter Sohn.

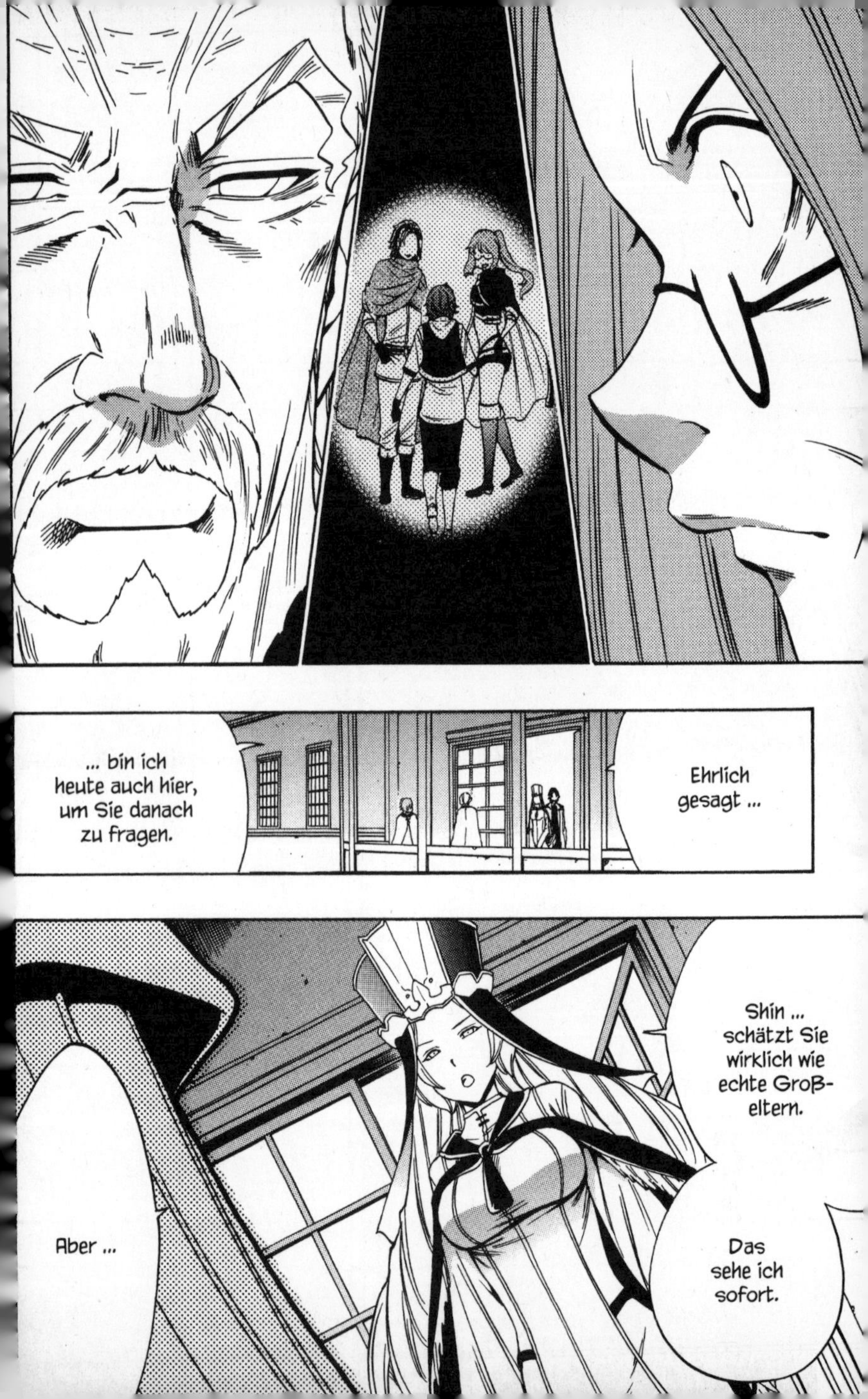
Ehrlich gesagt ...
... bin ich heute auch hier, um Sie danach zu fragen.
Shin ... schätzt Sie wirklich wie echte Groß-eltern.
Das sehe ich sofort.
Aber ...

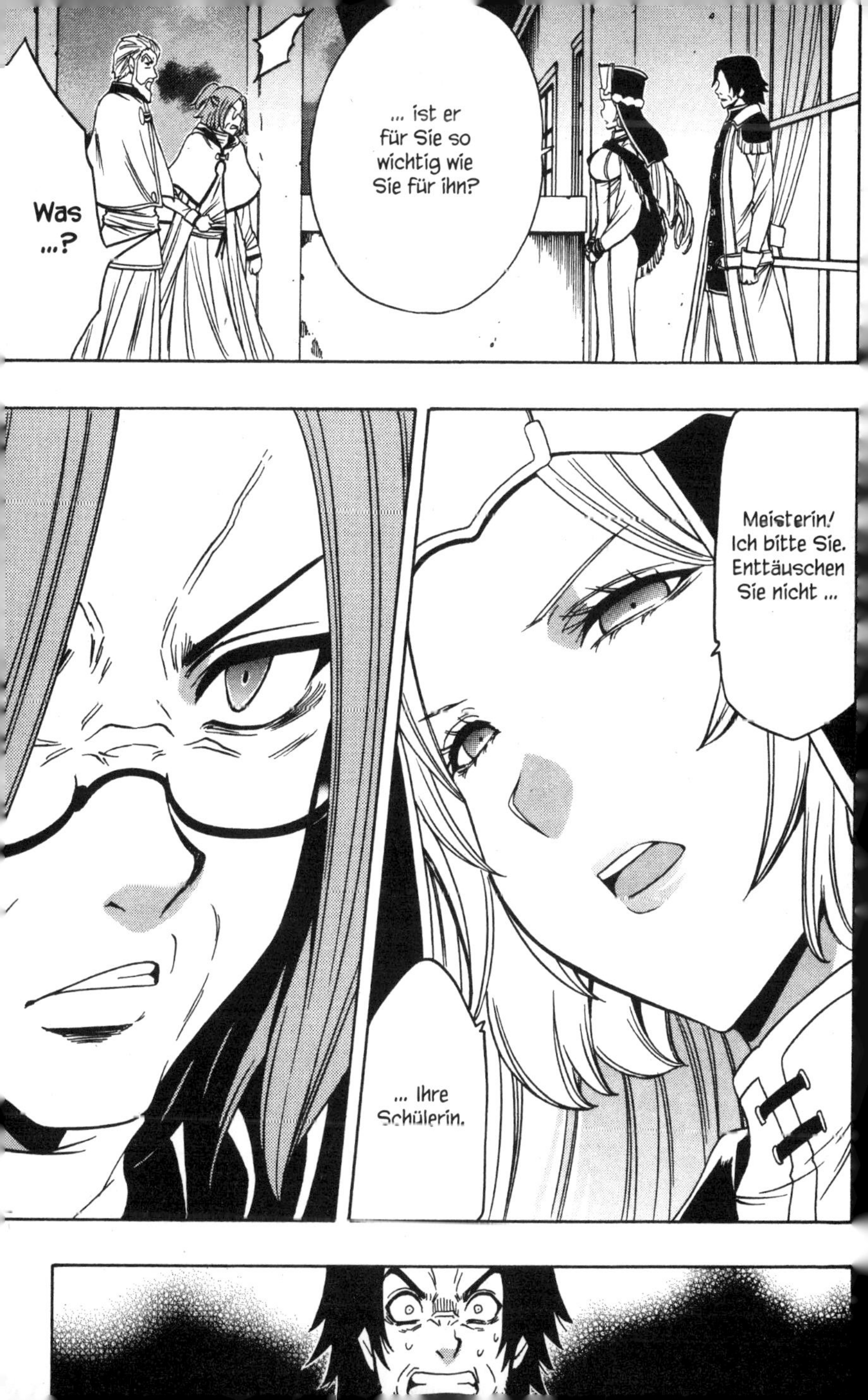
... ist er
für Sie so
wichtig wie
Sie für ihn?
Was
...?
Meisterin!
Ich bitte Sie.
Enttäuschen
Sie nicht ...
... Ihre
Schülerin.

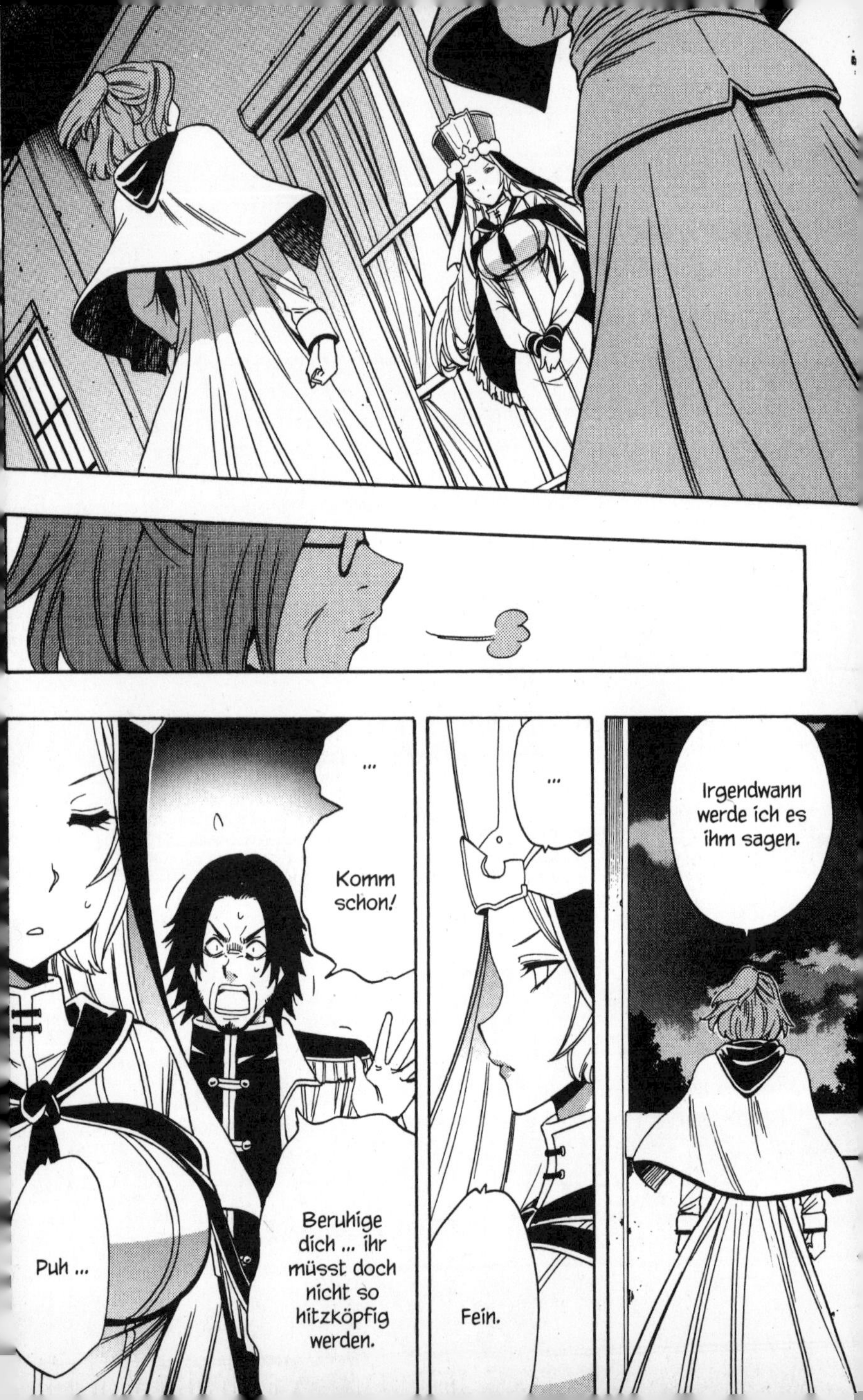
Irgendwann werde ich es ihm sagen.
...
Fein.
...
Komm schon!
Beruhige dich ... ihr müsst doch nicht so hitzköpfig werden.
Puh ...

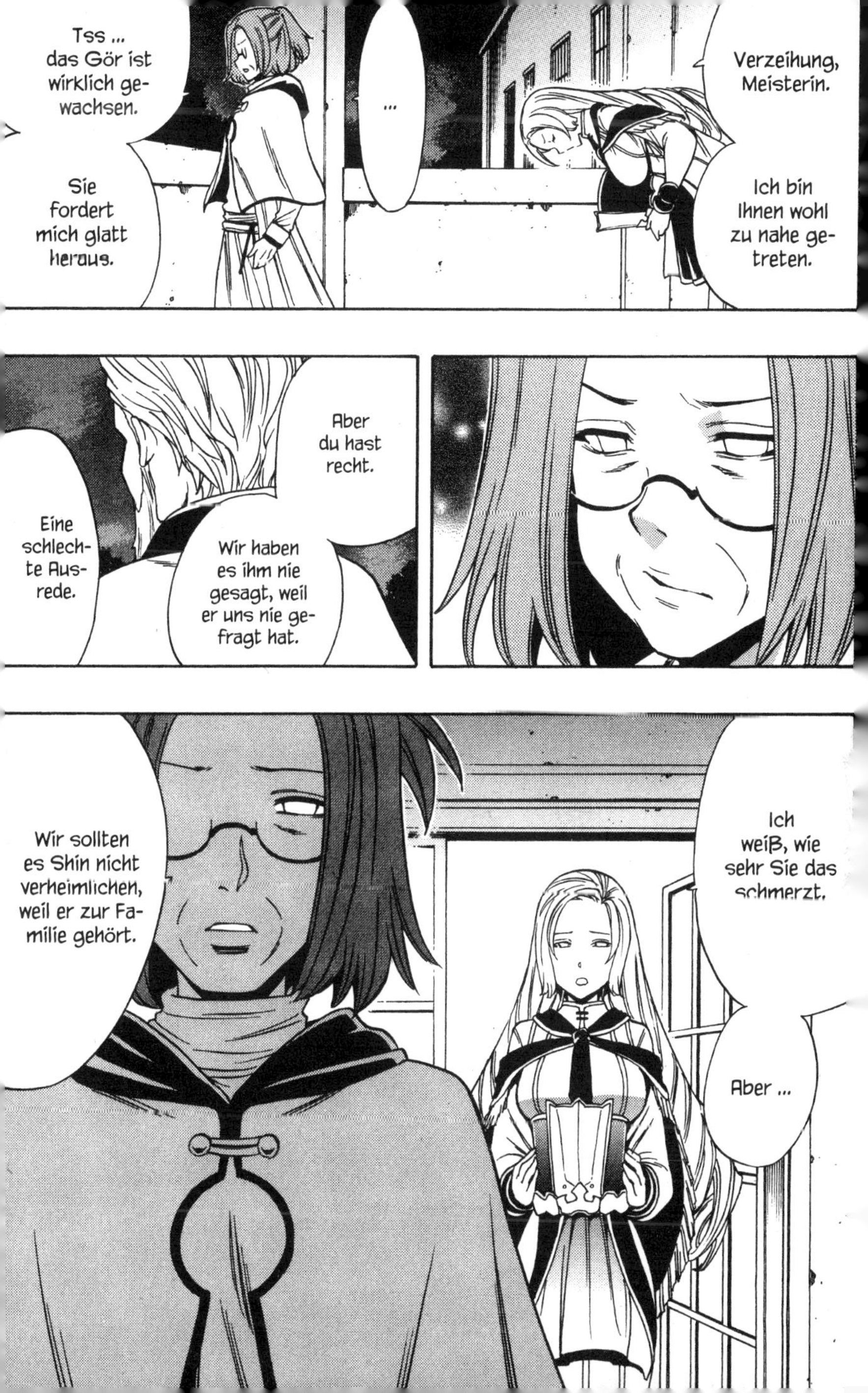
Verzeihung, Meisterin.
Ich bin Ihnen wohl zu nahe getreten.
...
Tss ... das Gör ist wirklich gewachsen.
Sie fordert mich glatt heraus.
Aber du hast recht.
Wir haben es ihm nie gesagt, weil er uns nie gefragt hat.
Eine schlechte Ausrede.
Ich weiß, wie sehr Sie das schmerzt.
Aber ...
Wir sollten es Shin nicht verheimlichen, weil er zur Familie gehört.

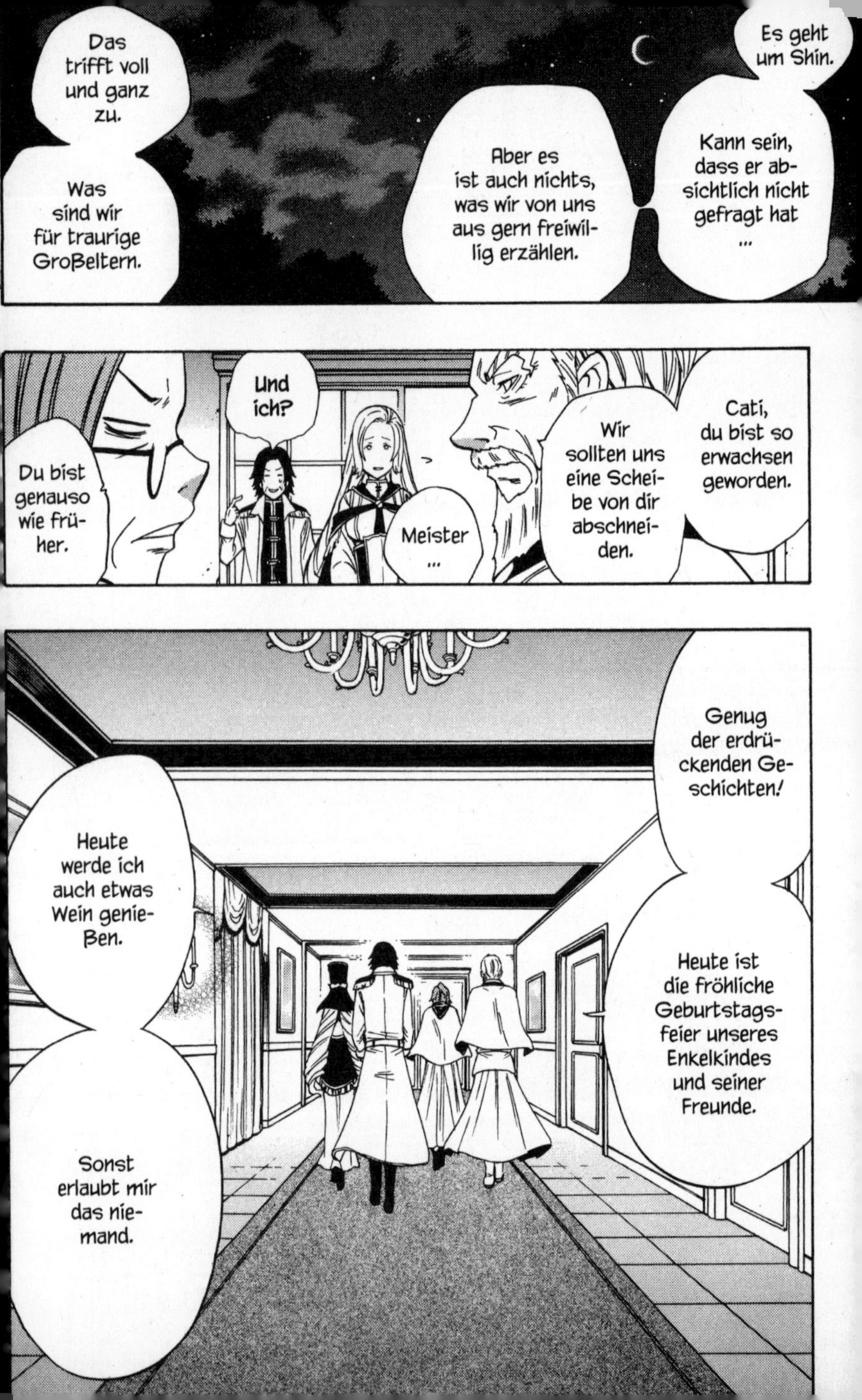

Es geht um Shin.
Kann sein, dass er absichtlich nicht gefragt hat ...
Aber es ist auch nichts, was wir von uns aus gern freiwillig erzählen.
Das trifft voll und ganz zu.
Was sind wir für traurige Großeltern.
Cati, du bist so erwachsen geworden.
Wir sollten uns eine Scheibe von dir abschneiden.
Meister ...
Und ich?
Du bist genauso wie früher.
Genug der erdrückenden Geschichten!
Heute ist die fröhliche Geburtstagsfeier unseres Enkelkindes und seiner Freunde.
Heute werde ich auch etwas Wein genießen.
Sonst erlaubt mir das niemand.

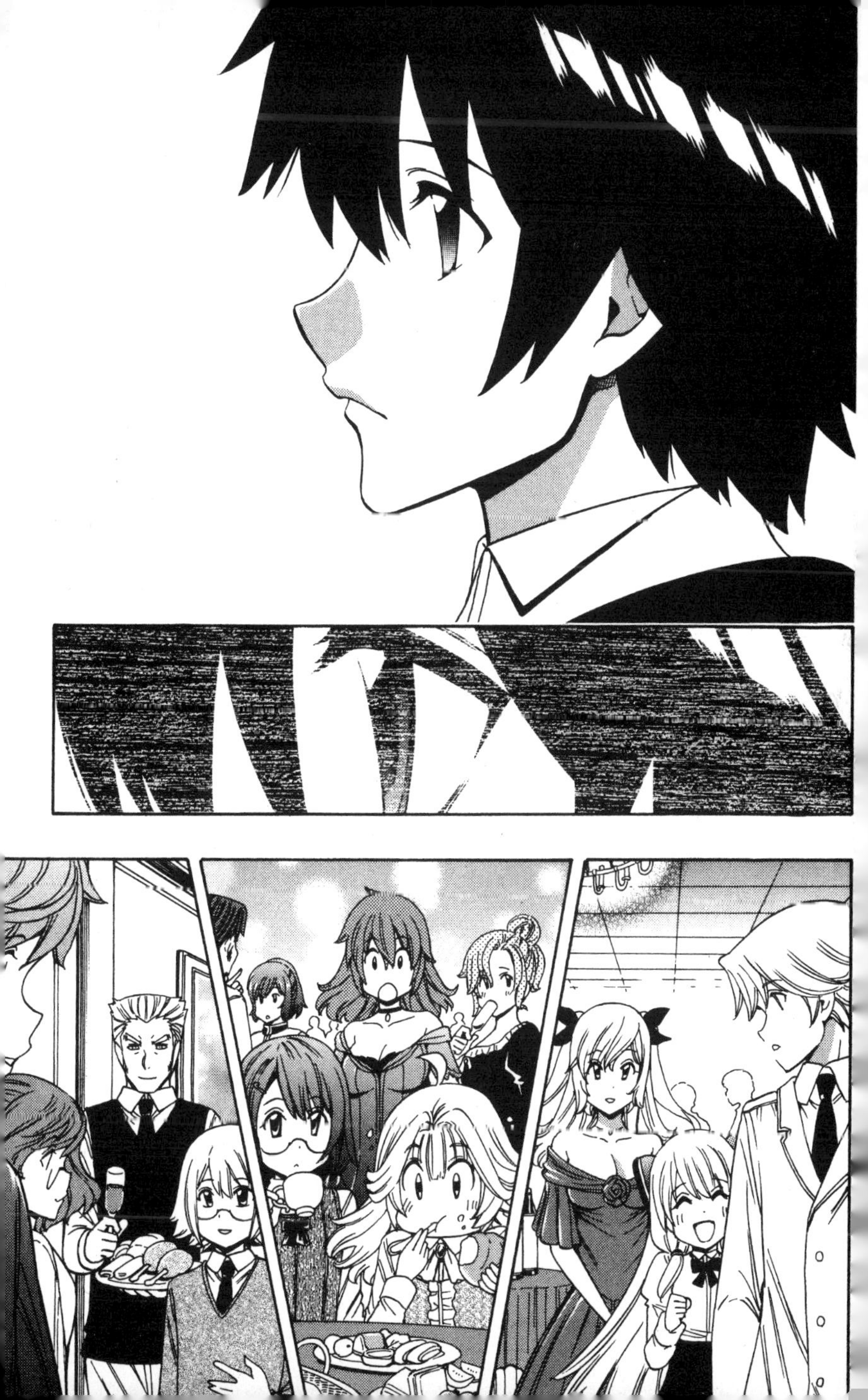

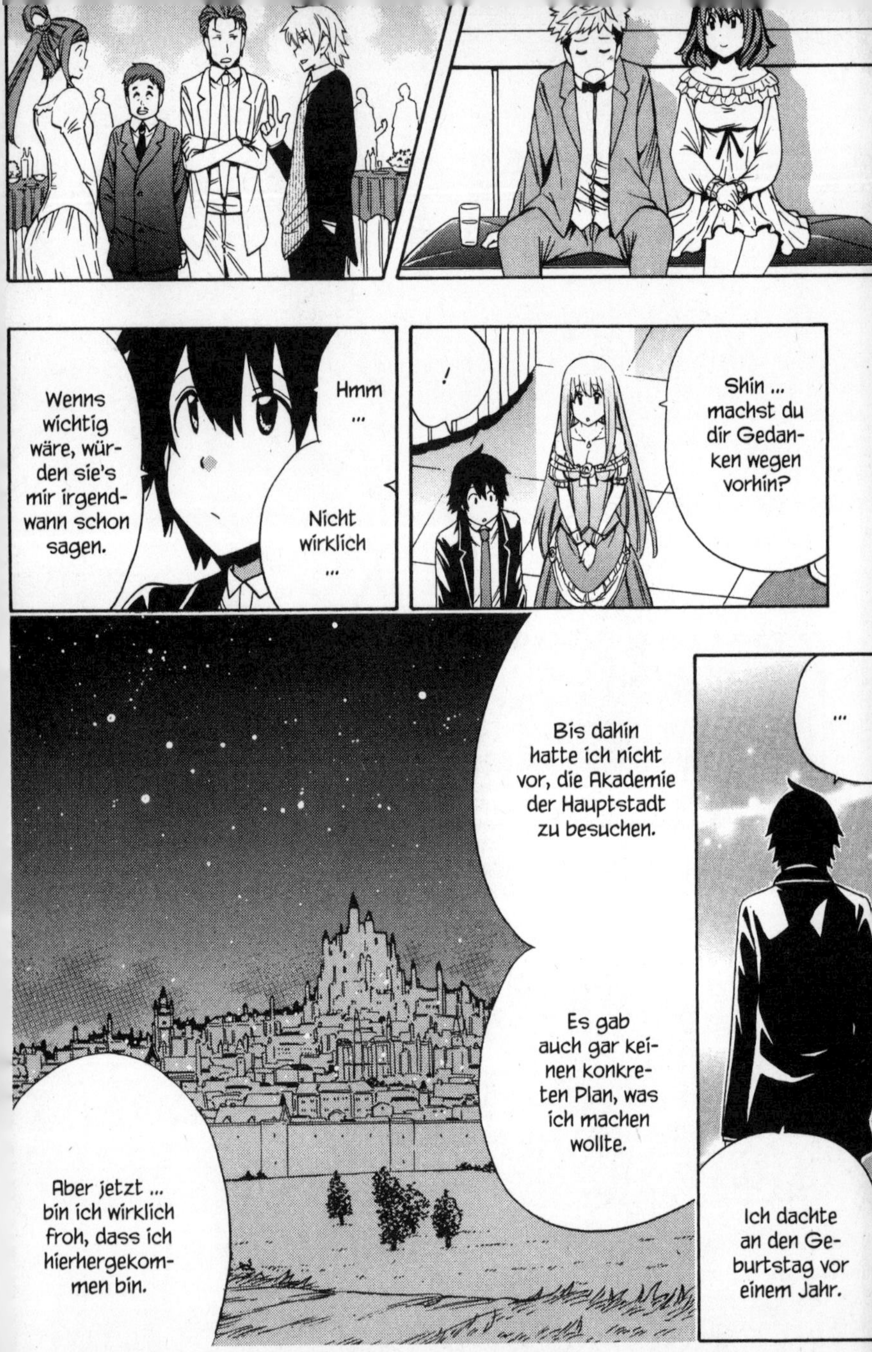
!
Shin ... machst du dir Gedanken wegen vorhin?
Hmm ...
Nicht wirklich ...
Wenns wichtig wäre, würden sie's mir irgendwann schon sagen.
...
Ich dachte an den Geburtstag vor einem Jahr.
Bis dahin hatte ich nicht vor, die Akademie der Hauptstadt zu besuchen.
Es gab auch gar keinen konkreten Plan, was ich machen wollte.
Aber jetzt ... bin ich wirklich froh, dass ich hierhergekommen bin.

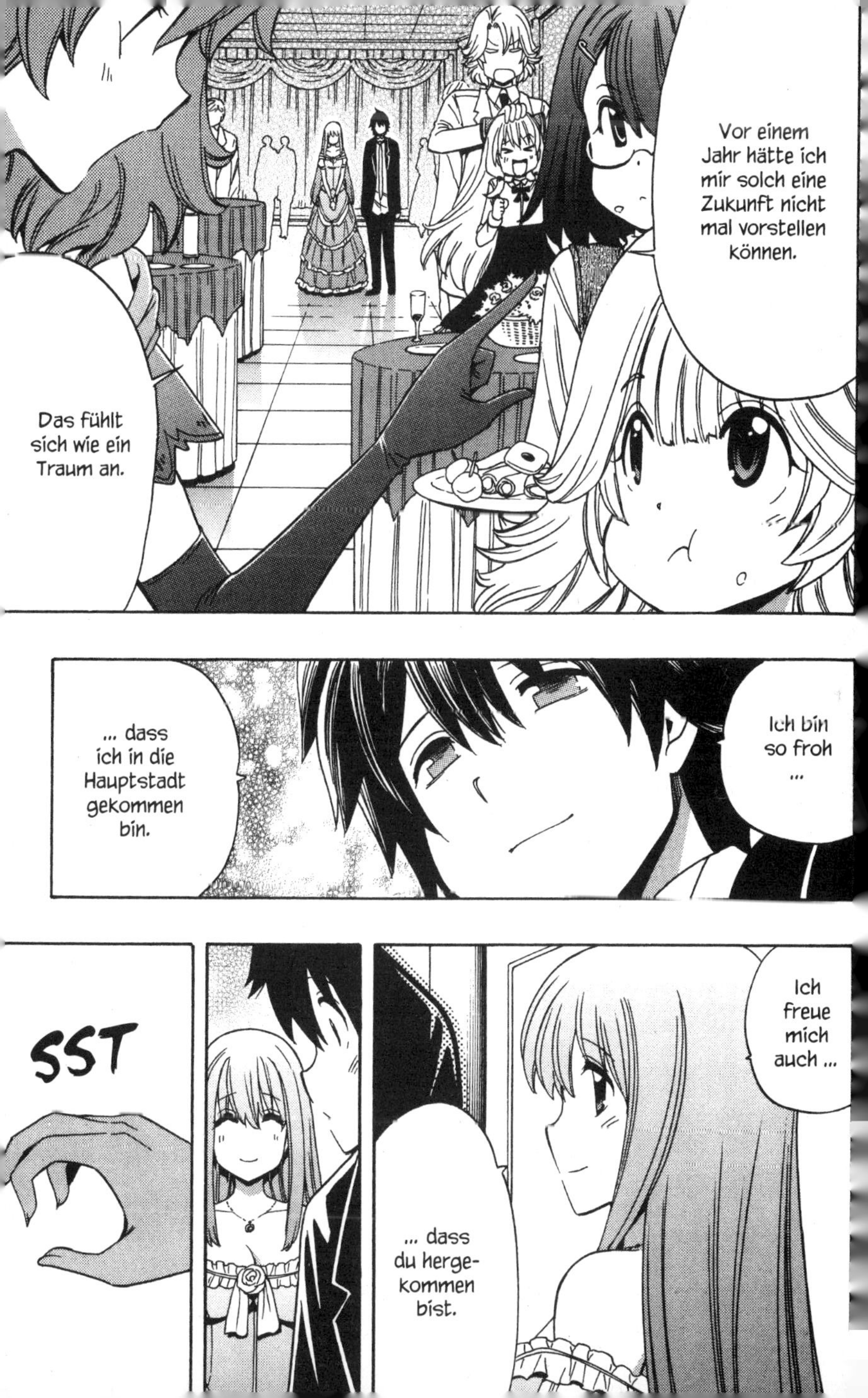
Vor einem Jahr hätte ich mir solch eine Zukunft nicht mal vorstellen können.
Das fühlt sich wie ein Traum an.
Ich bin so froh ...
... dass ich in die Hauptstadt gekommen bin.
Ich freue mich auch ...
... dass du hergekommen bist.
SST

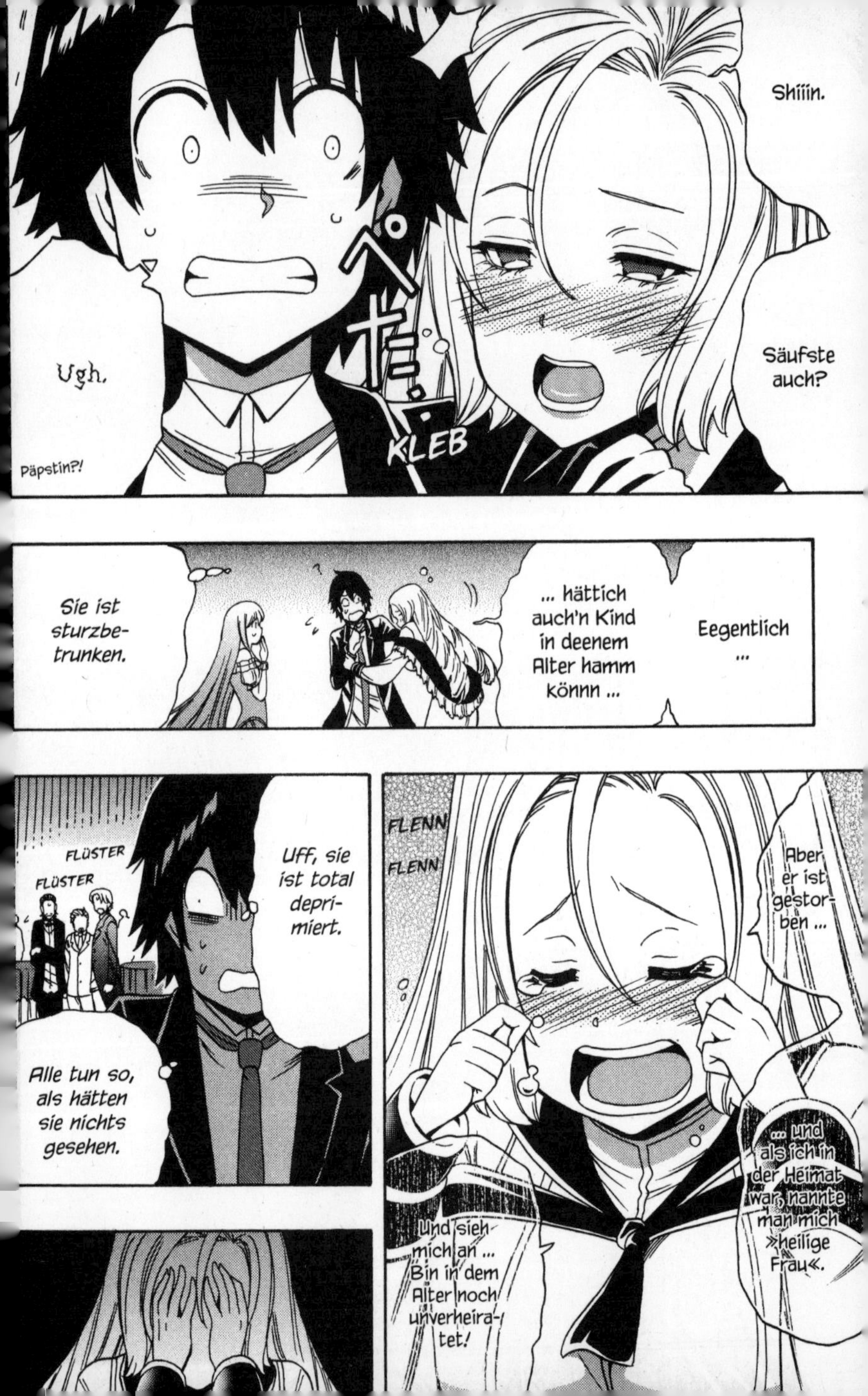
Shiiin.
Säufste auch?
KLEB
Ugh.
Päpstin?!
Eegentlich ...
... hättich auch'n Kind in deenem Alter hamm könnn ...
Sie ist sturzbetrunken.
Aber er ist gestorben ...
FLENN
FLENN
... und als ich in der Heimat war, nannte man mich »heilige Frau«.
Und sieh mich an ... Bin in dem Alter noch unverheiratet!
Uff, sie ist total deprimiert.
FLÜSTER
FLÜSTER
Alle tun so, als hätten sie nichts gesehen.

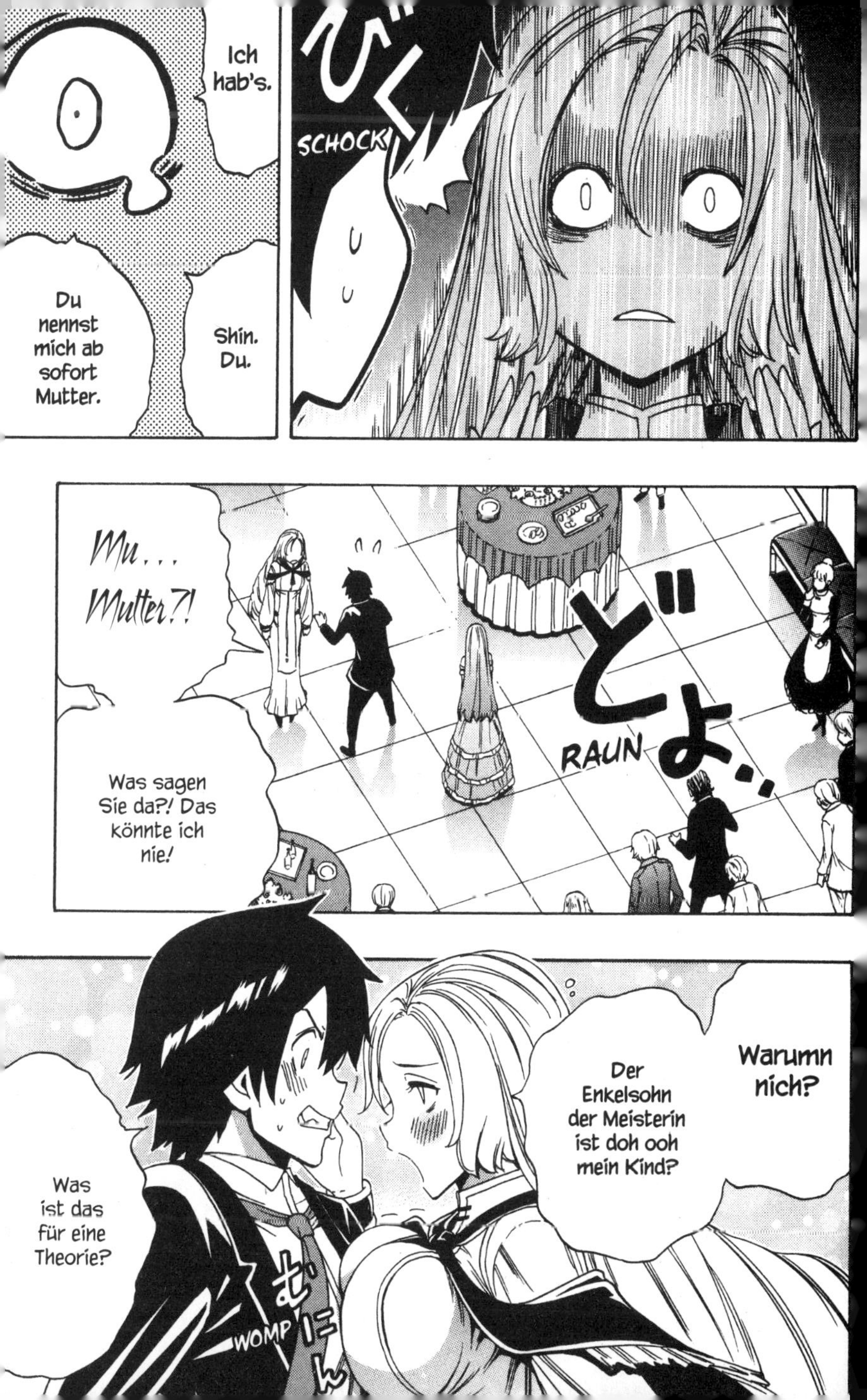
Ich hab's.
Shin. Du.
Du nennst mich ab sofort Mutter.
SCHOCK
Mu... Mutter?!
Was sagen Sie da?! Das könnte ich nie!
RAUN
Warumn nich?
Der Enkelsohn der Meisterin ist doh ooh mein Kind?
Was ist das für eine Theorie?
WOMP

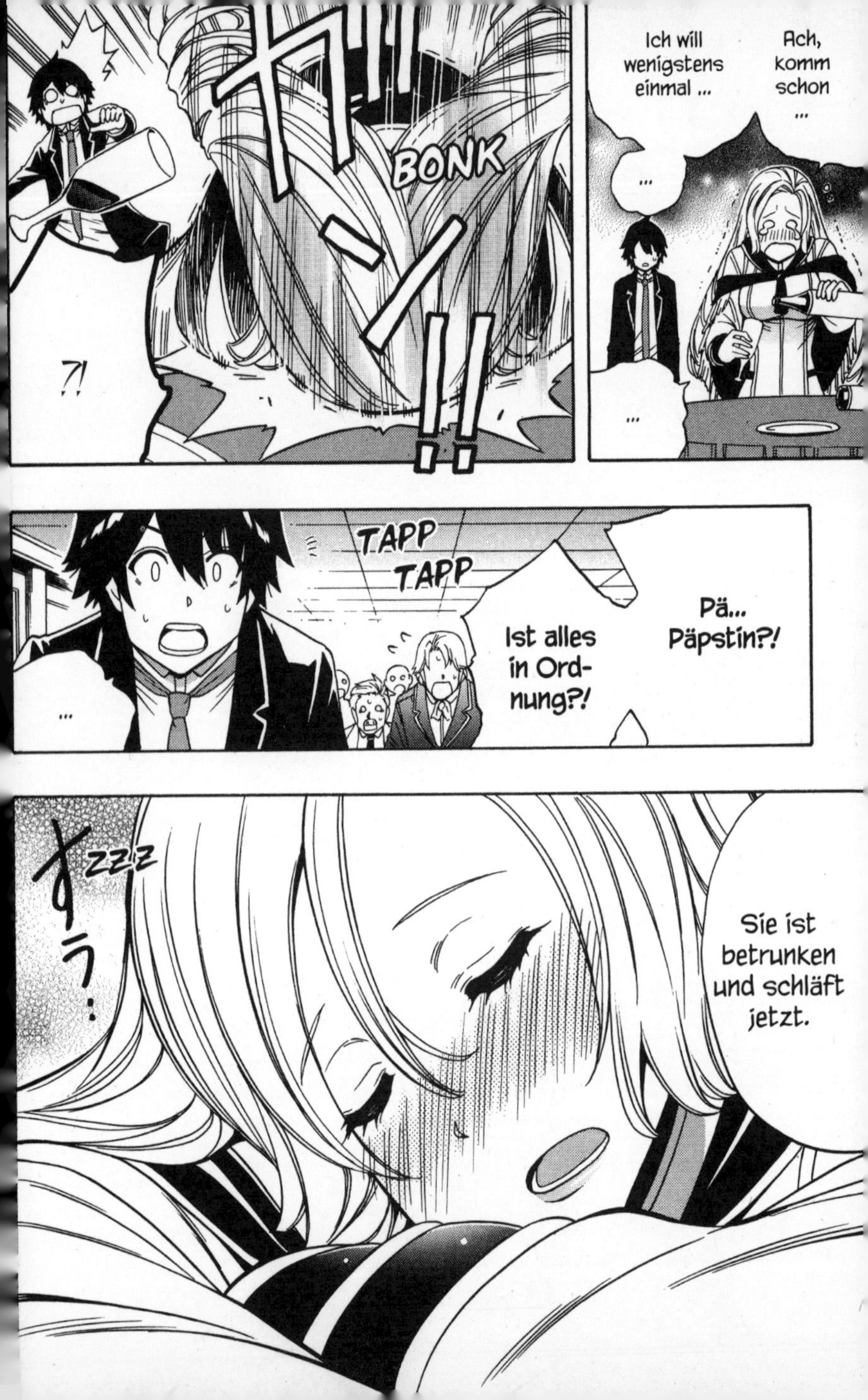
Ach, komm schon ...
Ich will wenigstens einmal ...
...
...
BONK
?!
Pä... Päpstin?!
Ist alles in Ordnung?!
TAPP TAPP
...
Sie ist betrunken und schläft jetzt.
ZZZ

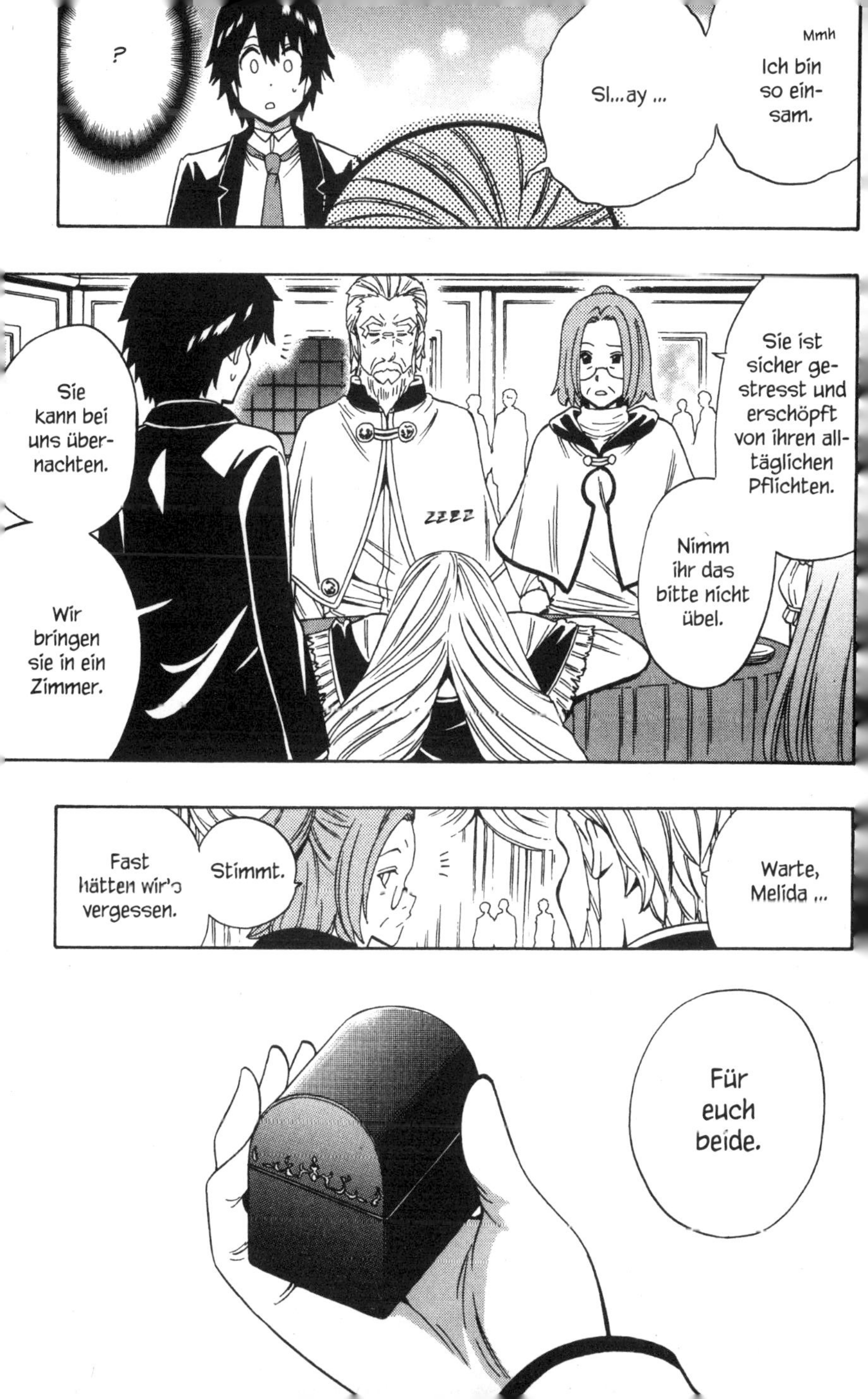
Mmh
Ich bin so einsam.
Sl...ay ...
?
Sie ist sicher gestresst und erschöpft von ihren alltäglichen Pflichten.
Nimm ihr das bitte nicht übel.
ZZZZ
Sie kann bei uns übernachten.
Wir bringen sie in ein Zimmer.
Warte, Melida ...
Stimmt.
Fast hätten wir's vergessen.
Für euch beide.

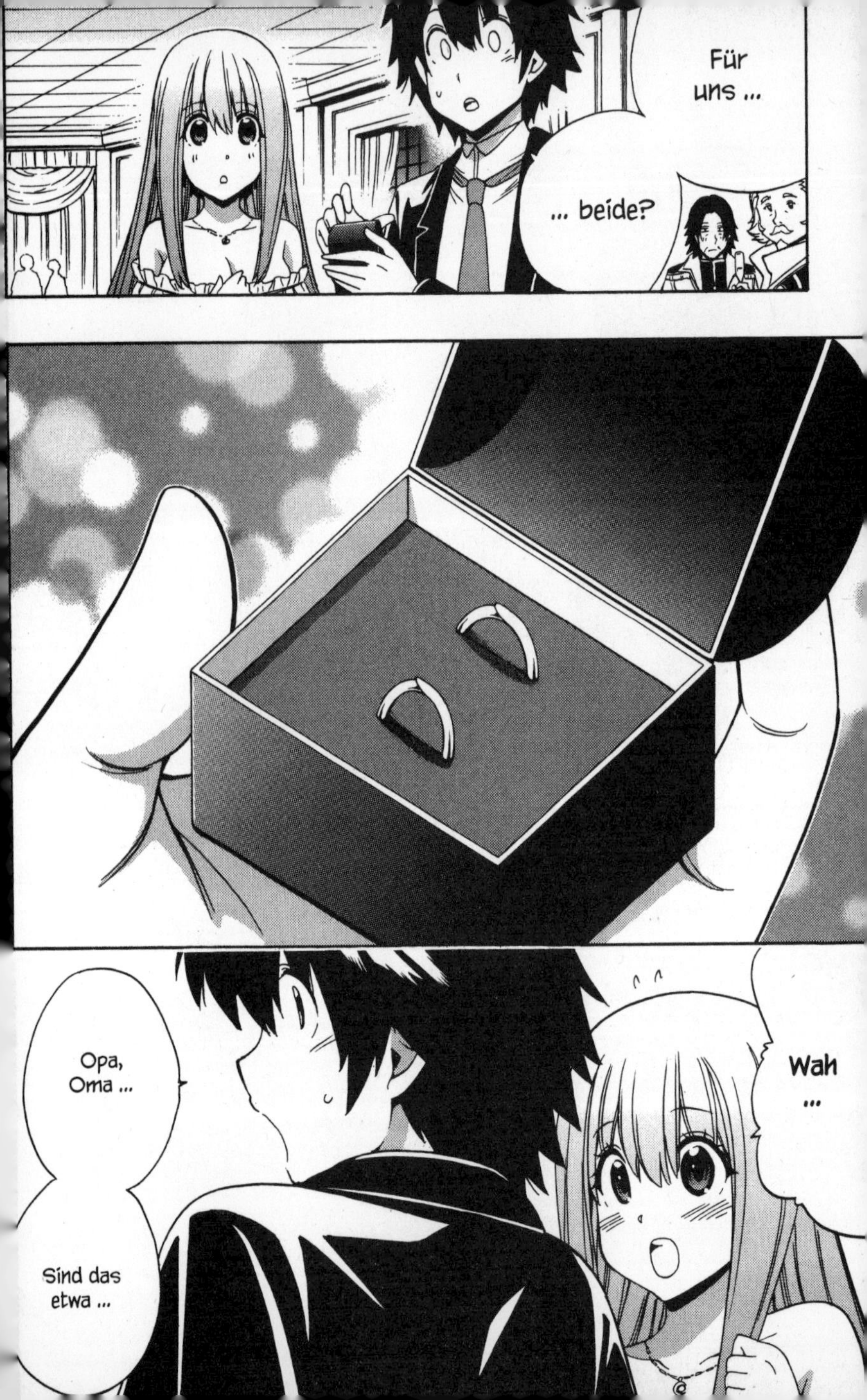
Für uns ...
... beide?
Wah ...
Opa, Oma ...
Sind das etwa ...

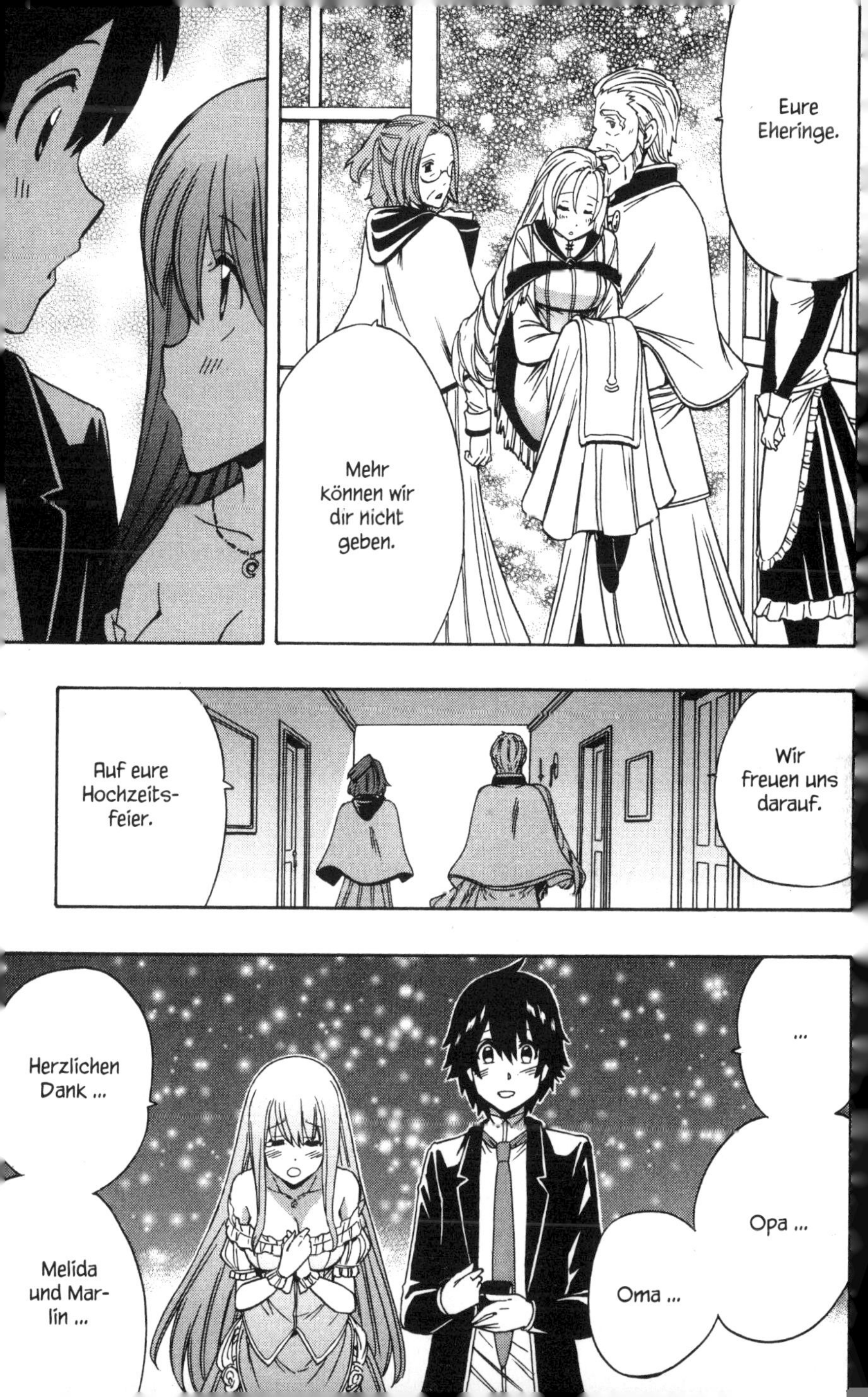
Eure Eheringe.
Mehr können wir dir nicht geben.
Wir freuen uns darauf.
Auf eure Hochzeitsfeier.
...
Opa ...
Oma ...
Herzlichen Dank ...
Melida und Marlin ...

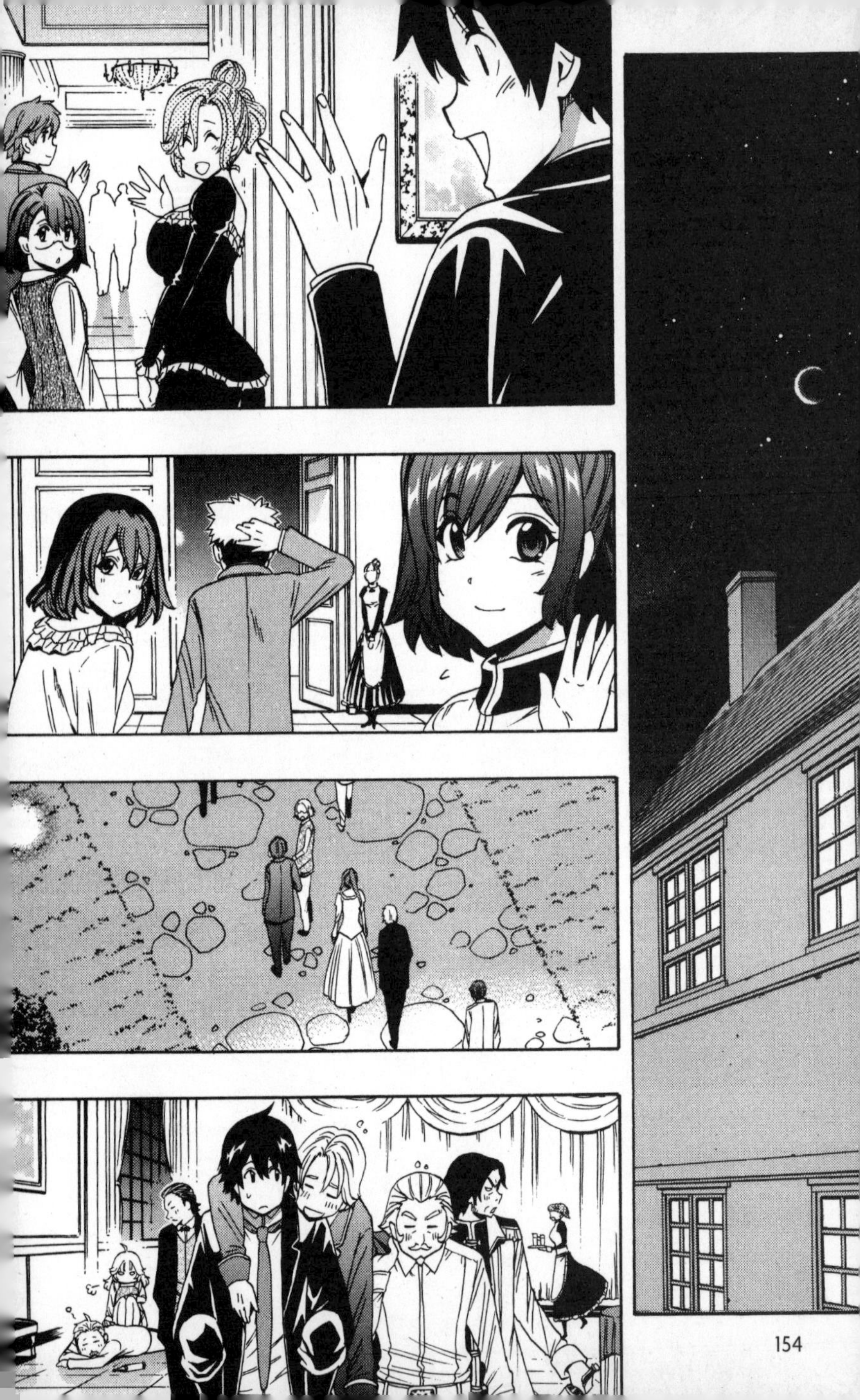

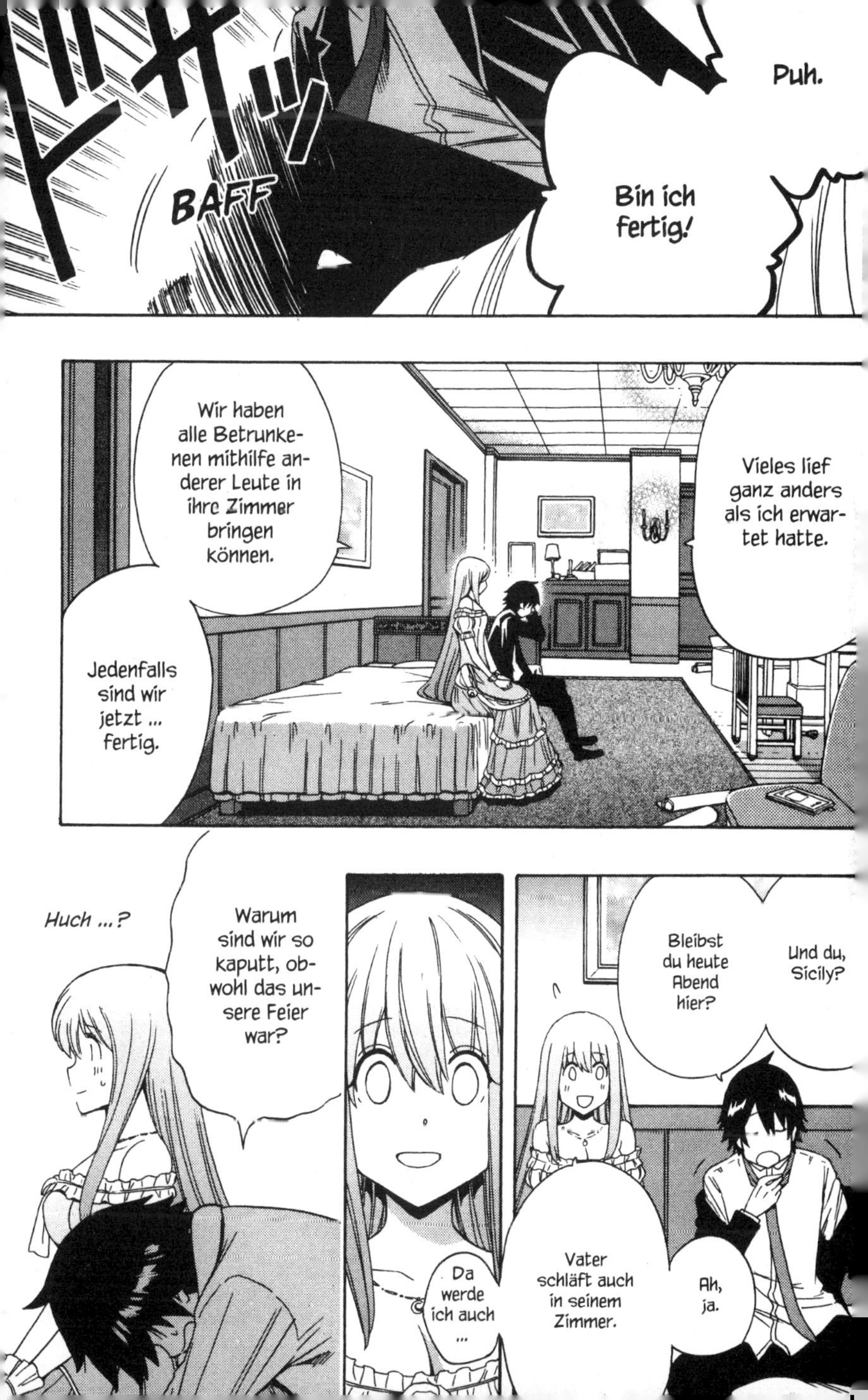

Puh.
Bin ich fertig!
BAFF
Vieles lief ganz anders als ich erwartet hatte.
Wir haben alle Betrunkenen mithilfe anderer Leute in ihre Zimmer bringen können.
Jedenfalls sind wir jetzt ... fertig.
Und du, Sicily?
Bleibst du heute Abend hier?
Ah, ja.
Vater schläft auch in seinem Zimmer.
Da werde ich auch ...
Warum sind wir so kaputt, obwohl das unsere Feier war?
Huch ...?

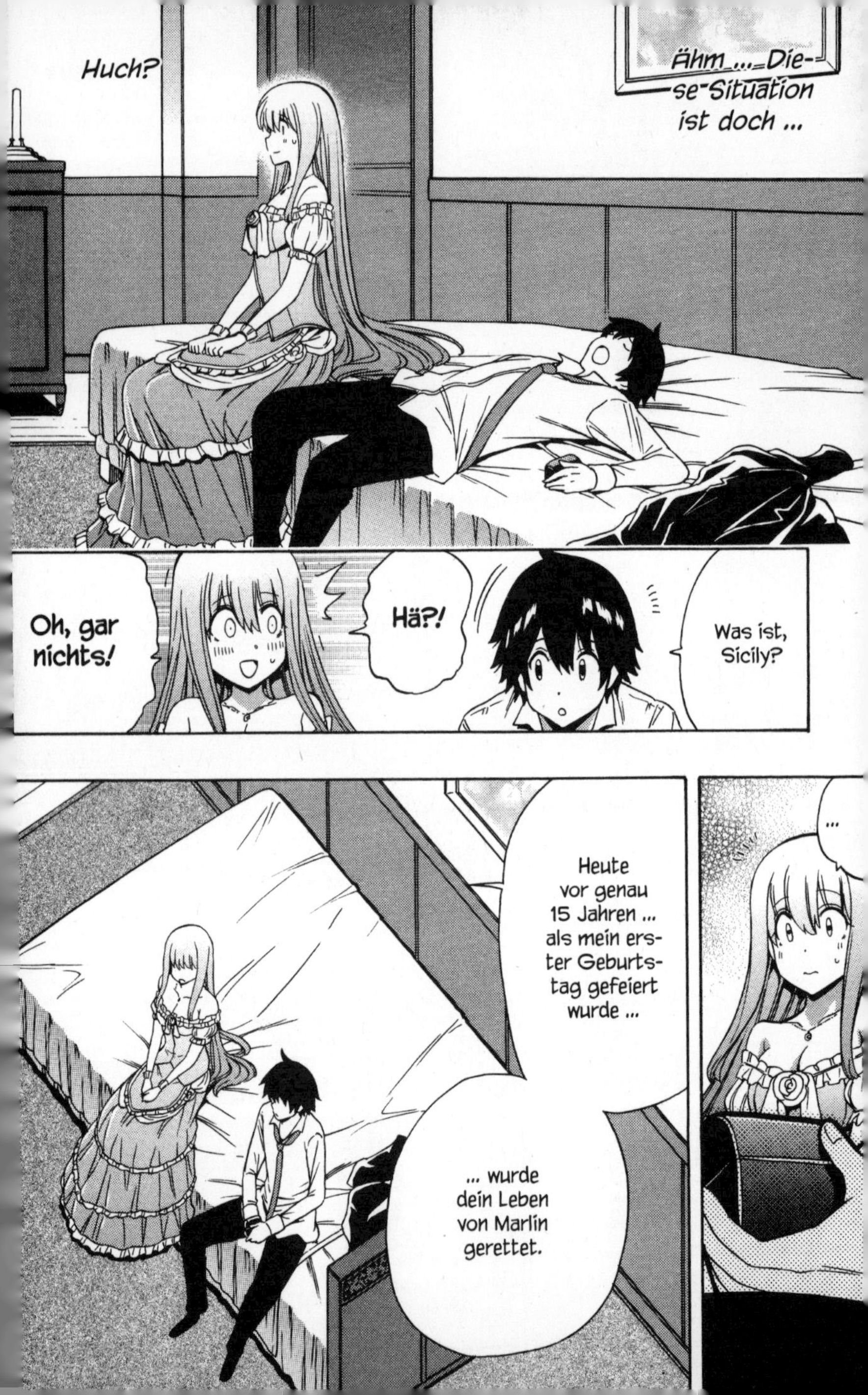
Ähm ... Diese Situation ist doch ...
Huch?
Was ist, Sicily?
Hä?!
Oh, gar nichts!
...
Heute vor genau 15 Jahren ... als mein erster Geburtstag gefeiert wurde ...
... wurde dein Leben von Marlin gerettet.

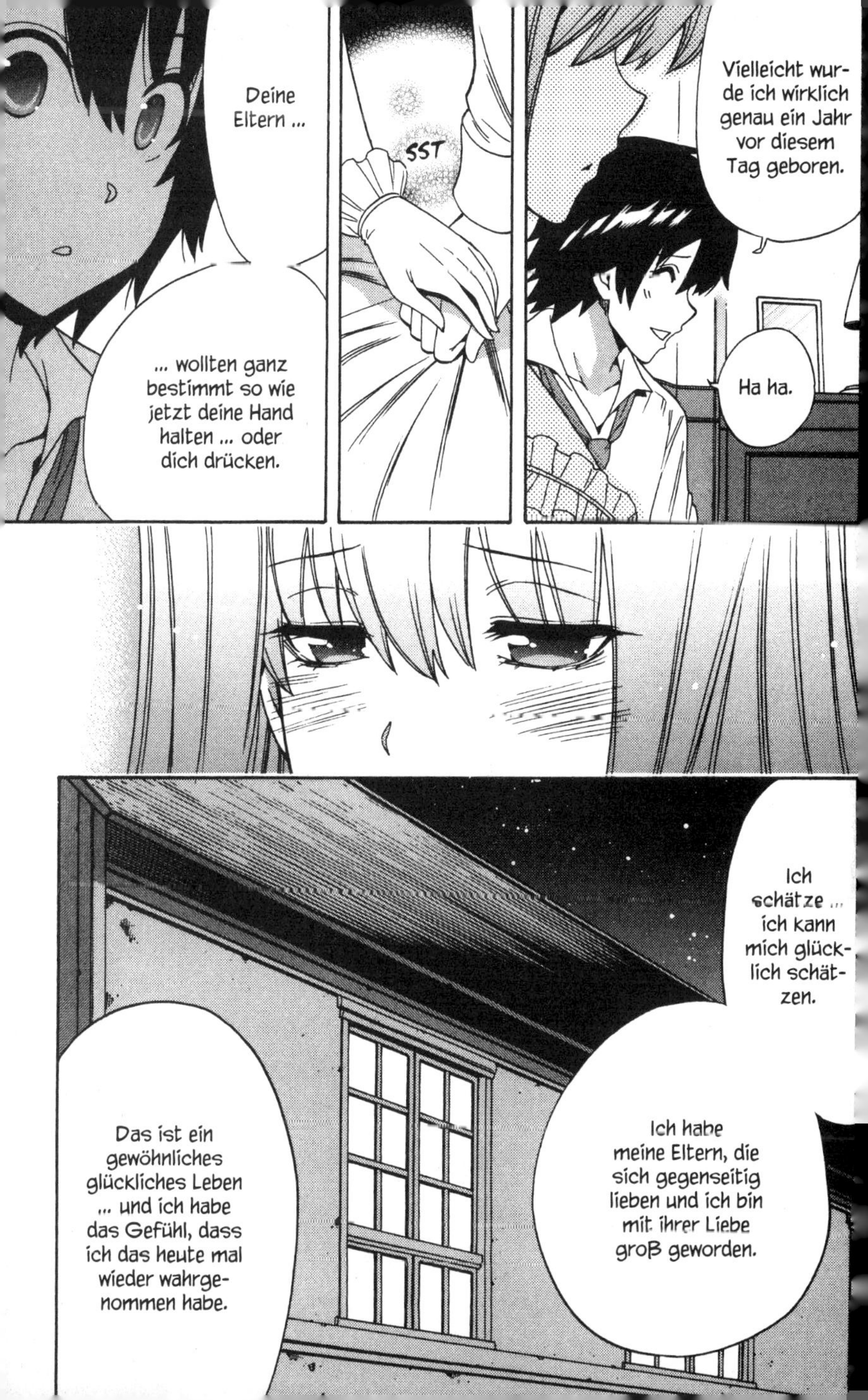
Vielleicht wurde ich wirklich genau ein Jahr vor diesem Tag geboren.
Ha ha.
SST
Deine Eltern ...
... wollten ganz bestimmt so wie jetzt deine Hand halten ... oder dich drücken.
Ich schätze ... ich kann mich glücklich schätzen.
Ich habe meine Eltern, die sich gegenseitig lieben und ich bin mit ihrer Liebe groß geworden.
Das ist ein gewöhnliches glückliches Leben ... und ich habe das Gefühl, dass ich das heute mal wieder wahrgenommen habe.

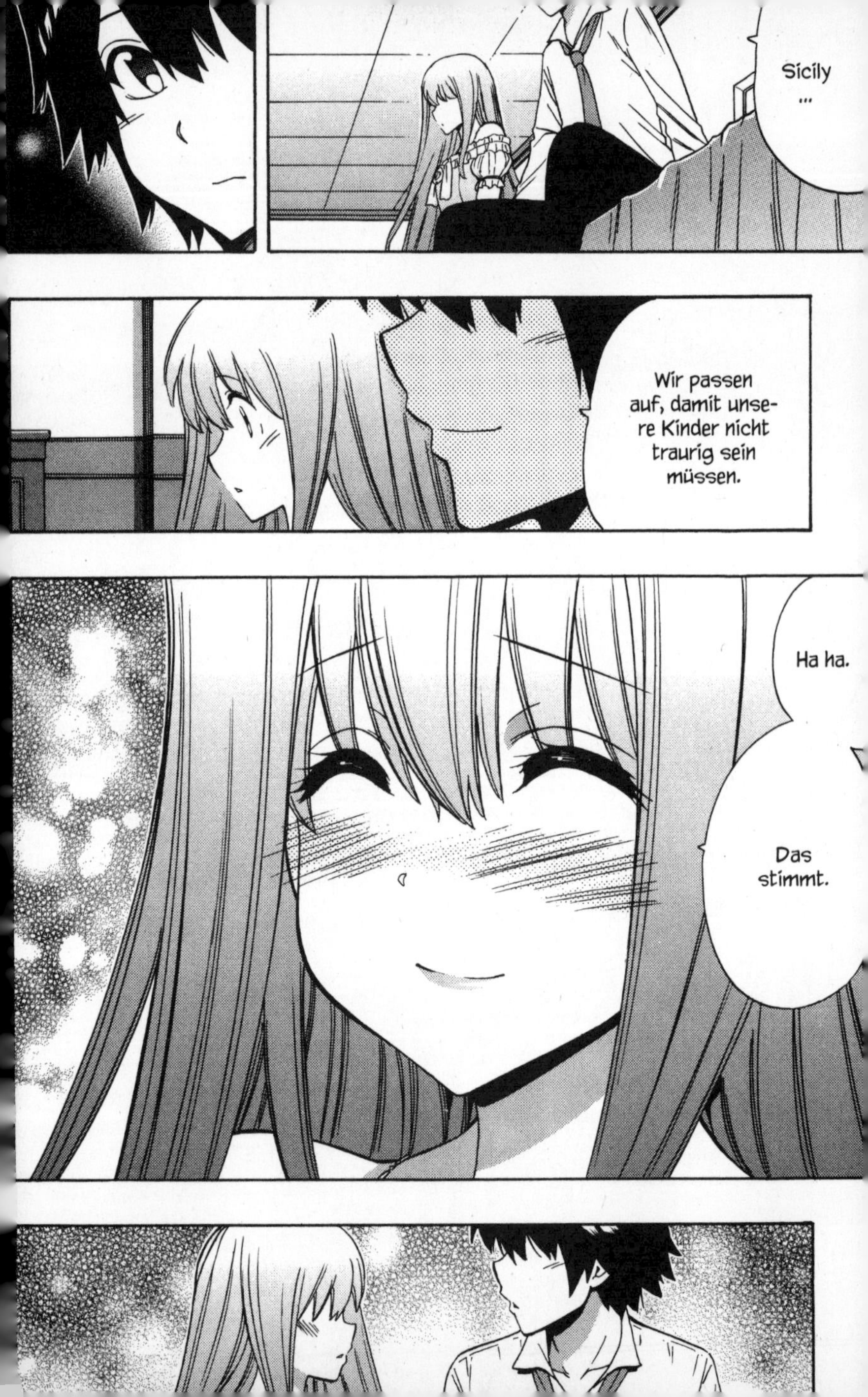
Sicily ...
Wir passen auf, damit unsere Kinder nicht traurig sein müssen.
Ha ha.
Das stimmt.

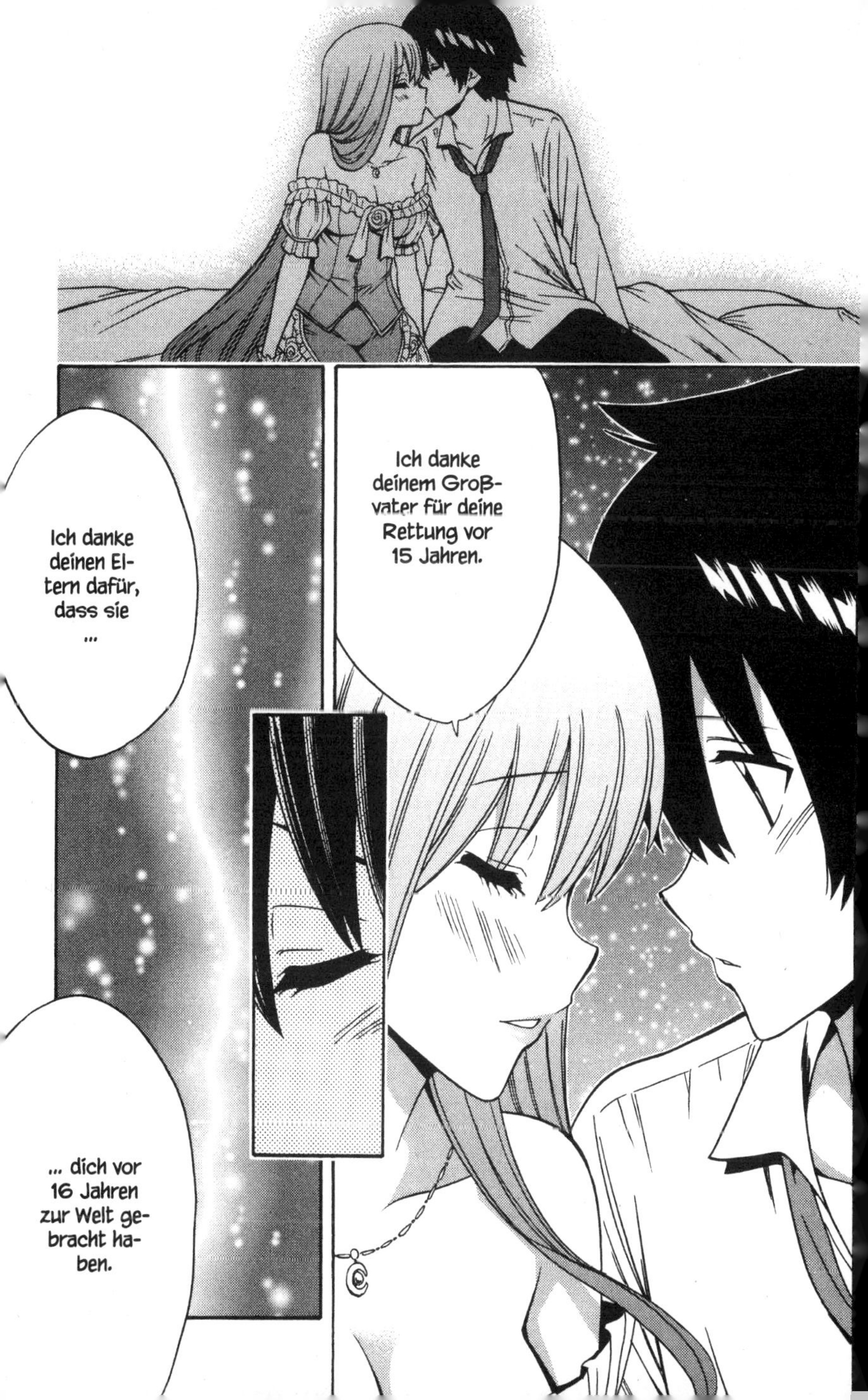
Ich danke deinem Großvater für deine Rettung vor 15 Jahren.
Ich danke deinen Eltern dafür, dass sie ...
... dich vor 16 Jahren zur Welt gebracht haben.

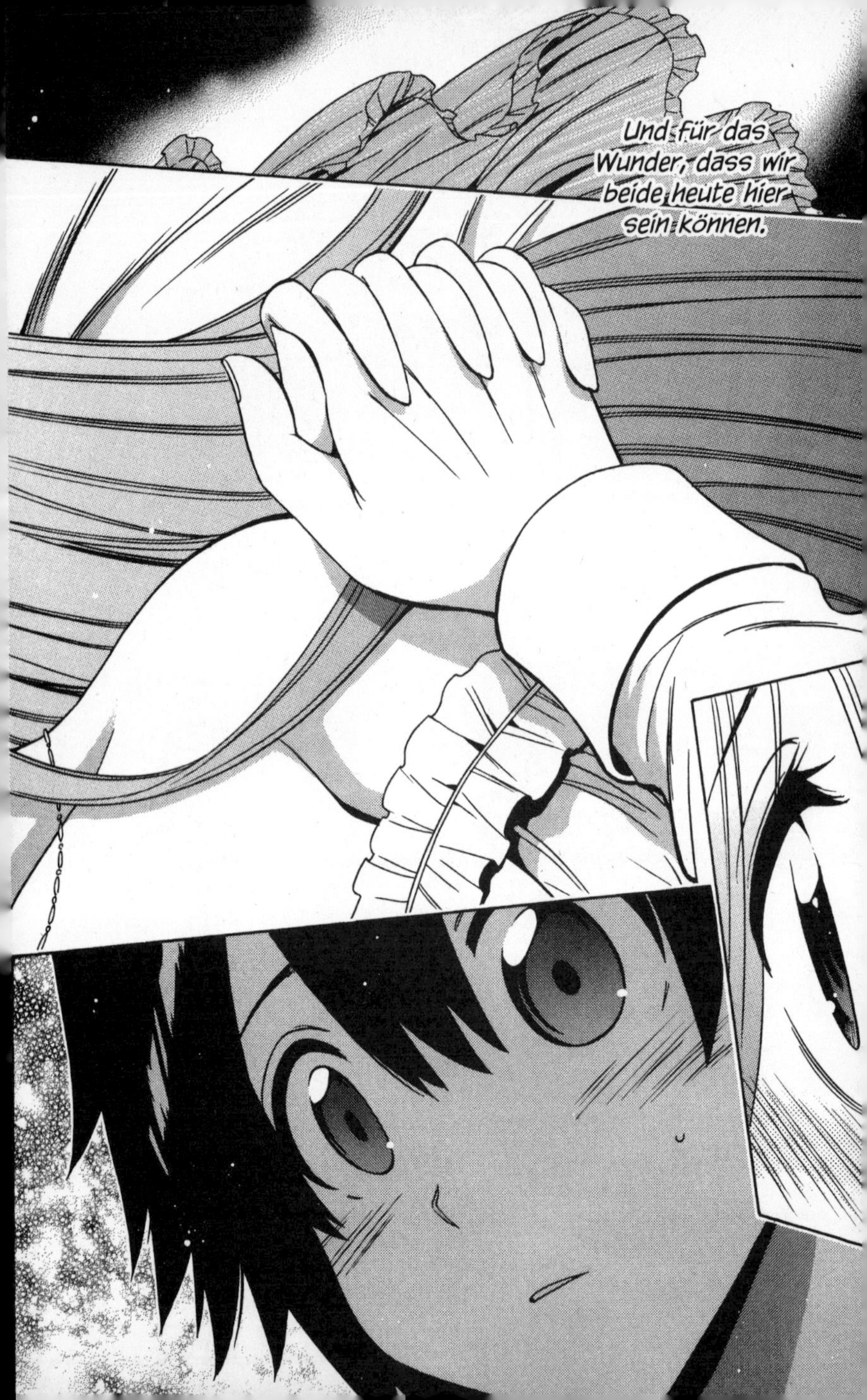
Und für das Wunder, dass wir beide heute hier sein können.

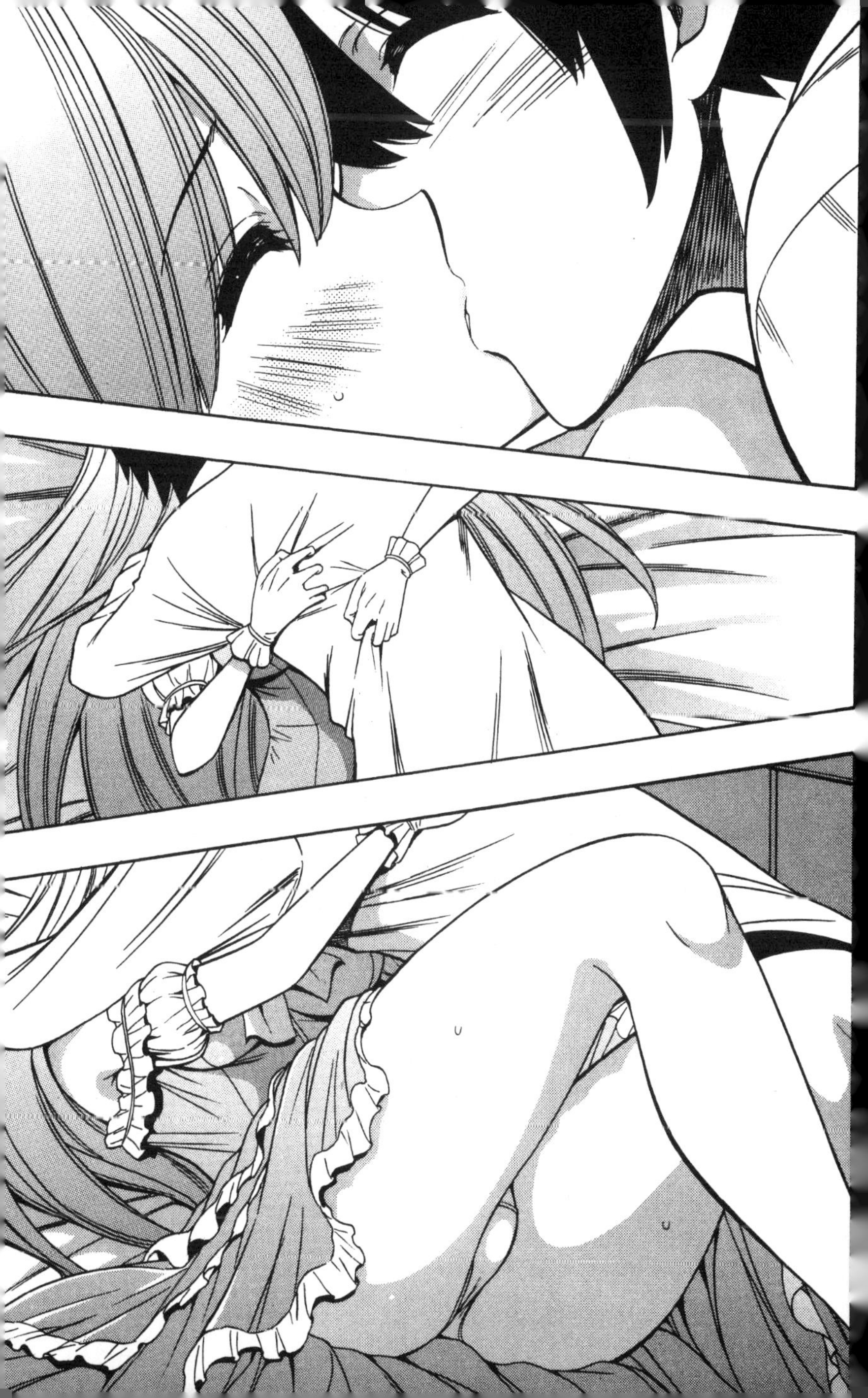

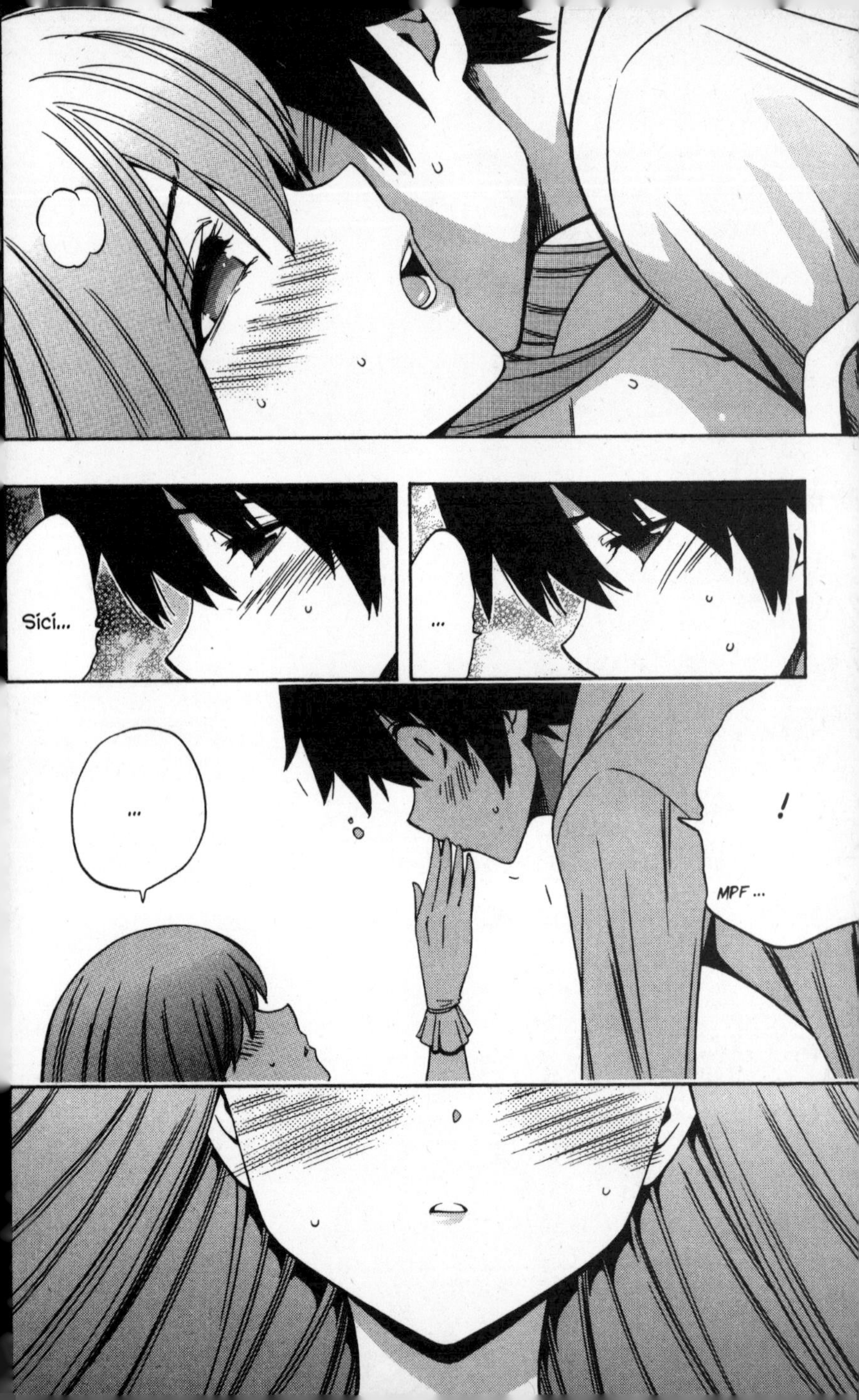

...
Sici...
...
!
MPF ...

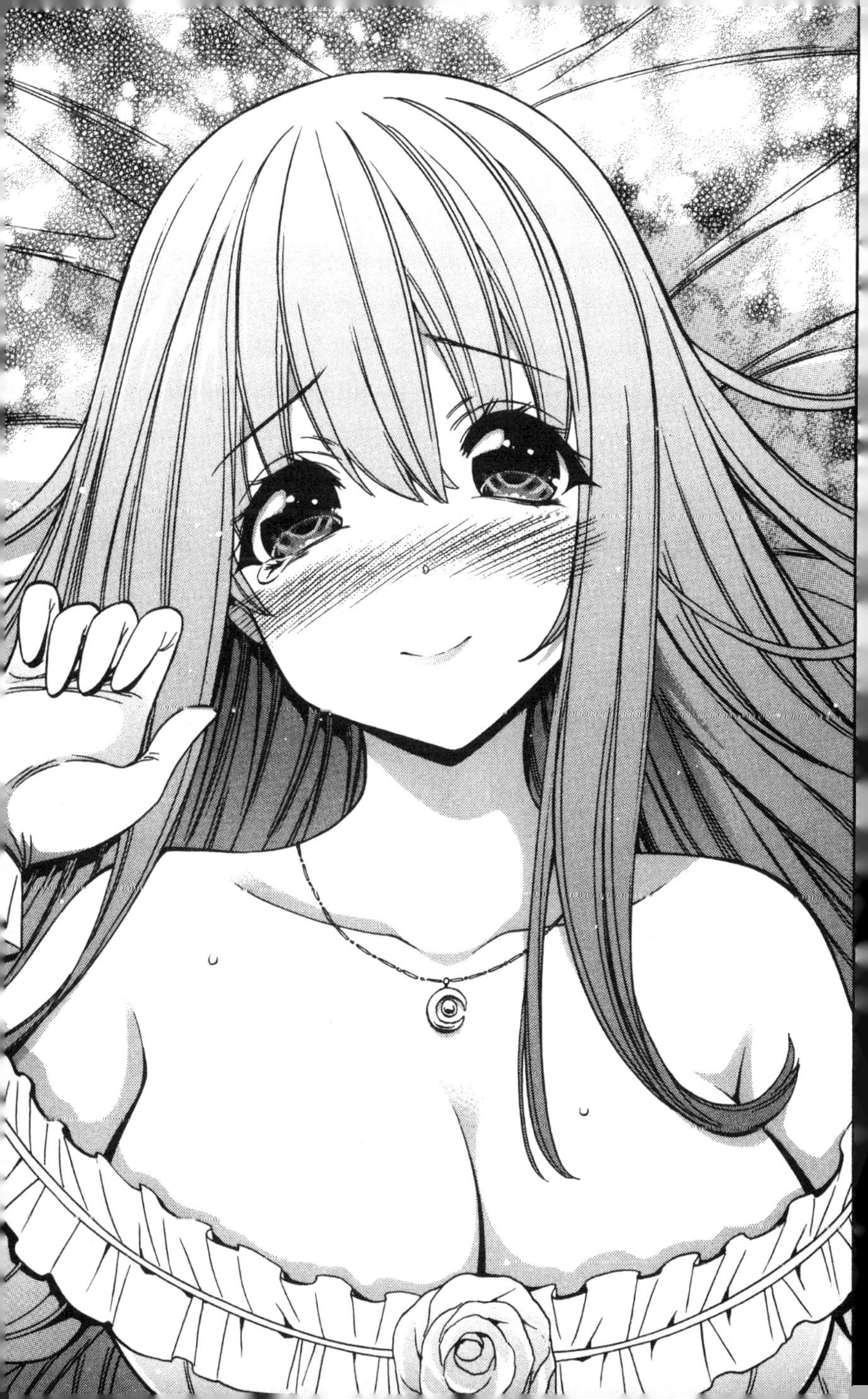

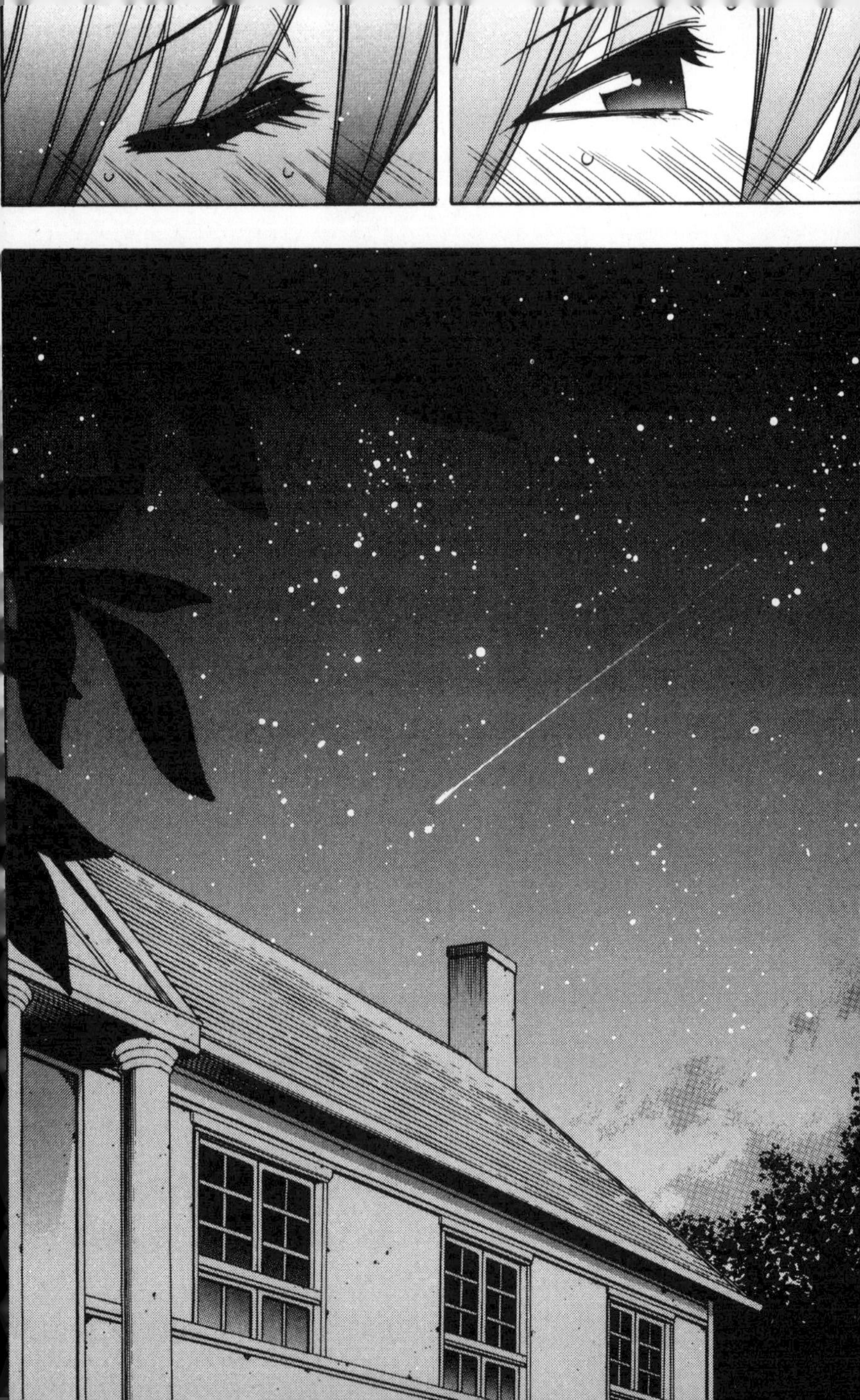

Wise Man's Grandchild

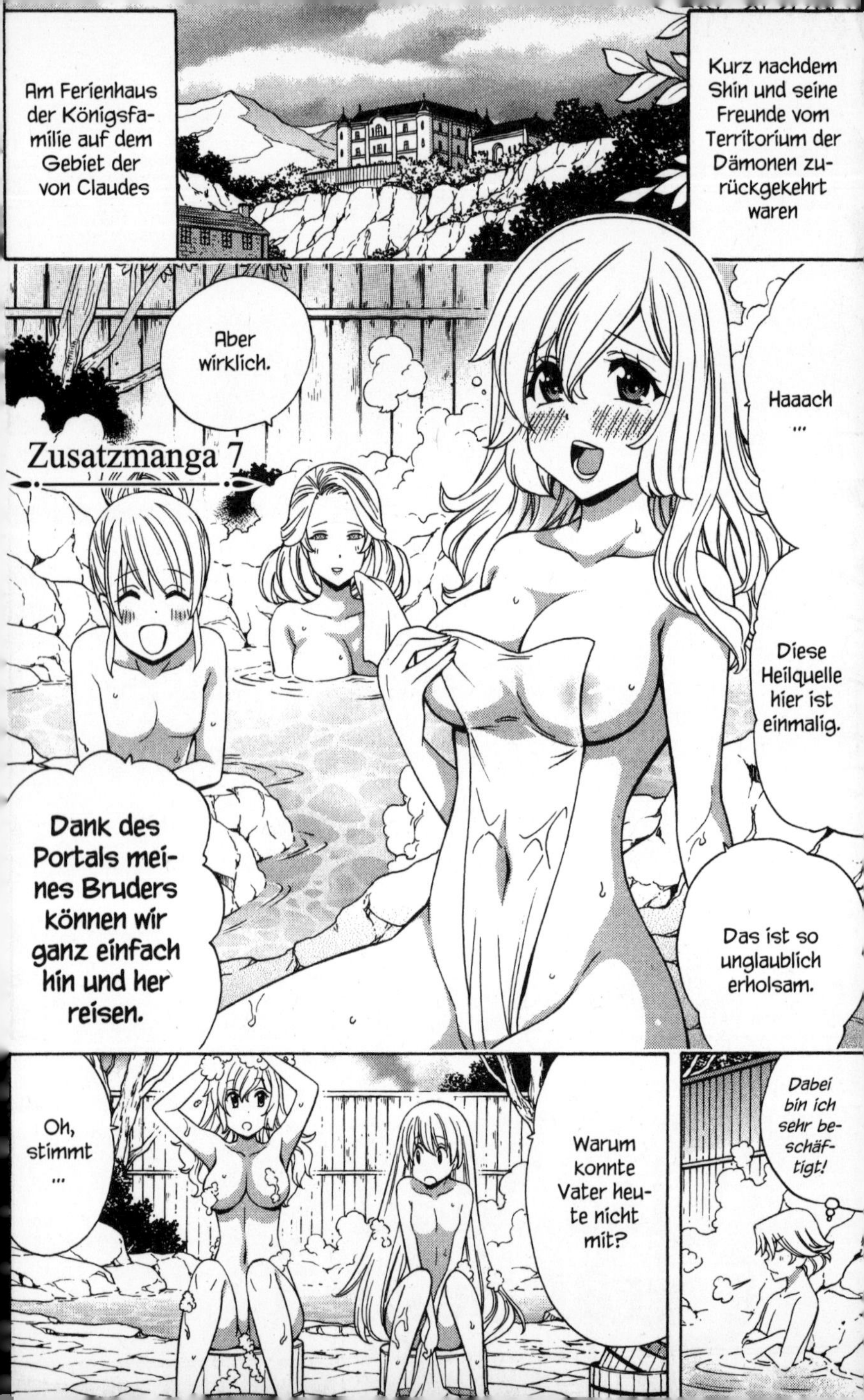
Kurz nachdem Shin und seine Freunde vom Territorium der Dämonen zurückgekehrt waren
Am Ferienhaus der Königsfamilie auf dem Gebiet der von Claudes
Zusatzmanga 7
Haaach ...
Diese Heilquelle hier ist einmalig.
Das ist so unglaublich erholsam.
Aber wirklich.
Dank des Portals meines Bruders können wir ganz einfach hin und her reisen.
Warum konnte Vater heute nicht mit?
Oh, stimmt ...
Dabei bin ich sehr beschäftigt!

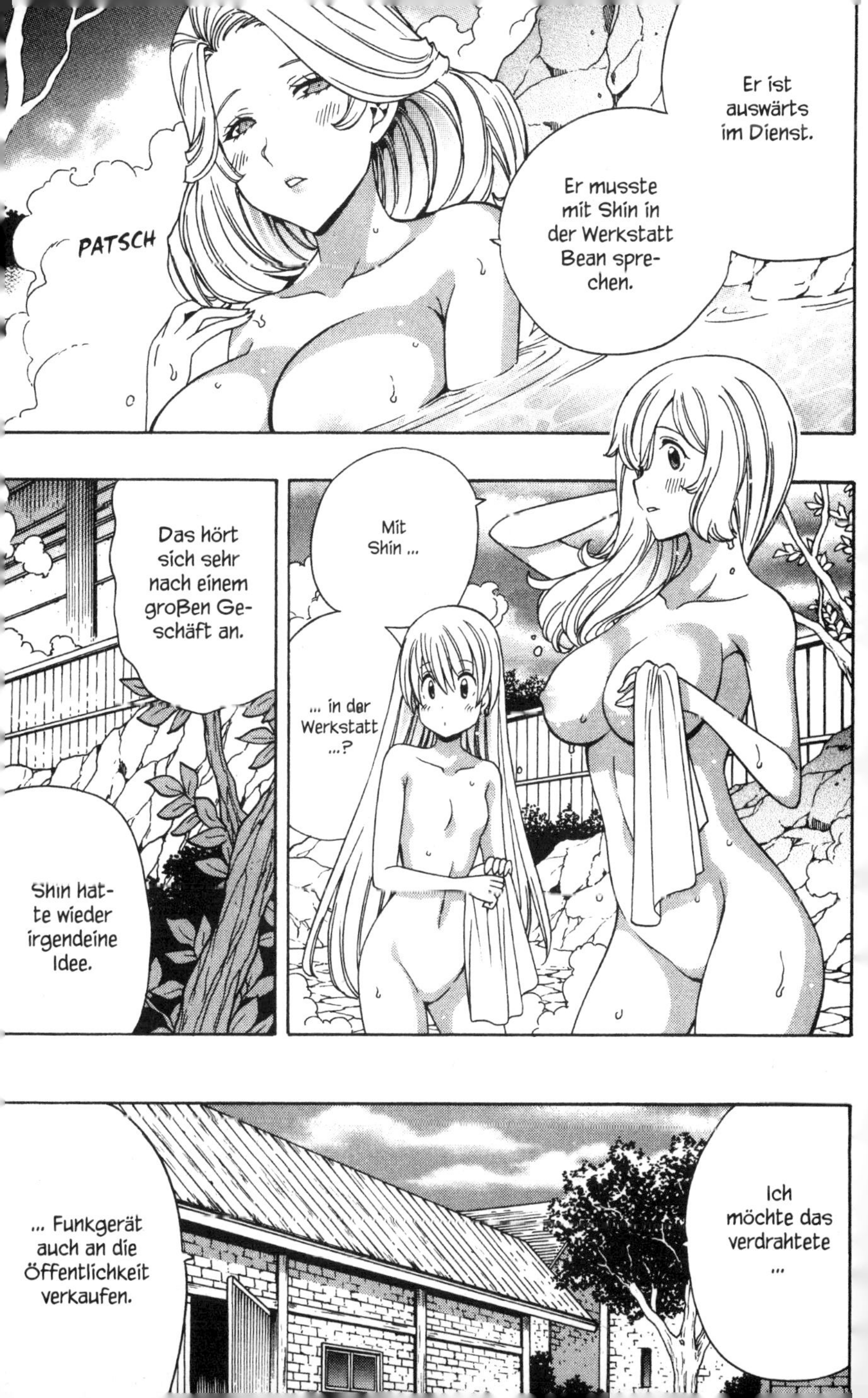
Er ist auswärts im Dienst.
Er musste mit Shin in der Werkstatt Bean sprechen.
PATSCH
Mit Shin ...
... in der Werkstatt ...?
Das hört sich sehr nach einem großen Geschäft an.
Shin hatte wieder irgendeine Idee.
Ich möchte das verdrahtete ...
... Funkgerät auch an die Öffentlichkeit verkaufen.

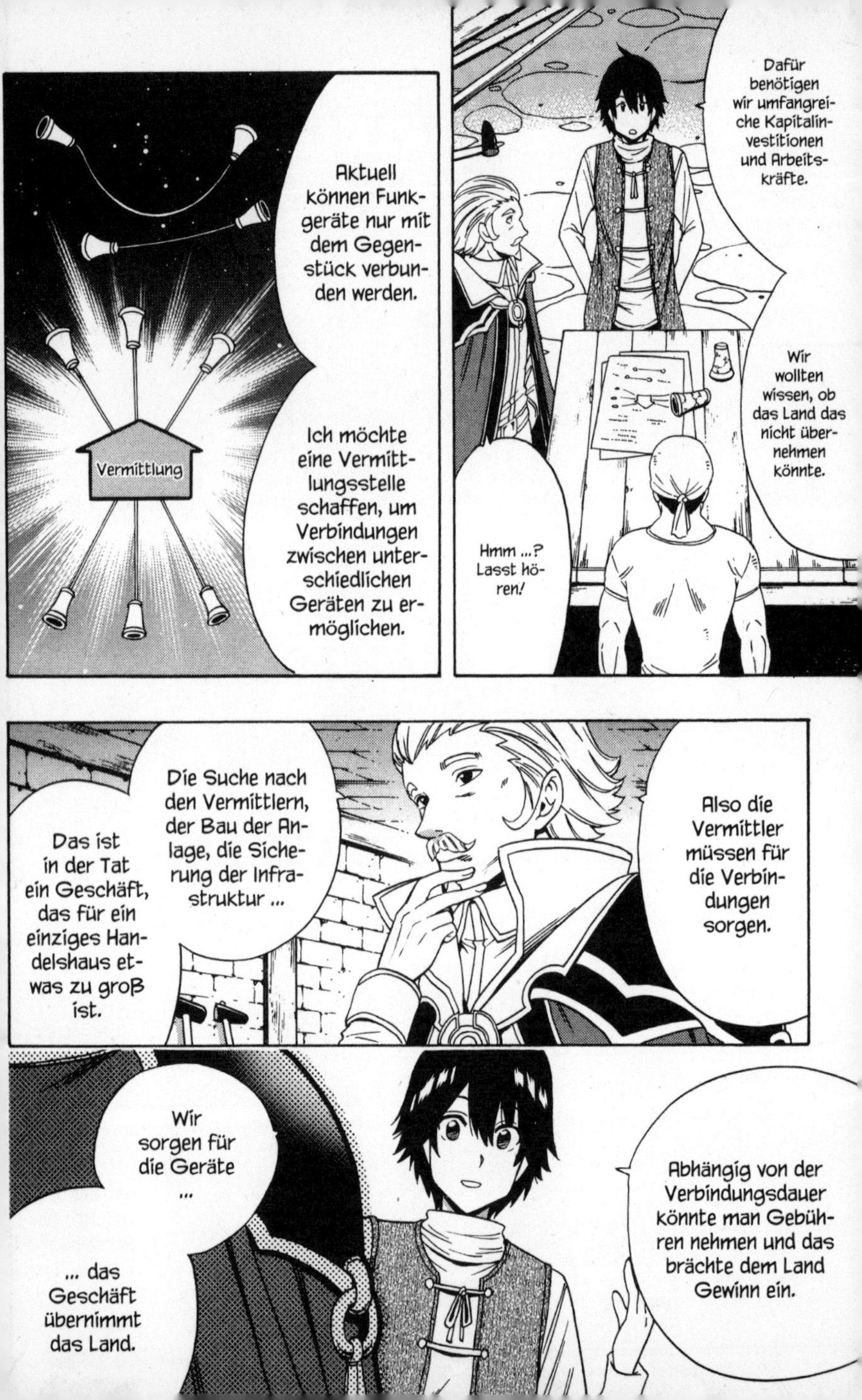
Dafür benötigen wir umfangreiche Kapitalinvestitionen und Arbeitskräfte.
Wir wollten wissen, ob das Land das nicht übernehmen könnte.
Hmm ...? Lasst hören!
Aktuell können Funkgeräte nur mit dem Gegenstück verbunden werden.
Vermittlung
Ich möchte eine Vermittlungsstelle schaffen, um Verbindungen zwischen unterschiedlichen Geräten zu ermöglichen.
Also die Vermittler müssen für die Verbindungen sorgen.
Die Suche nach den Vermittlern, der Bau der Anlage, die Sicherung der Infrastruktur ...
Das ist in der Tat ein Geschäft, das für ein einziges Handelshaus etwas zu groß ist.
Abhängig von der Verbindungsdauer könnte man Gebühren nehmen und das brächte dem Land Gewinn ein.
Wir sorgen für die Geräte ...
... das Geschäft übernimmt das Land.

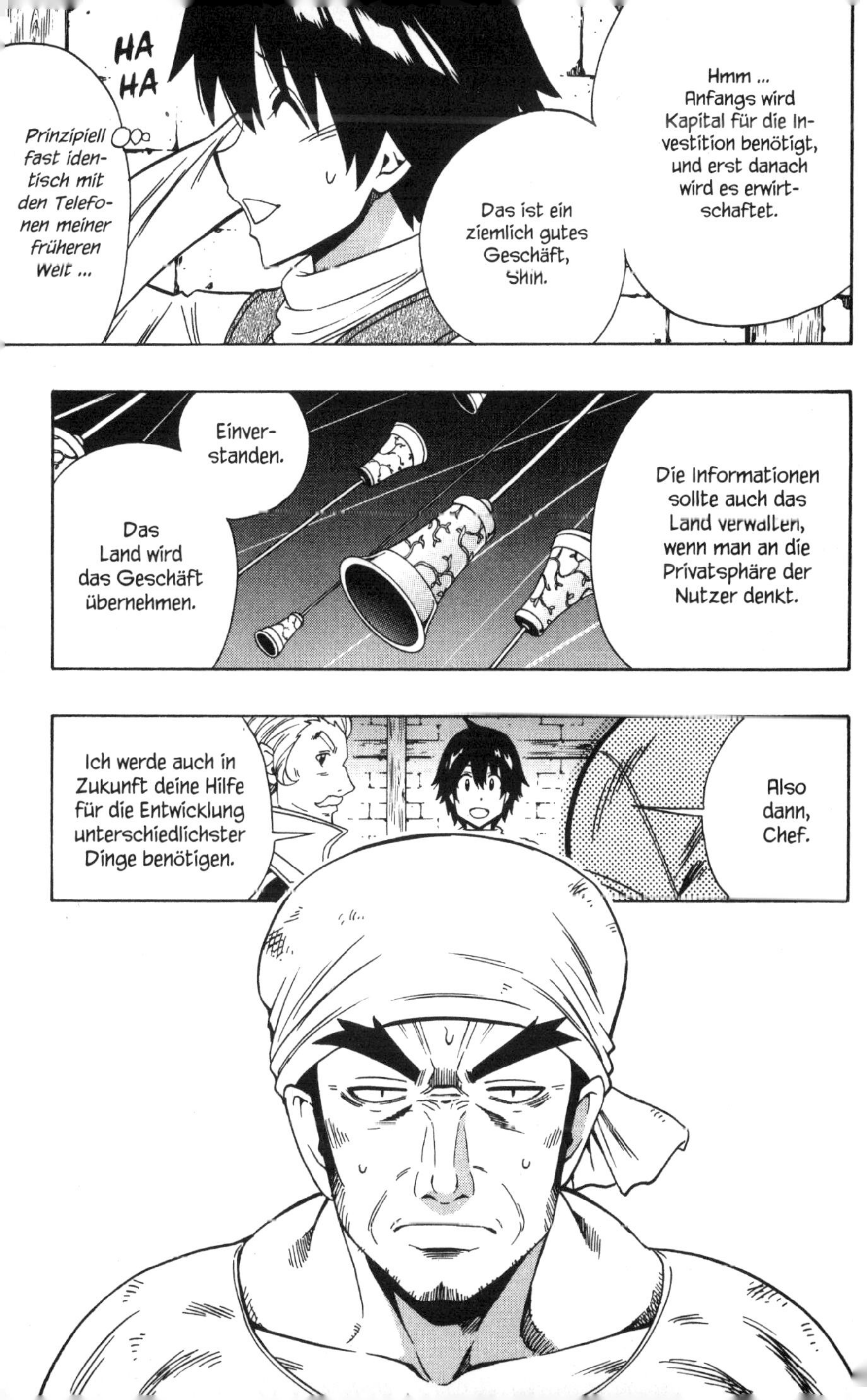
Hmm ... Anfangs wird Kapital für die Investition benötigt, und erst danach wird es erwirtschaftet.
Das ist ein ziemlich gutes Geschäft, Shin.
HA HA
Prinzipiell fast identisch mit den Telefonen meiner früheren Welt ...
Die Informationen sollte auch das Land verwalten, wenn man an die Privatsphäre der Nutzer denkt.
Einverstanden.
Das Land wird das Geschäft übernehmen.
Also dann, Chef.
Ich werde auch in Zukunft deine Hilfe für die Entwicklung unterschiedlichster Dinge benötigen.

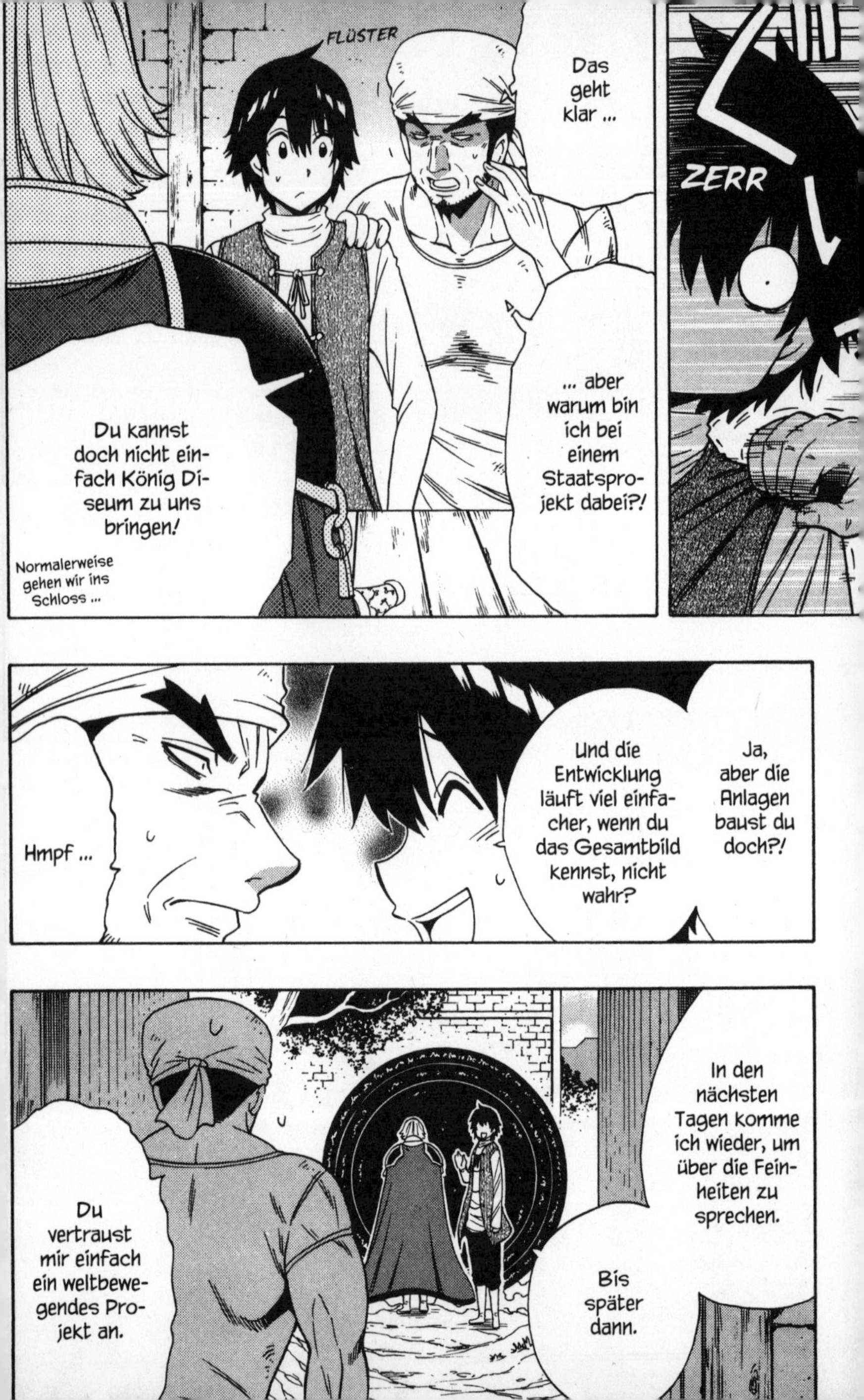
ZERR
FLÜSTER
Das geht klar ...
... aber warum bin ich bei einem Staatsprojekt dabei?!
Du kannst doch nicht einfach König Diseum zu uns bringen!
Normalerweise gehen wir ins Schloss ...
Ja, aber die Anlagen baust du doch?!
Und die Entwicklung läuft viel einfacher, wenn du das Gesamtbild kennst, nicht wahr?
Hmpf ...
In den nächsten Tagen komme ich wieder, um über die Feinheiten zu sprechen.
Bis später dann.
Du vertraust mir einfach ein weltbewegendes Projekt an.

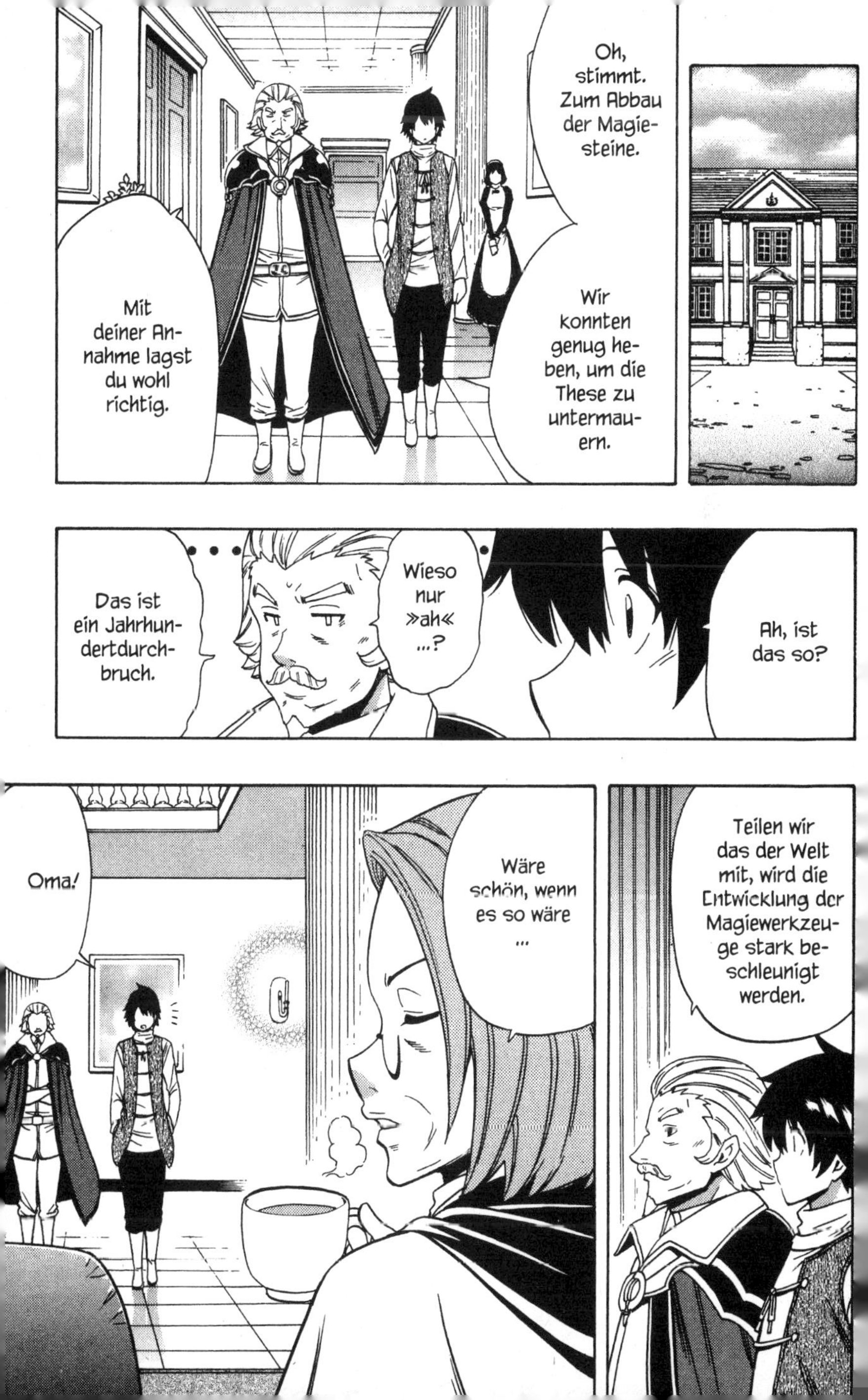

Oh, stimmt. Zum Abbau der Magiesteine.
Wir konnten genug heben, um die These zu untermauern.
Mit deiner Annahme lagst du wohl richtig.
Ah, ist das so?
Wieso nur »ah« ...?
...
Das ist ein Jahrhundertdurchbruch.
Teilen wir das der Welt mit, wird die Entwicklung der Magiewerkzeuge stark beschleunigt werden.
Wäre schön, wenn es so wäre ...
Oma!

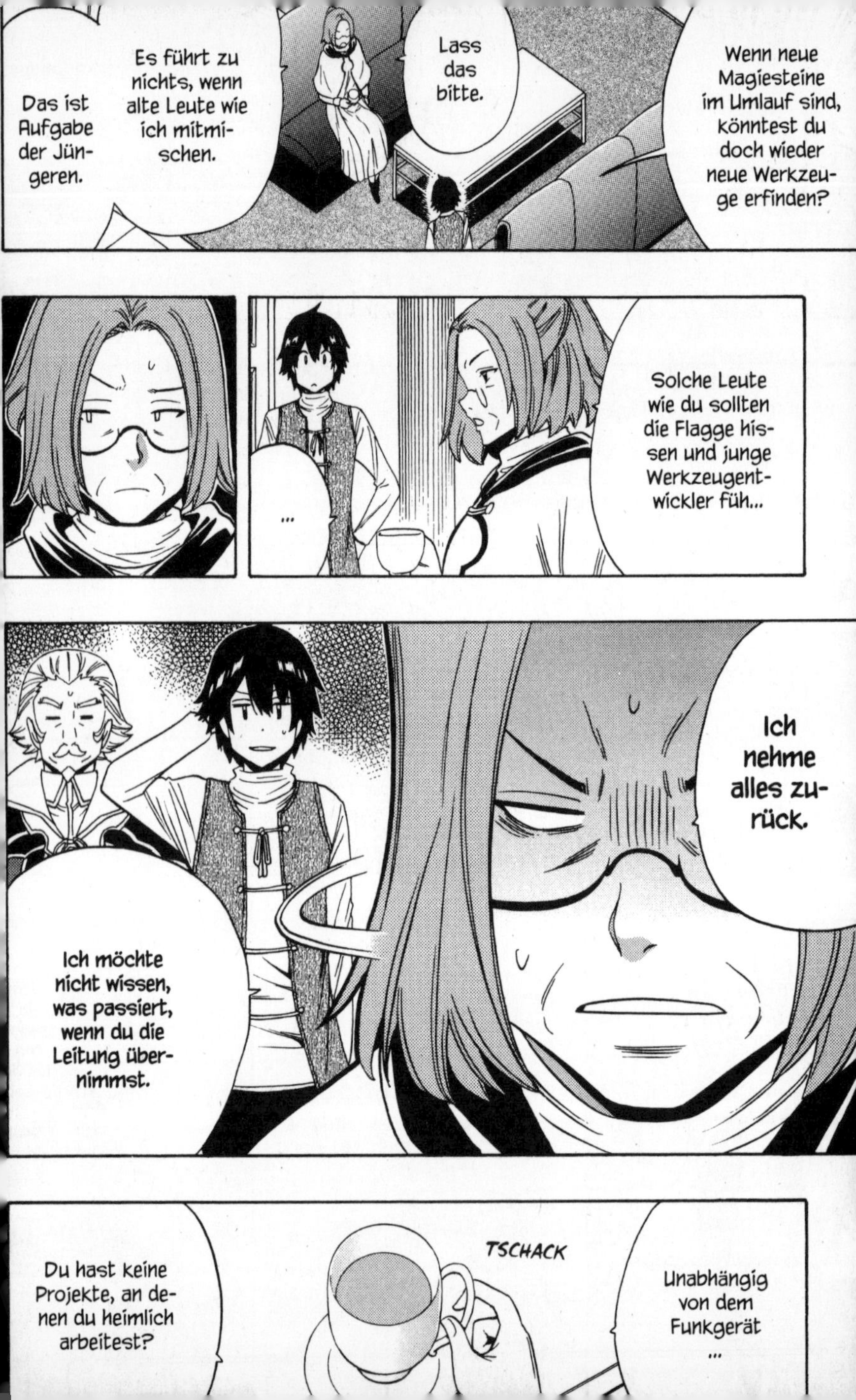
Wenn neue Magiesteine im Umlauf sind, könntest du doch wieder neue Werkzeuge erfinden?
Lass das bitte.
Es führt zu nichts, wenn alte Leute wie ich mitmischen.
Das ist Aufgabe der Jüngeren.
Solche Leute wie du sollten die Flagge hissen und junge Werkzeugentwickler füh...
...
Ich nehme alles zurück.
Ich möchte nicht wissen, was passiert, wenn du die Leitung übernimmst.
Unabhängig von dem Funkgerät ...
TSCHACK
Du hast keine Projekte, an denen du heimlich arbeitest?

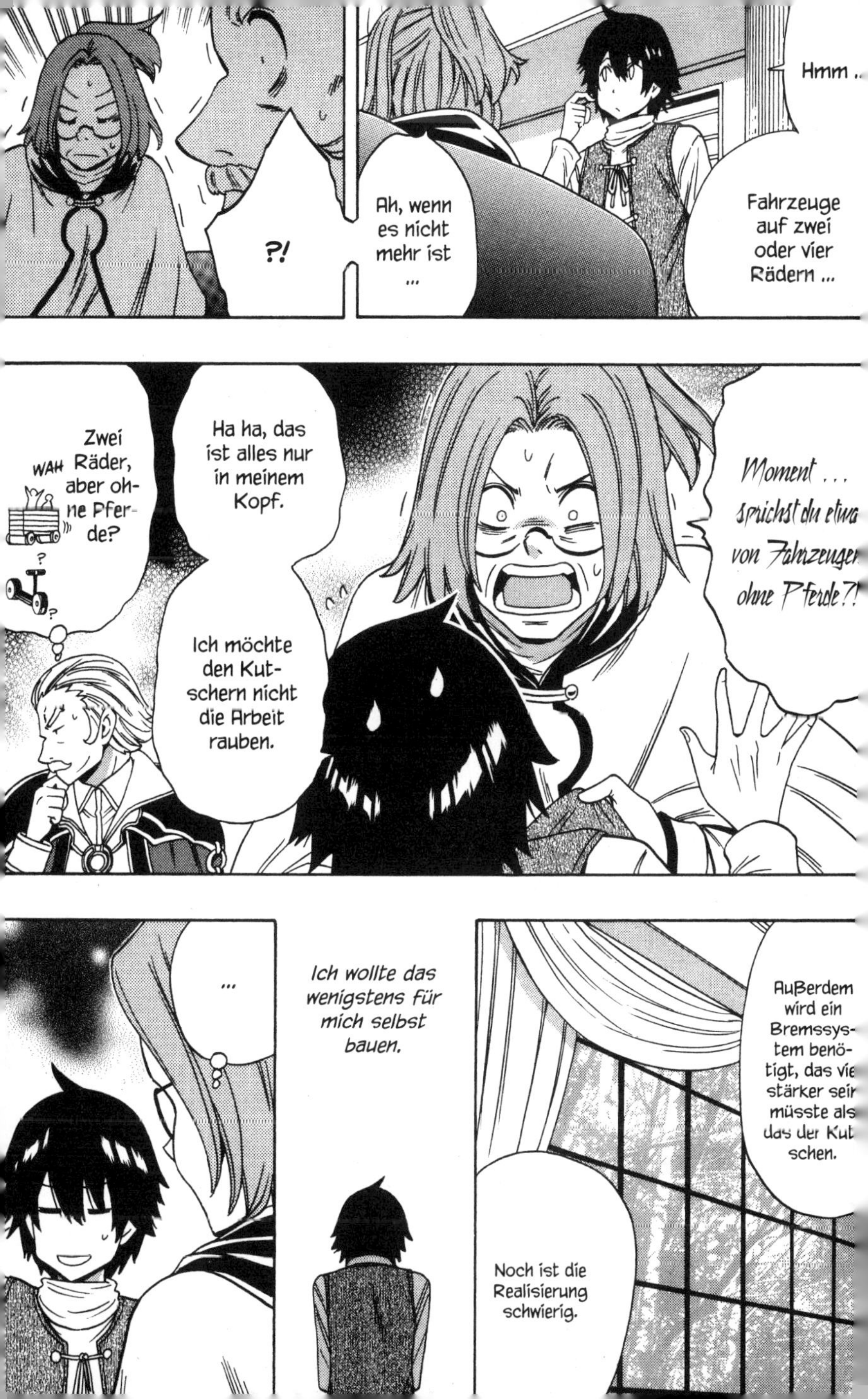
Hmm ...
Fahrzeuge auf zwei oder vier Rädern ...
Ah, wenn es nicht mehr ist ...
?!
Moment ... sprichst du etwa von Fahrzeugen ohne Pferde?!
Ha ha, das ist alles nur in meinem Kopf.
Ich möchte den Kutschern nicht die Arbeit rauben.
Zwei Räder, aber ohne Pferde?
WAH
Außerdem wird ein Bremssystem benötigt, das viel stärker sein müsste als das der Kutschen.
Noch ist die Realisierung schwierig.
Ich wollte das wenigstens für mich selbst bauen.
...

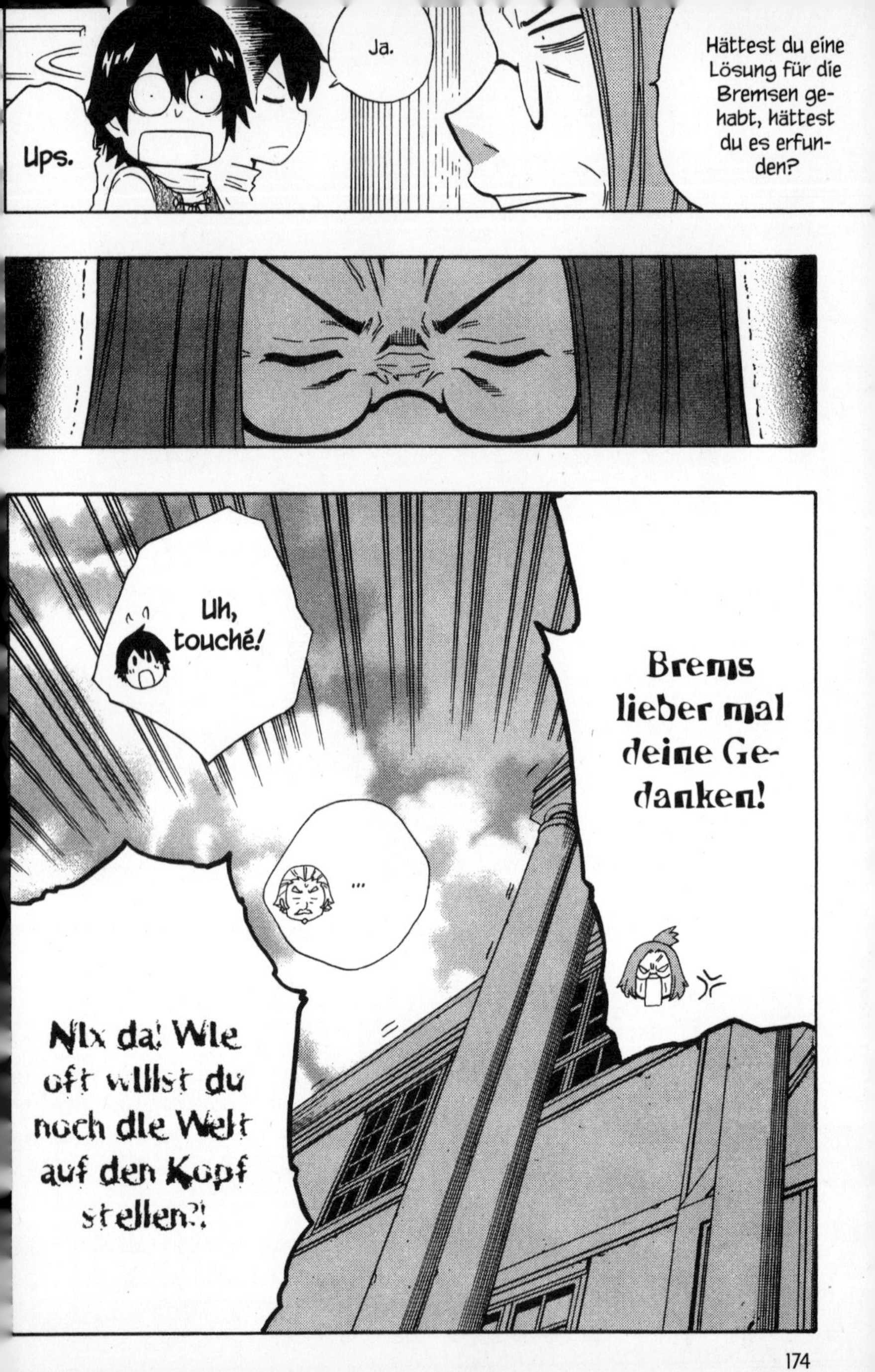
Hättest du eine Lösung für die Bremsen gehabt, hättest du es erfunden?
Ja.
Ups.
Brems lieber mal deine Gedanken!
Uh, touché!
...
Nix da! Wie oft willst du noch die Welt auf den Kopf stellen?!

Wise Man's Grandchild

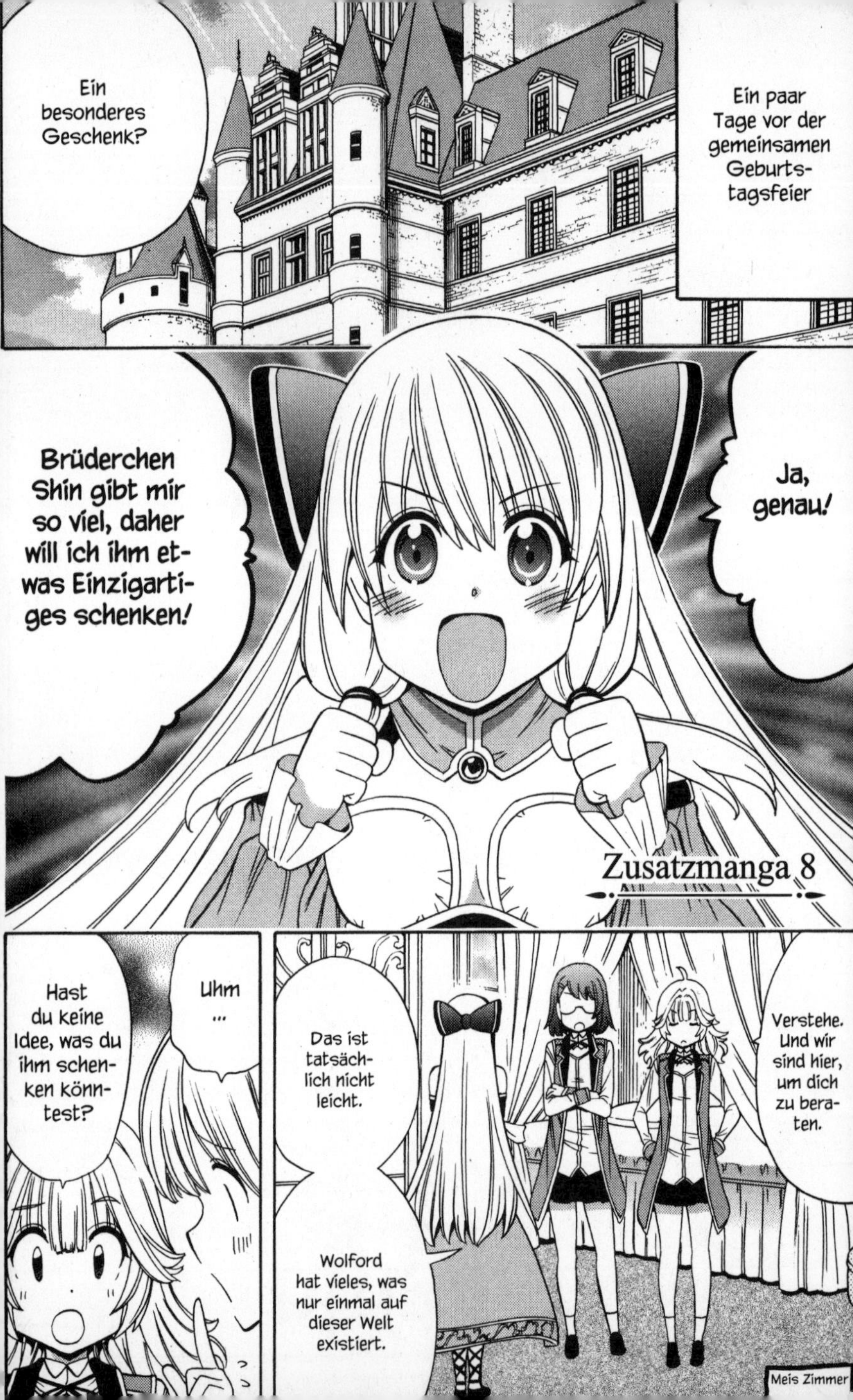
Ein paar Tage vor der gemeinsamen Geburtstagsfeier
Ein besonderes Geschenk?
Ja, genau!
Brüderchen Shin gibt mir so viel, daher will ich ihm etwas Einzigartiges schenken!
Zusatzmanga 8
Verstehe. Und wir sind hier, um dich zu beraten.
Das ist tatsächlich nicht leicht.
Wolford hat vieles, was nur einmal auf dieser Welt existiert.
Meis Zimmer
Uhm ...
Hast du keine Idee, was du ihm schenken könntest?

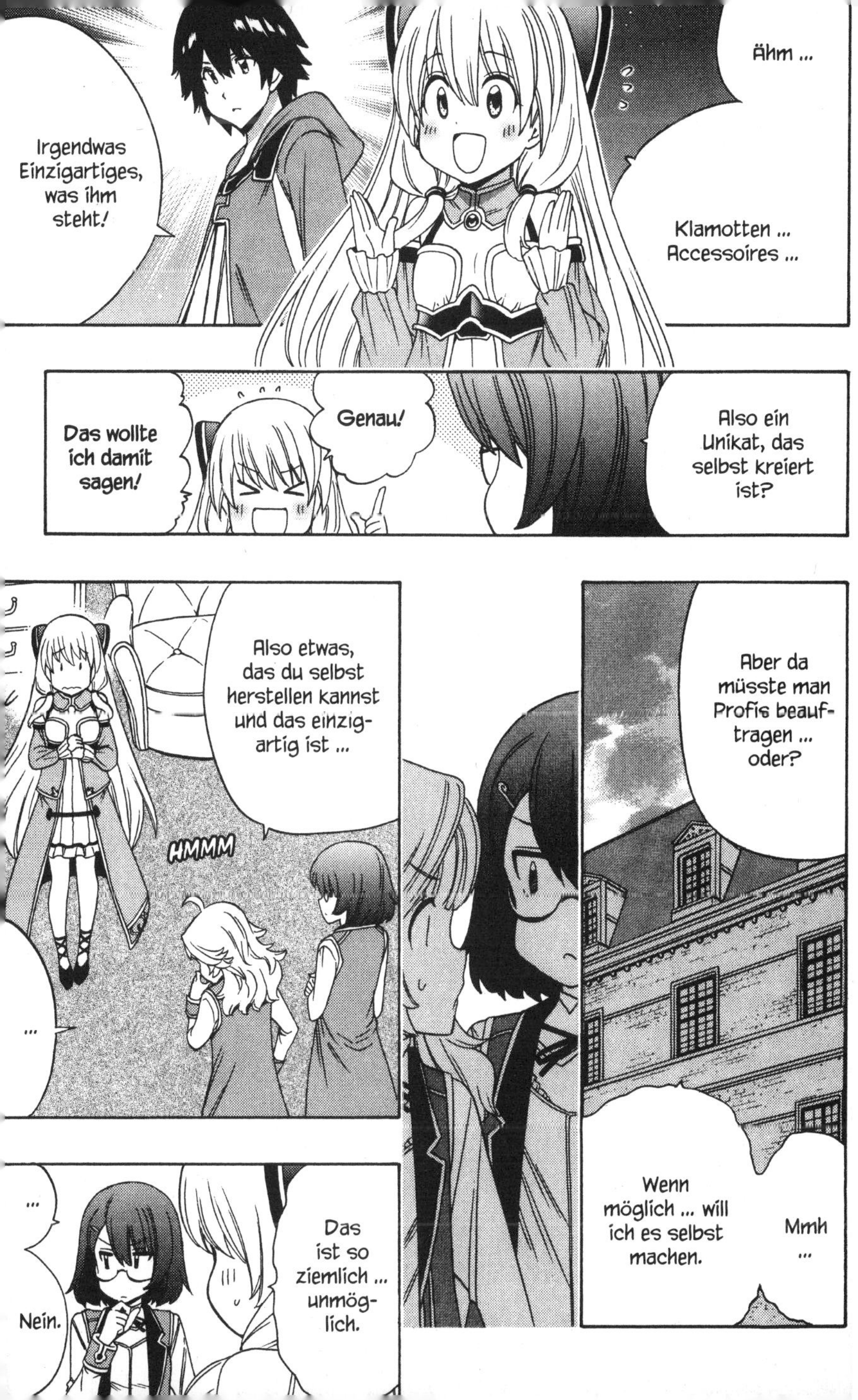
Ähm ...
Klamotten ... Accessoires ...
Irgendwas Einzigartiges, was ihm steht!
Also ein Unikat, das selbst kreiert ist?
Genau!
Das wollte ich damit sagen!
Aber da müsste man Profis beauftragen ... oder?
Also etwas, das du selbst herstellen kannst und das einzigartig ist ...
HMMM
...
Mmh ...
Wenn möglich ... will ich es selbst machen.
Das ist so ziemlich ... unmöglich.
...
Nein.

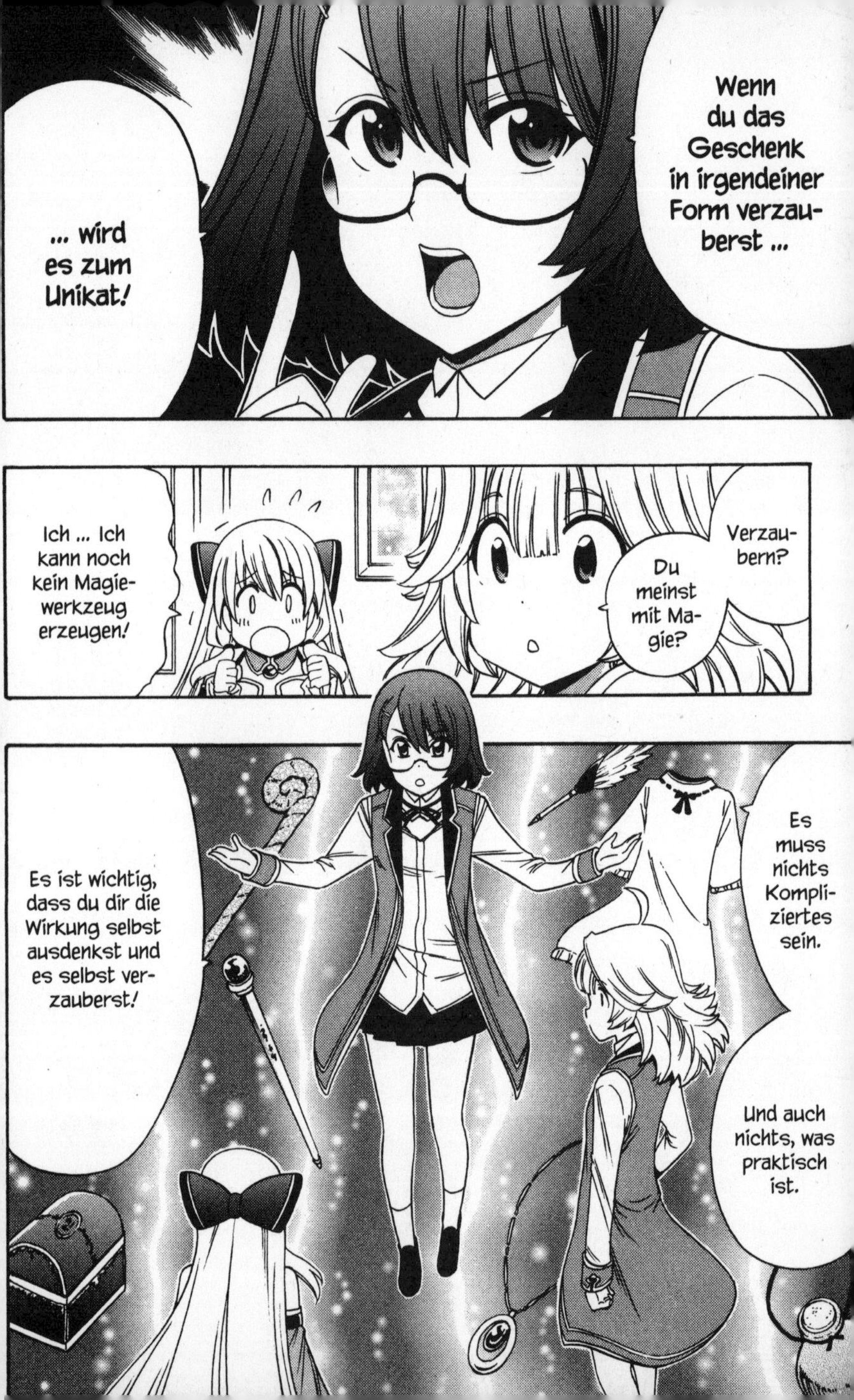
Wenn du das Geschenk in irgendeiner Form verzauberst ...
... wird es zum Unikat!
Verzaubern?
Du meinst mit Magie?
Ich ... Ich kann noch kein Magiewerkzeug erzeugen!
Es muss nichts Kompliziertes sein.
Und auch nichts, was praktisch ist.
Es ist wichtig, dass du dir die Wirkung selbst ausdenkst und es selbst verzauberst!

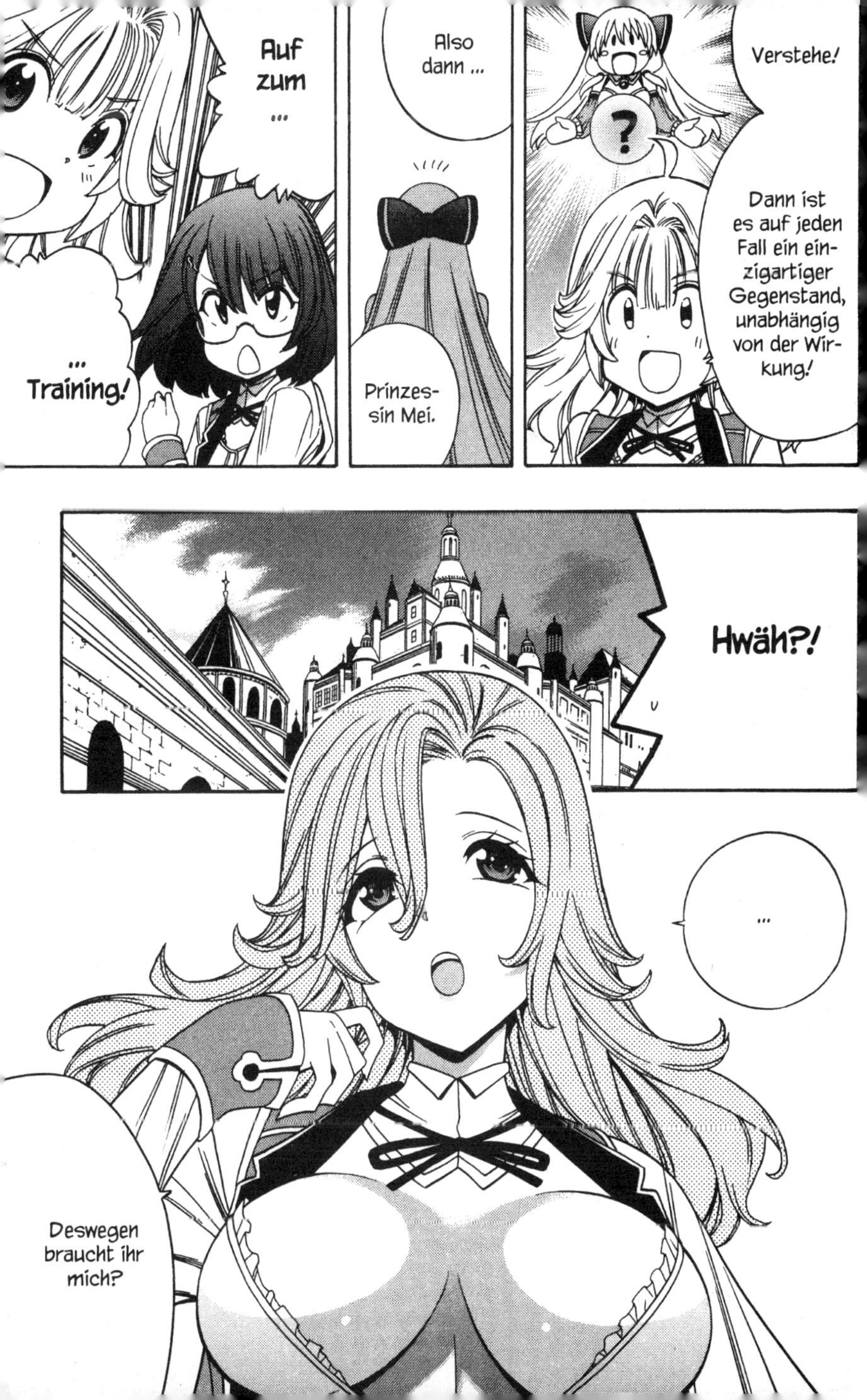

Verstehe!
Dann ist es auf jeden Fall ein einzigartiger Gegenstand, unabhängig von der Wirkung!
Also dann ...
Prinzessin Mei.
Auf zum ...
... Training!
Hwäh?!
...
Deswegen braucht ihr mich?

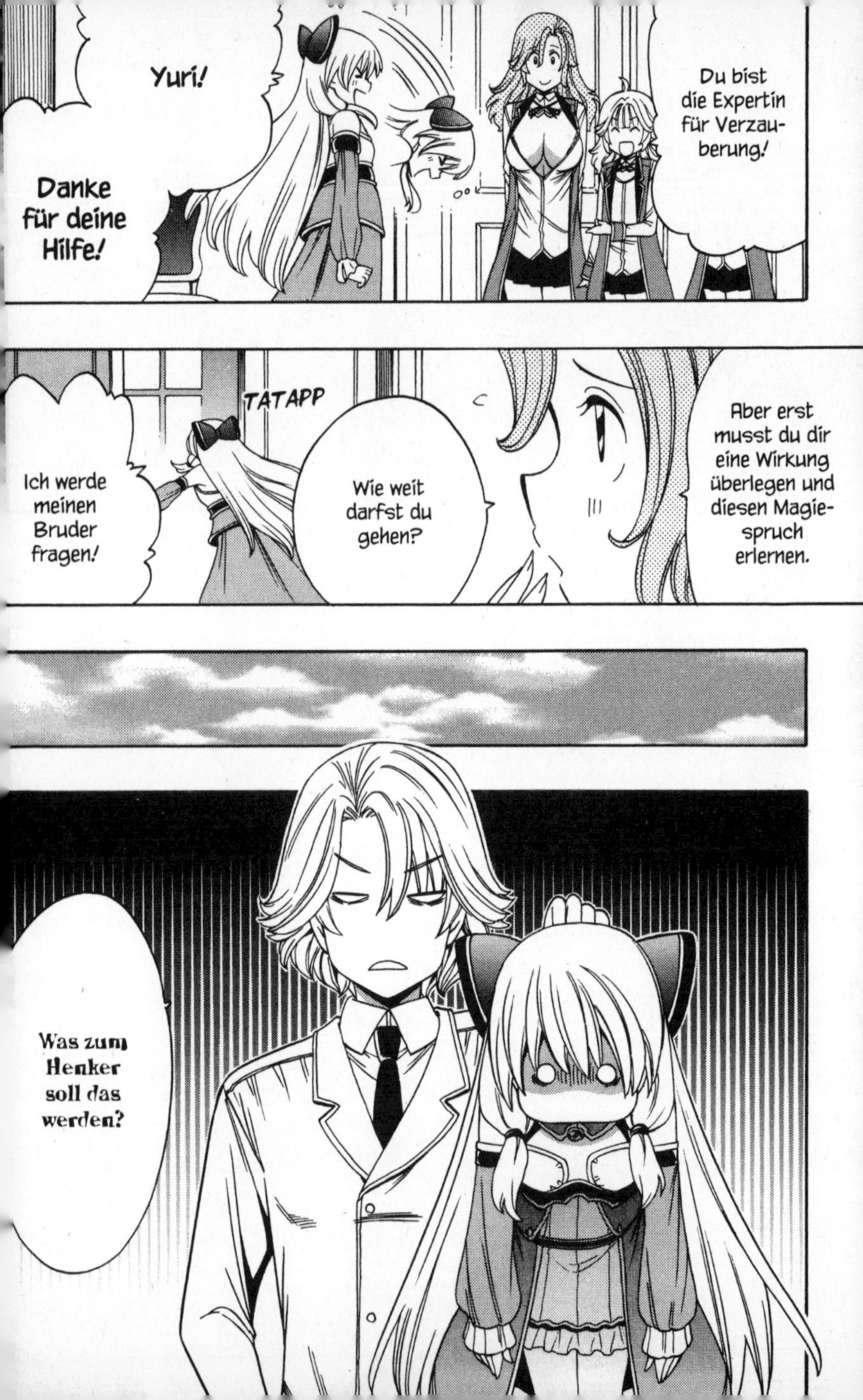
Du bist die Expertin für Verzauberung!
Yuri!
Danke für deine Hilfe!
Aber erst musst du dir eine Wirkung überlegen und diesen Magiespruch erlernen.
Wie weit darfst du gehen?
TATAPP
Ich werde meinen Bruder fragen!
Was zum Henker soll das werden?

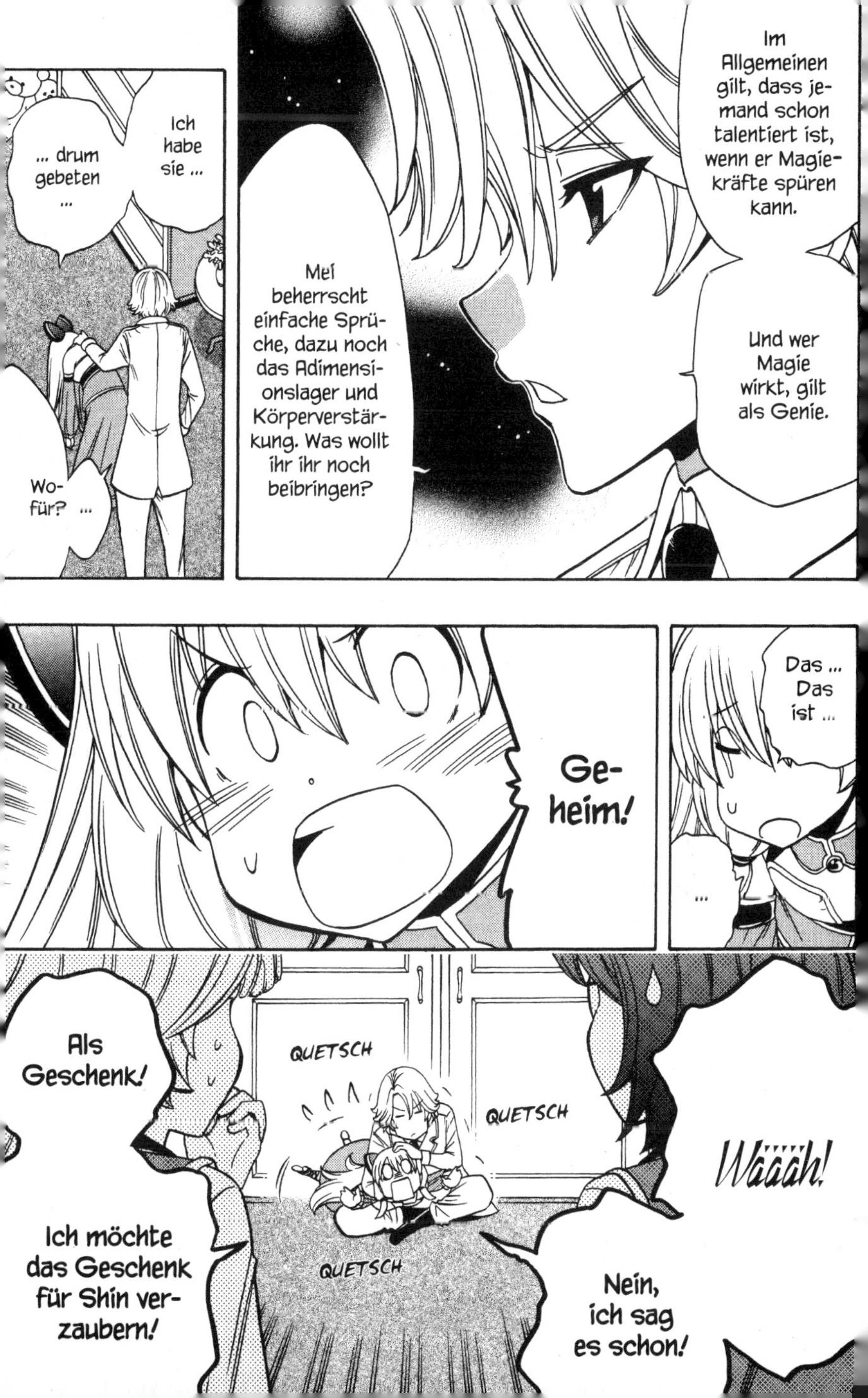

Im Allgemeinen gilt, dass jemand schon talentiert ist, wenn er Magiekräfte spüren kann.
Und wer Magie wirkt, gilt als Genie.
Mei beherrscht einfache Sprüche, dazu noch das Adimensionslager und Körperverstärkung. Was wollt ihr ihr noch beibringen?
Ich habe sie ...
... drum gebeten ...
Wofür? ...
Das ... Das ist ...
...
Geheim!
Nein, ich sag es schon!
Wäääh!
QUETSCH
QUETSCH
QUETSCH
Als Geschenk!
Ich möchte das Geschenk für Shin verzaubern!

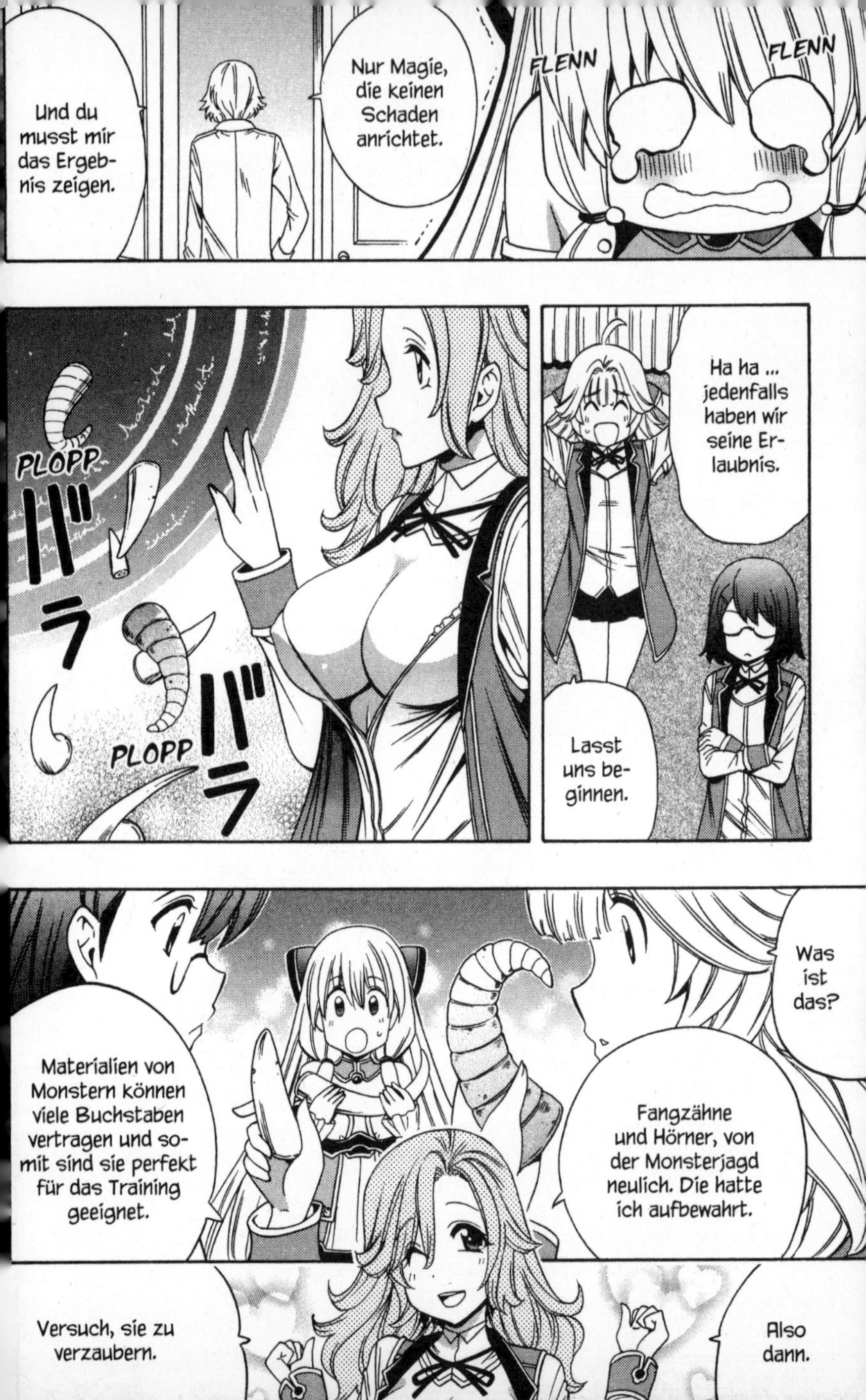
FLENN
FLENN
Nur Magie, die keinen Schaden anrichtet.
Und du musst mir das Ergeb-nis zeigen.
Ha ha ... jedenfalls haben wir seine Er-laubnis.
Lasst uns be-ginnen.
PLOPP
バラ
PLOPP
バラ
Was ist das?
Fangzähne und Hörner, von der Monsterjagd neulich. Die hatte ich aufbewahrt.
Materialien von Monstern können viele Buchstaben vertragen und so-mit sind sie perfekt für das Training geeignet.
Also dann.
Versuch, sie zu verzaubern.

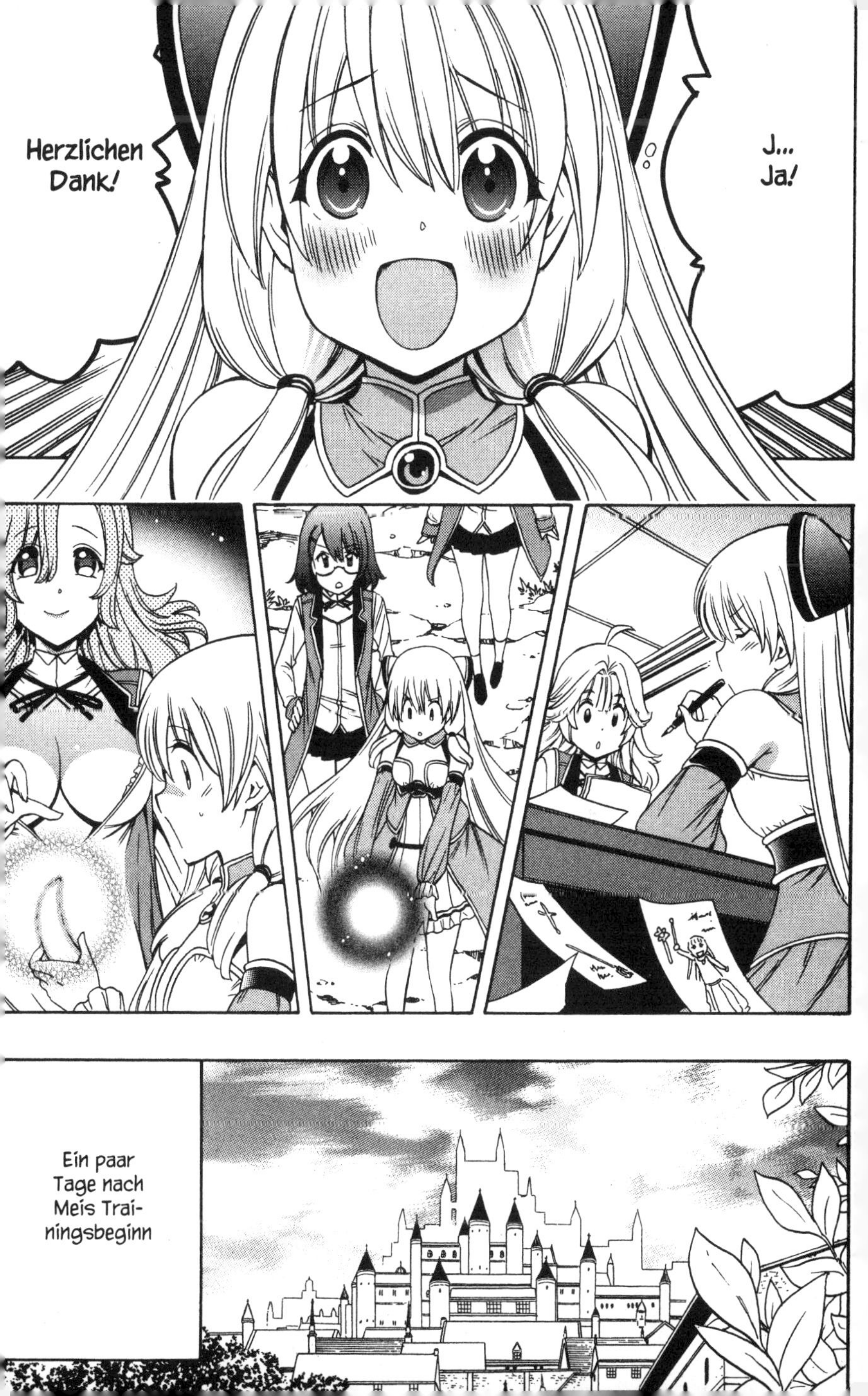
J... Ja!
Herzlichen Dank!
Ein paar Tage nach Meis Trainingsbeginn

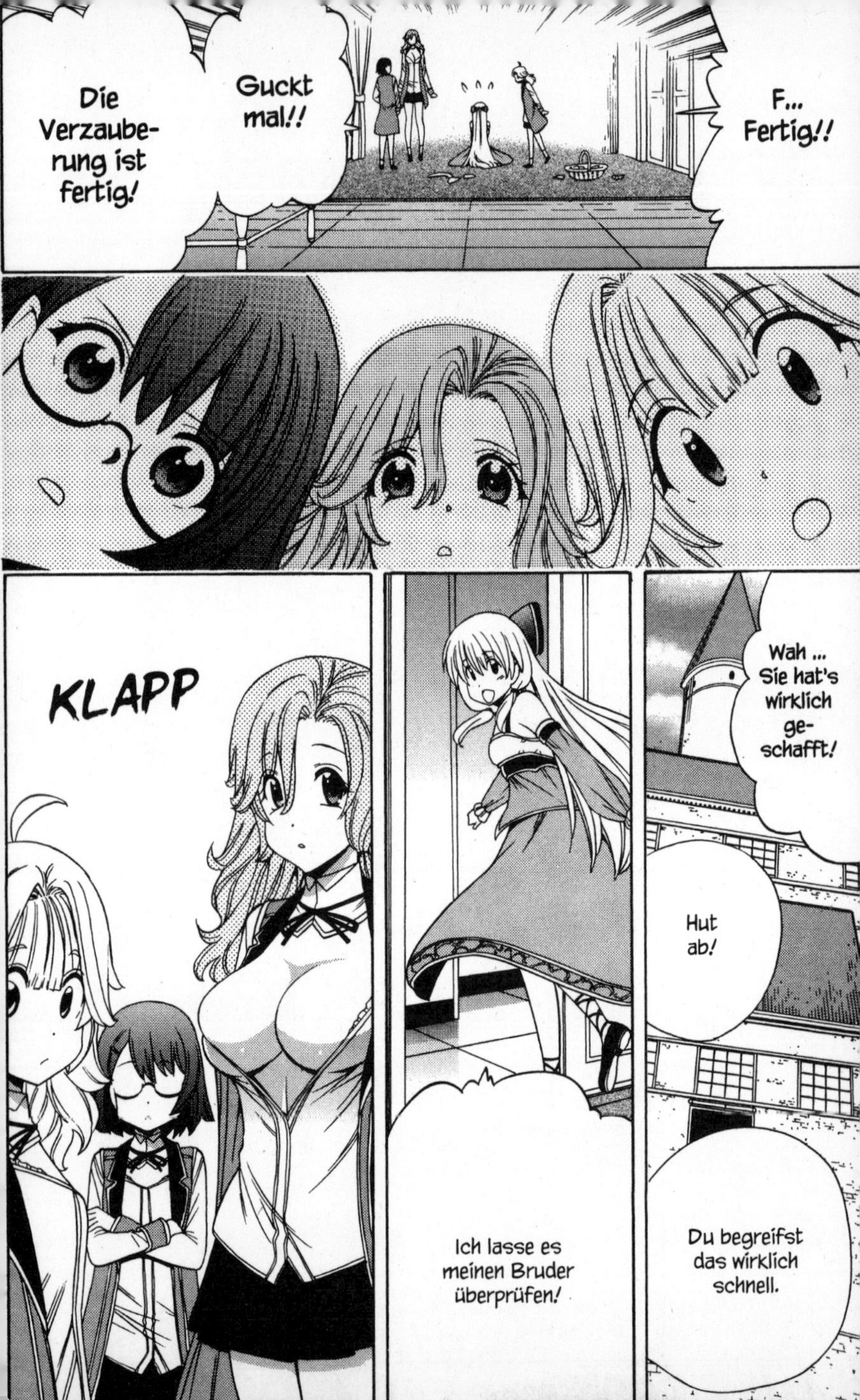
F... Fertig!!
Guckt mal!!
Die Verzaube-rung ist fertig!
Wah ... Sie hat's wirklich ge-schafft!
Hut ab!
Du begreifst das wirklich schnell.
Ich lasse es meinen Bruder überprüfen!
KLAPP

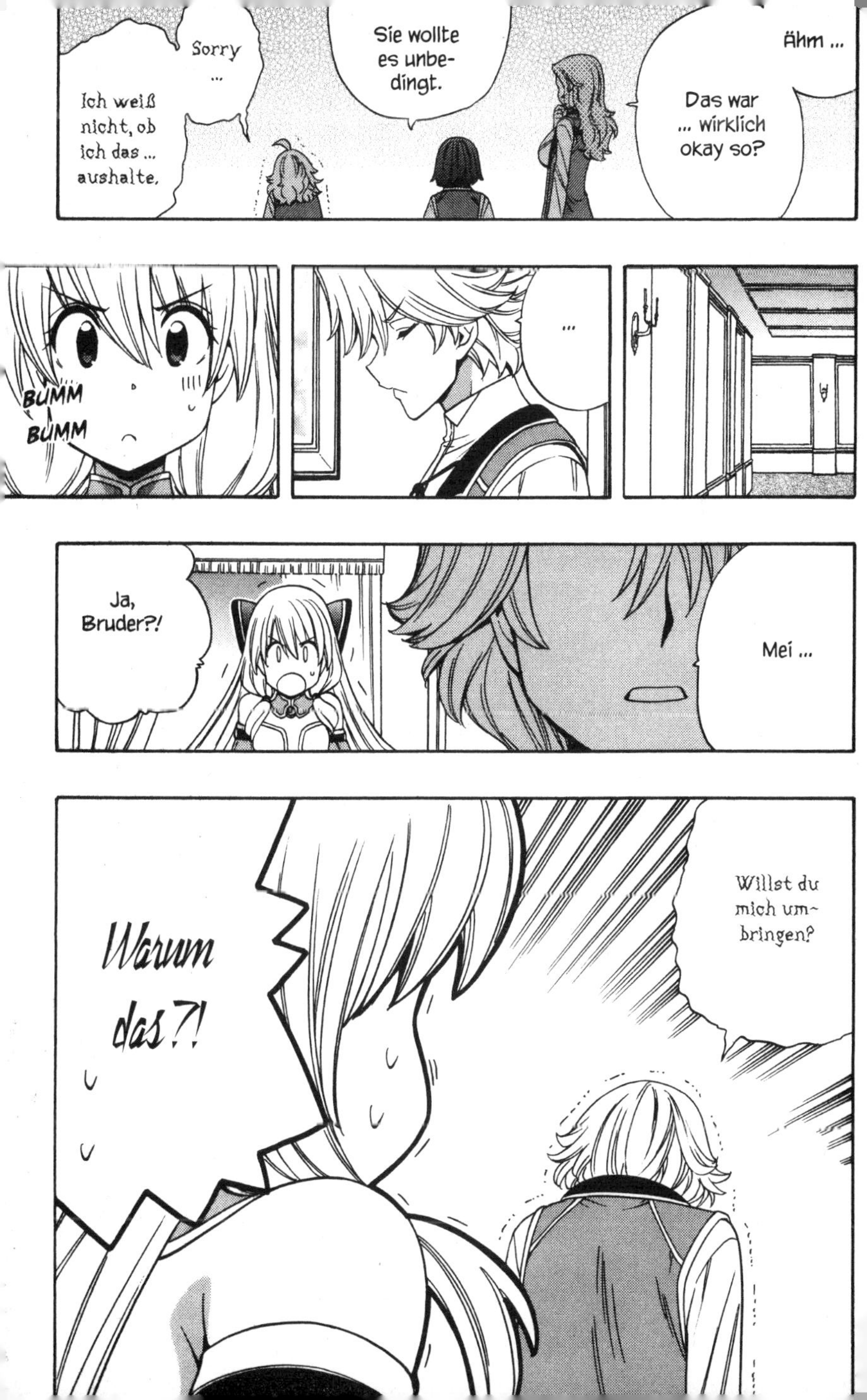
Ähm ...
Das war ... wirklich okay so?
Sie wollte es unbedingt.
Sorry ...
Ich weiß nicht, ob ich das ... aushalte.
...
BUMM BUMM
Mei ...
Ja, Bruder?!
Willst du mich umbringen?
Warum das?!

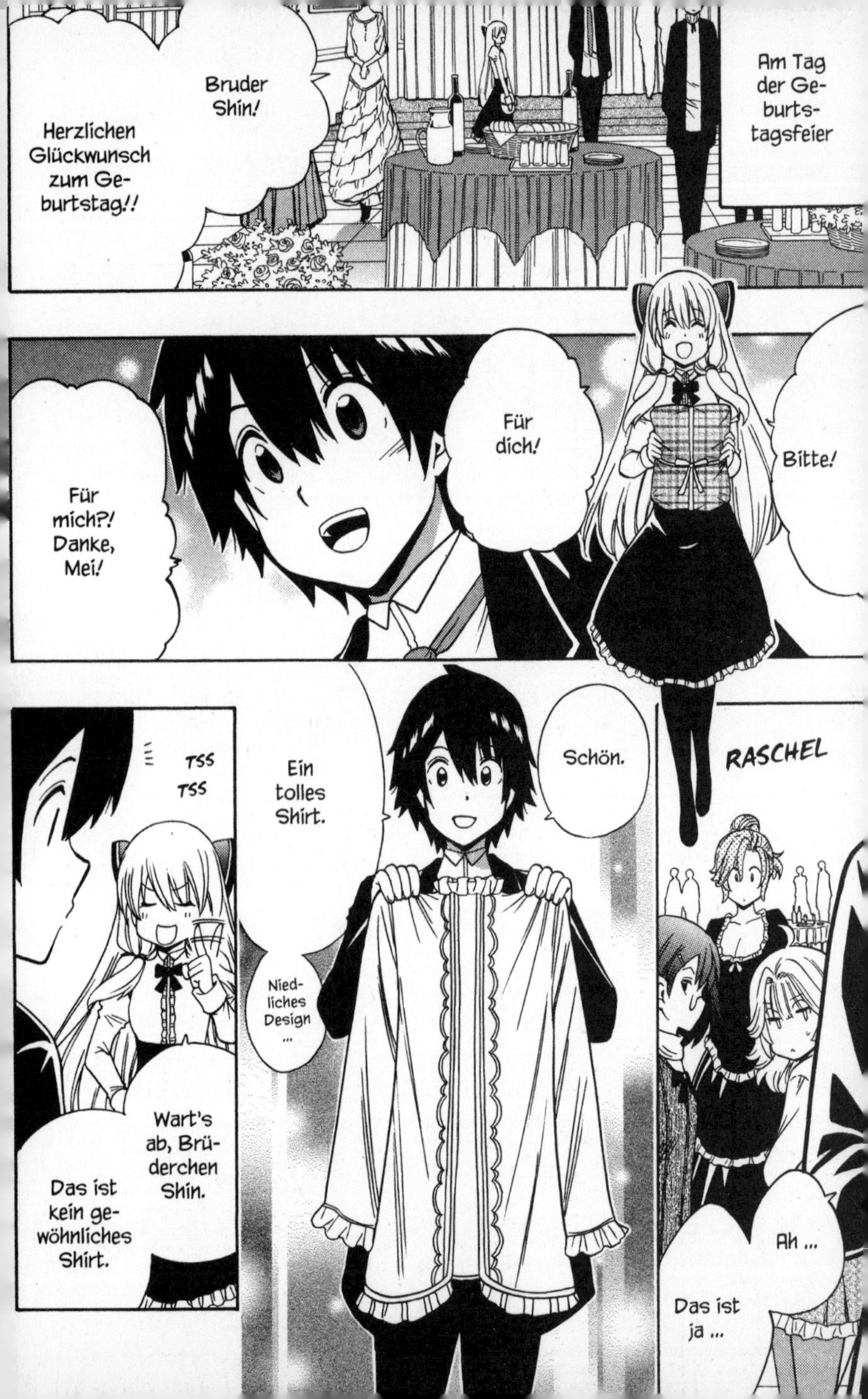
Am Tag der Geburtstagsfeier
Bruder Shin!
Herzlichen Glückwunsch zum Geburtstag!!
Bitte!
Für dich!
Für mich?! Danke, Mei!
RASCHEL
Schön.
Ein tolles Shirt.
Niedliches Design ...
Ah ...
Das ist ja ...
TSS TSS
Wart's ab, Brüderchen Shin.
Das ist kein gewöhnliches Shirt.

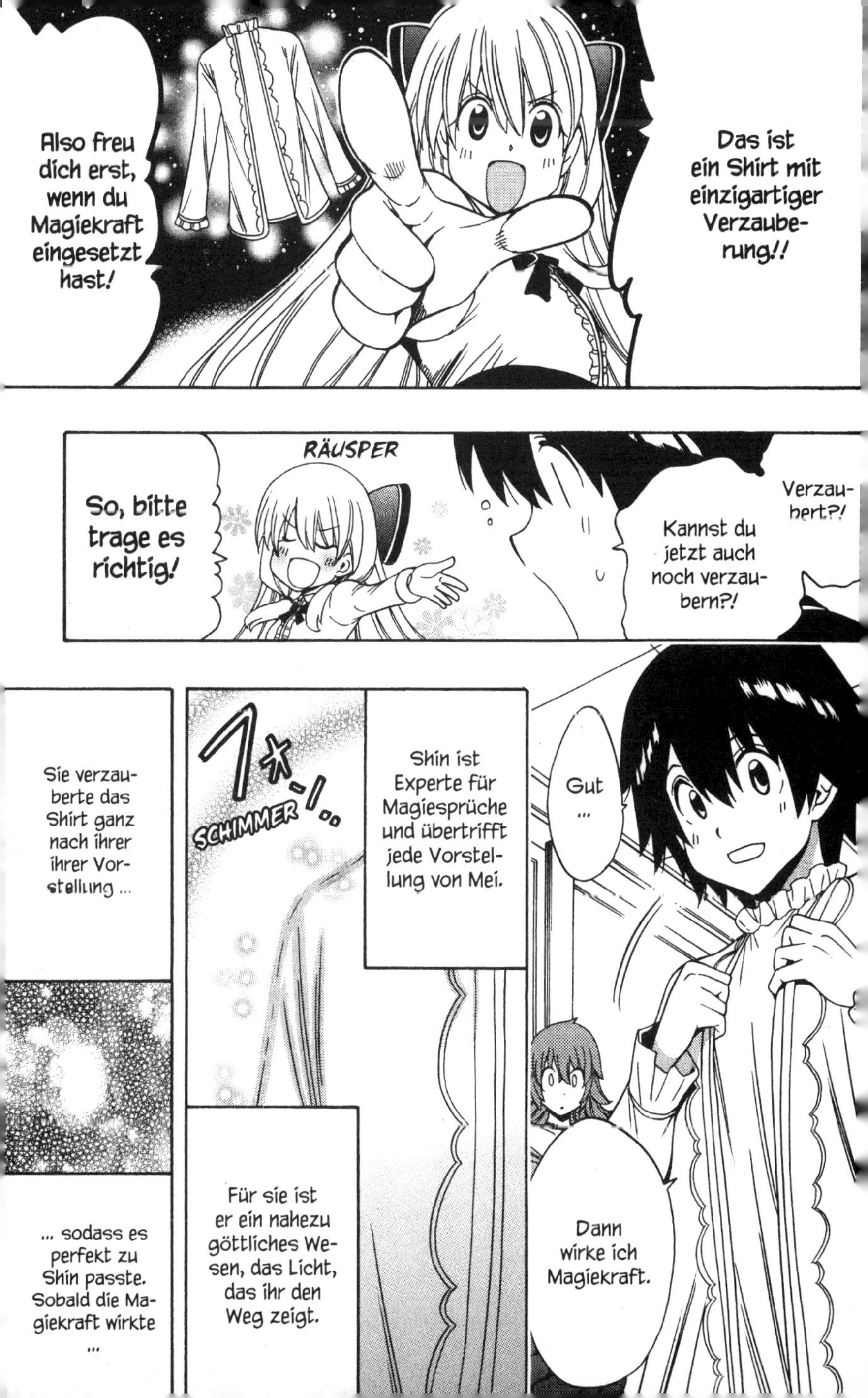

Das ist ein Shirt mit einzigartiger Verzaube-rung!!
Also freu dich erst, wenn du Magiekraft eingesetzt hast!
Verzau-bert?!
Kannst du jetzt auch noch verzau-bern?!
RÄUSPER
So, bitte trage es richtig!
Gut ...
Dann wirke ich Magiekraft.
Shin ist Experte für Magiesprüche und übertrifft jede Vorstel-lung von Mei.
SCHIMMER
Für sie ist er ein nahezu göttliches We-sen, das Licht, das ihr den Weg zeigt.
Sie verzau-berte das Shirt ganz nach ihrer ihrer Vor-stellung ...
... sodass es perfekt zu Shin passte. Sobald die Ma-giekraft wirkte ...

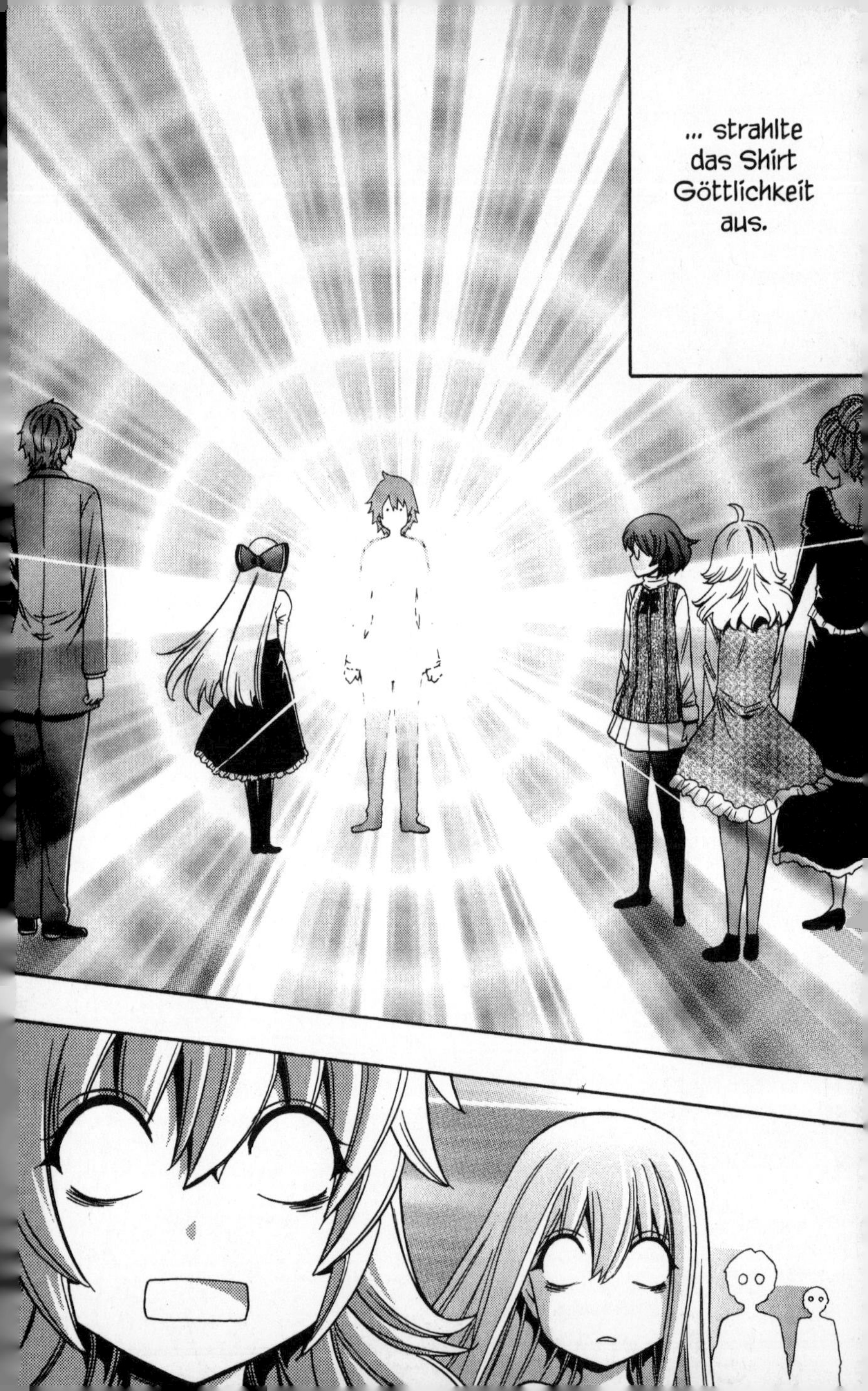
... strahlte das Shirt Göttlichkeit aus.

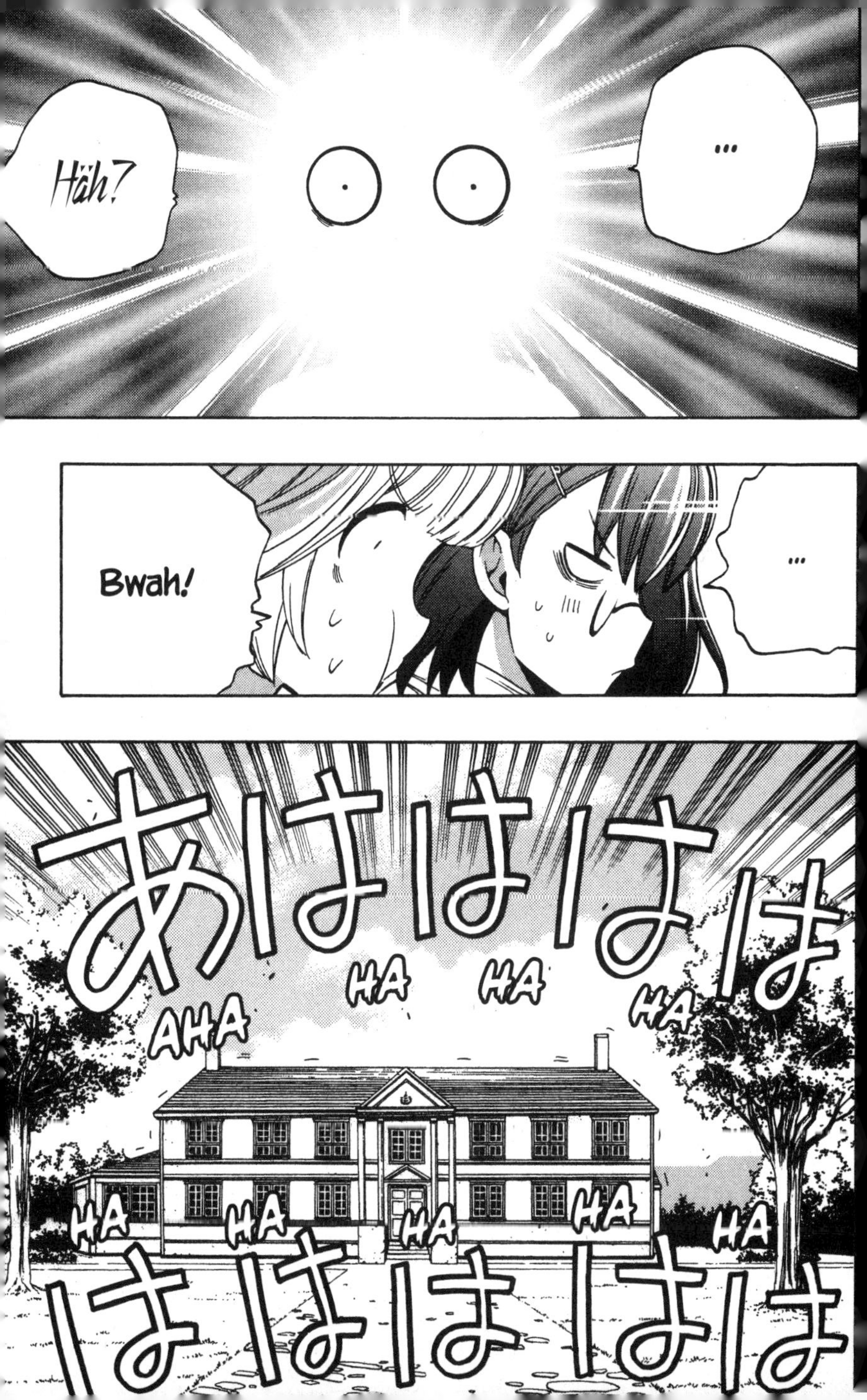
...
Häh?
...
Bwah!
あはははははは
AHA
HA
HA
HA
HA
HA
HA
HA
HA

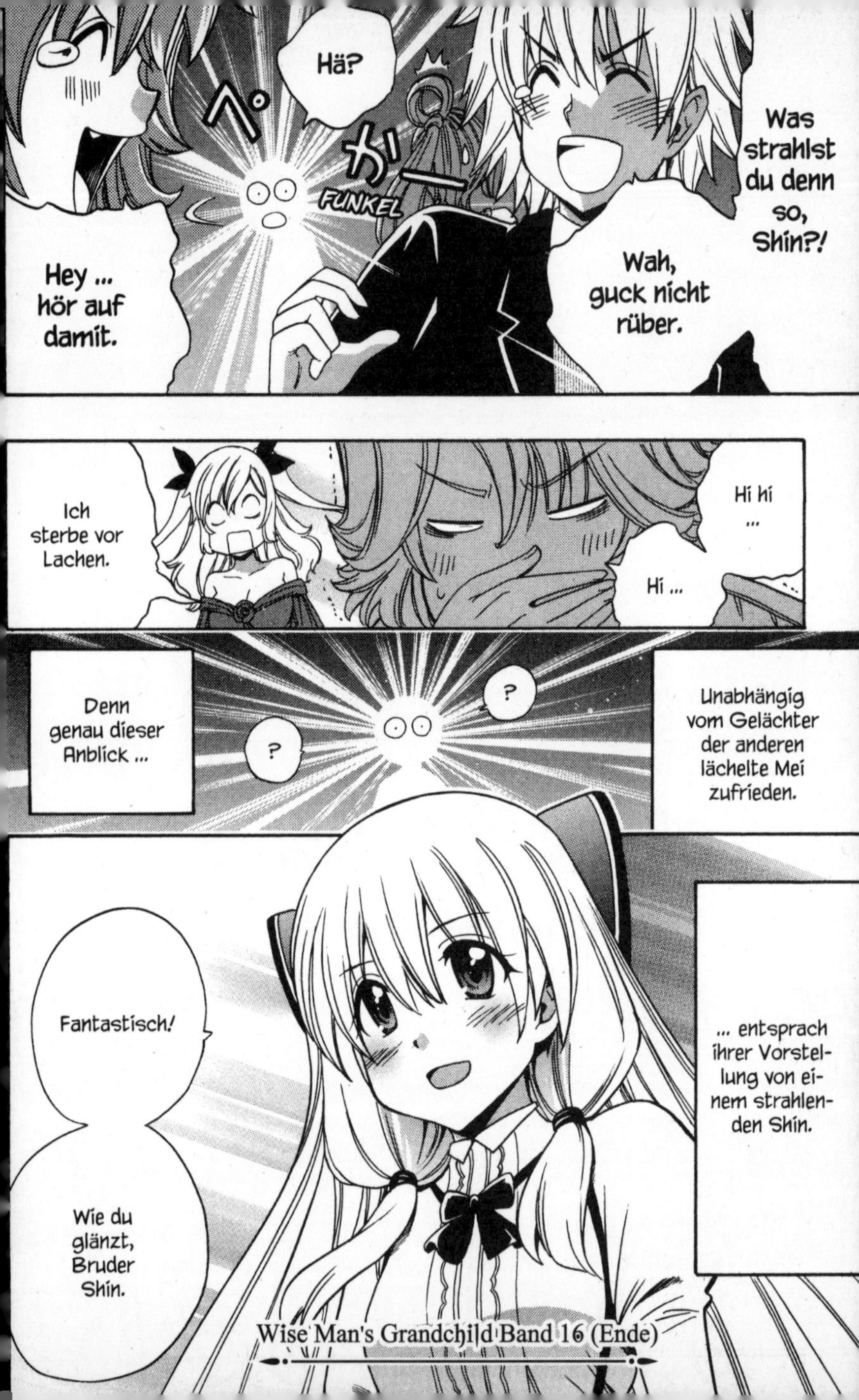
Was strahlst du denn so, Shin?!
Hä?
FUNKEL
Wah, guck nicht rüber.
Hey ... hör auf damit.
Hi hi ...
Hi ...
Ich sterbe vor Lachen.
Unabhängig vom Gelächter der anderen lächelte Mei zufrieden.
?
?
Denn genau dieser Anblick ...
... entsprach ihrer Vorstellung von einem strahlenden Shin.
Fantastisch!
Wie du glänzt, Bruder Shin.
Wise Man's Grandchild Band 16 (Ende)

Nachwort des Autors

Danke, dass ihr den 16. Band des Mangas *Wise Man's Grandchild* gekauft habt. Ich bin der Autor, Tsuyoshi Yoshioka.

Bei den Geburtstagsgeschenken habe ich mir am meisten den Kopf zerbrochen. Welches Geschenk macht Mädchen glücklich? Accessoires kommen nicht infrage, weil schon Ringe, Ketten u. ä. verschenkt wurden. Somit kamen nur Werkzeuge zum Frisieren infrage. Da kam mir ein Fön in den Sinn. Der, der den Lockenföhn erfunden hat, muss einfach ein Genie gewesen sein. Also ich habe von Natur aus krause Haare, daher kann ich so was selbst kaum nutzen. Die Entscheidung über das erste Mal von Shin und Sicily hatte ich schon lange getroffen. Es sollte zu diesem Zeitpunkt passieren. Einen gemeinsamen Geburtstag feiern und danach den Abend mit der Freundin verbringen – Shin führt echt ein ultimativ erfülltes Leben. Auch hier ist viel von meiner Begierde hineingeflossen ...

Februar 2021

Tsuyoshi Yoshioka

Wise Man's Grandchild

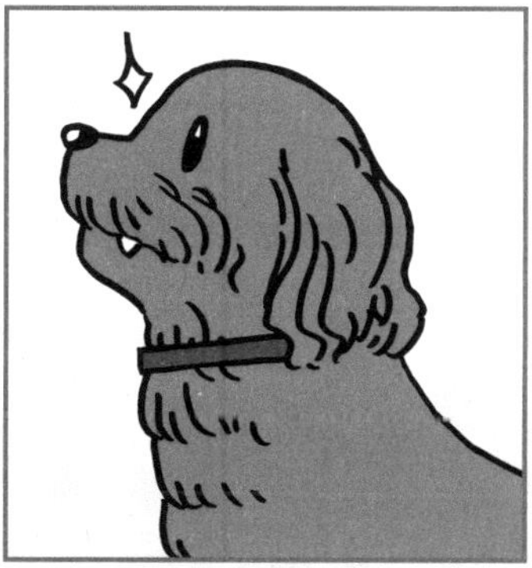

Shunsuke Ogata

Wenn ich auf dem Stuhl sitze, springt meine Katze oft auf meinen Schoß. Da sie aber so keine gemütliche Position findet, schlage ich meine Beine übereinander (damit ihr Kopf höher liegt). In letzter Zeit wird die Arbeit in dieser Position zum Standard. Auch jetzt schnurrt sie auf meinem Schoß.

TOKYOPOP GmbH
Hamburg

TOKYOPOP
1. Auflage, 2024
Deutsche Ausgabe/German Edition

Aus dem Japanischen von Hirofumi Yamada

KENJA NO MAGO 16

First published in Japan in 2021
by KADOKAWA CORPORATION, Tokyo.
German translation rights arranged with
KADOKAWA CORPORATION, Tokyo
through TUTTLE-MORI AGENCY, INC., Tokyo.

Redaktion: Sabine Scholz
Lettering: Vibrant Publishing Studio
Herstellung: Shujun Wong
Druck und buchbinderische Verarbeitung:
CPI–Clausen & Bosse GmbH, Leck
Printed in Germany

MIX Papier FSC® C083411

Wir achten auf die Umwelt.
Dieses Produkt besteht aus FSC®-zertifizierten und anderen kontrollierten Materialien.

ISBN 978-3-7593-0205-2

www.tokyopop.de

STOPP!

Dies ist die letzte Seite des Buches!
Du willst dir doch nicht den Spaß verderben und das Ende zuerst lesen, oder?

Um die Geschichte unverfälscht und originalgetreu mitverfolgen zu können, musst du es wie die Japaner machen und von rechts nach links lesen. Deshalb schnell das Buch umdrehen und loslegen!

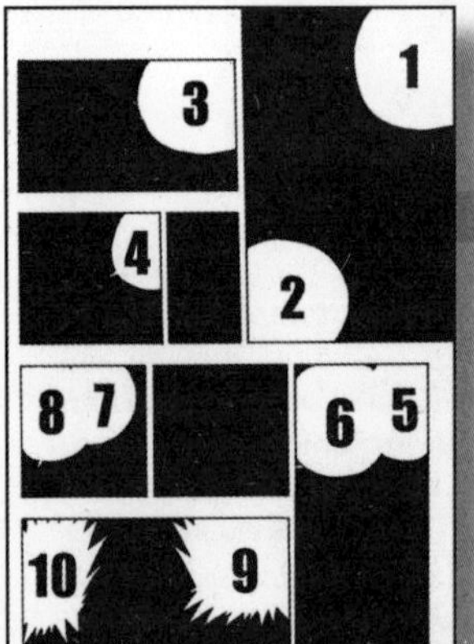

So geht's:

Wenn dies das erste Mal sein sollte, dass du einen Manga in den Händen hältst, kann dir die Grafik helfen, dich zurechtzufinden: Fang einfach oben rechts an zu lesen und arbeite dich nach unten links vor. Viel Spaß dabei wünscht dir TOKYOPOP®!